THAILAND

Falk Verlag

Inhalt

Das Magazin 5

- ✦ Highlights auf einen Blick ✦ Der Geist einer Nation
- ✦ Feste im Jahreskreis ✦ Rundgang durch einen Tempel
- ✦ Land der Königstreuen
- ✦ »Der Erwachte« – Buddhismus in Thailand
- ✦ Leben in den Bergen ✦ Zufluchtsorte
- ✦ »Gleich und doch anders«
- ✦ Wussten Sie das?

Erster Überblick 29

- ✦ Ankunft
- ✦ Unterwegs in Thailand
- ✦ Übernachten
- ✦ Essen und Trinken
- ✦ Einkaufen
- ✦ Ausgehen

Bangkok 39

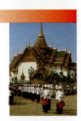

Erste Orientierung ✦ In drei Tagen ✦ Nicht verpassen!
- ✦ Königspalast und Wat Phra Keo ✦ Wat Po
- ✦ Chao-Phraya-Fluss ✦ Chatuchak Market

Nach Lust und Laune!
- ✦ Sieben weitere Adressen zum Entdecken

Wohin zum ... ✦ Übernachten? ✦ Essen und Trinken?
- ✦ Einkaufen? ✦ Ausgehen?

Zentralthailand 63

Erste Orientierung ✦ In drei Tagen ✦ Nicht verpassen!
- ✦ Kanchanaburi ✦ Schwimmender Markt von Damnoen Saduak ✦ Ayutthaya ✦ Sukhothai

Nach Lust und Laune!
- ✦ Sieben weitere Adressen zum Entdecken

Wohin zum ... ✦ Übernachten? ✦ Essen und Trinken?
- ✦ Einkaufen? ✦ Ausgehen?

Der Norden 87

Erste Orientierung ✦ In sechs Tagen ✦ Nicht verpassen!
- ✦ Chiang Mai ✦ Trekking ✦ Mae Hong Son

Nach Lust und Laune!
- ✦ Sechs weitere Adressen zum Entdecken

Wohin zum ...
- ✦ Übernachten? ✦ Essen und Trinken? ✦ Einkaufen?
- ✦ Ausgehen?

Ostküste 109
Erste Orientierung ✦ In fünf Tagen ✦ Nicht verpassen!
✦ Ko Chang ✦ Ko Samet
Nach Lust und Laune!
✦ Vier weitere Adressen zum Entdecken
Wohin zum …
✦ Übernachten? ✦ Essen und Trinken?
✦ Einkaufen? ✦ Ausgehen?

Der Süden 125
Erste Orientierung ✦ In sieben Tagen ✦ Nicht verpassen!
✦ Hua Hin ✦ Khao Sam Roi Yot National Park
✦ Archipel von Ko Samui
Nach Lust und Laune!
✦ Fünf weitere Adressen zum Entdecken
Wohin zum … ✦ Übernachten? ✦ Essen und Trinken?
✦ Einkaufen? ✦ Ausgehen?

Südwestküste 149
Erste Orientierung ✦ In sieben Tagen ✦ Nicht verpassen!
✦ Khao Sok National Park ✦ Ao Phang Nga
✦ Krabi ✦ Ko Phi Phi
Nach Lust und Laune!
✦ Sieben weitere Adressen zum Entdecken
Wohin zum … ✦ Übernachten? ✦ Essen und Trinken?
✦ Einkaufen? ✦ Ausgehen?

Spaziergänge & Touren 173
✦ **1** Chinatown in Bangkok
✦ **2** Dörfer bei Chiang Mai
✦ **3** Krabi
✦ **4** Khao Sam Roi Yot National Park

Praktisches 187
✦ Reisevorbereitung ✦ Reisezeit
✦ Das Wichtigste vor Ort

Sprachführer 193

Reiseatlas 195

Register 203

Autorin: Jane Egginton
»Wohin zum ...?« David Henley und Andrew Forbes
Lektorat: Lara Wozniak
Gesamtproduktion: Duncan Baird Publishers, London, England

ISBN 3-8279-0161-8

Das Werk einschließlich aller seiner Teile ist urheberrechtlich
geschützt. Jede urheberrechtsrelevante Verwertung ist ohne
Zustimmung des Verlages unzulässig und strafbar.
Dies gilt insbesondere für Vervielfältigungen, Übersetzungen,
Nachahmungen, Mikroverfilmungen und die Einspeicherung
und Verarbeitung in elektronischen Systemen.

Unsere Autoren haben nach bestem Wissen recherchiert.
Trotzdem schleichen sich manchmal Fehler ein,
für die der Verlag keine Haftung übernehmen kann.
Hinweise, Verbesserungsvorschläge und Korrekturen
sind jederzeit willkommen.
Spirallo Reiseführer, Falk Verlag, Postfach 3151,
D-73751 Ostfildern, E-Mail: spirallo@mairs.de

Deutsche Ausgabe: CLP • Carlo Lauer & Partner, Aschheim
Übersetzung: Christiane Radünz
© Falk Verlag, Ostfildern, 1. Auflage 2004

Original English Edition 2003
© Automobile Association Developments Limited
Kartografie: © Automobile Association Developments Limited
Covergestaltung und Art der Bindung
mit freundlicher Genehmigung von AA Publishing

Herausgegeben von AA Publishing, einem Unternehmen der Automobile
Association Developments Limited, Millstream, Maidenhead Road, Windsor,
Berkshire, SL4 5DG. Handelsregister Nr. 1878835.

Farbauszug: Leo Reprographics
Druck und Bindung: Leo Paper Products, China

A01747

Highlights auf einen Blick

Viele der genannten Sehenswürdigkeiten gelten nicht nur als die schönsten ihrer Art in Thailand, sondern in der ganzen Welt. Die weißsandigen Strände und das türkisfarbene Meer halten einem Vergleich mit der Karibik stand, historische Stätten wie Sukhothai und Ayutthaya zählen zum Weltkulturerbe, und schließlich sind Tauchgebiete von Weltruf zu entdecken.

Die kleine Insel Ko Phi Phi

Lackarbeiten auf Märkten

Das Nationalmuseum in Bangkok

Die schönsten Nationalparks
In Thailand gibt es rund 80 Nationalparks. Im **Khao Sok National Park** (▶ 154) kann man den Urwald des Landes hautnah erleben, in Baumhäusern wohnen und über die größte bekannte Blume der Welt, den wilden Lotus (*Rafflesia kerri meyer*; ▶ 154), staunen. Der höchste Gipfel des Landes ist der im gleichnamigen Naturschutzgebiet gelegene **Doi Inthanon** (▶ 99). Hunderte von Vogelarten sind im **Thale Ban National Park** (▶ 167) beheimatet.

Die schönsten Inseln
Eine Auswahl der schönsten Inseln Thailands zu treffen ist unmöglich. Die Inseln von **Ko Phi Phi** (▶ 162f) sind vermutlich die schönsten, **Ko Phuket** (▶ 164) ist die eleganteste und **Ko Jam** (▶ 165) eine der entlegensten aller thailändischen Inseln.

Die schönsten Buddhastatuen
Der **Smaragdbuddha** im Wat Phra Keo in Bangkok (▶ 45) ist das Nationalheiligtum Thailands. Im **Wat Traimit**, dem Tempel des Goldenen Buddha in Bangkok, steht eine 4 Meter hohe Buddhastatue aus massivem Gold.

Die besten Märkte
Obgleich der **Nachtmarkt von Chiang Mai** (▶ 93) die beliebteste Touristenattraktion ist, wird er vom **Markt Chatuchak** (▶ 51) durch die Zahl der Stände (mehr als 6000), die Vielfalt der Güter, die günstigen Preise und nicht zuletzt die Atmosphäre noch übertroffen.

Das schönste Museum
Kann man nur ein Museum besuchen, sollte es das **Nationalmuseum in Bangkok** (▶ 52) sein, das in einem königlichen Palast untergebracht

Das Magazin

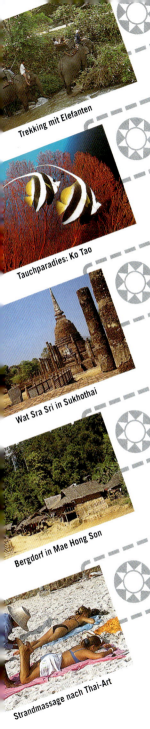

Trekking mit Elefanten

Tauchparadies: Ko Tao

Wat Sra Sri in Sukhothai

Bergdorf in Mae Hong Son

Strandmassage nach Thai-Art

ist und in wunderschöner Umgebung liegt. Die Sammlungen repräsentieren die Geschichte des Königshauses und des Landes.

Die interessantesten Ausflüge
Eine beliebte und eindrucksvolle Art, das Land zu bereisen, sind **Trekkingtouren** (► 95ff), die im Norden des Landes durch Dschungelgebiete zu den Dörfern der Bergstämme führen. Auf dem zweiten Platz der Beliebtheitsskala steht eine Fahrt in einem traditionellen Langboot entlang der Küste von **Phang Nga** (► 156ff).

Die besten Wassersportgebiete
Das schönste Tauchparadies Thailands ist die Insel **Ko Tao** (► 136). Als Wassersportparadies gilt **Pattaya** (► 120).

Die erholsamsten Rückzugsorte
Orte der Ruhe findet man im ganzen Land: Friedliche Städtchen am Ufer des Mekong-Flusses im Norden des Landes, Wohnflöße in **Kanchanaburi** (► 68f) oder auch der durch Bangkok fließende **Chao-Phraya-Fluss** (► 49) gewähren eine willkommene Entspannung.

Die schönsten historischen Stätten
Die alten Städte **Sukhothai** (► 75ff) und **Ayutthaya** (► 72ff) gehören zum Weltkulturerbe. Die prachtvolle Stadt Ayutthaya liegt nicht weit von Bangkok entfernt. Die altertümlichen Bauten von Sukhothai lassen den Glanz vergangener Zeiten ahnen.

Die schönsten Dörfer
In Thailand gibt es unzählige reizvolle Dörfer. Die Bergdörfer der Provinz **Mae Hong Son** (► 98f) sind idyllisch und von modernen Einflüssen fast unberührt. Das schwimmende muslimische Fischerdorf in der Bucht von **Phang Nga** (► 156ff) ist einzigartig.

Die beste Thai-Massage
Wenn Ihr Zeitplan nur eine Thai-Massage zulässt, sollte der Weg in den **Wat Po** in Bangkok führen. Der Tempel ist das nationale Schulungszentrum für traditionelle Thai-Medizin (► 48). Die Thai-Massage ist eine Verbindung aus Massagen und Reflexzonenbehandlungen mit krankengymnastischen Elementen. Die gut ausgebildeten Masseure und Masseurinnen sind Meister ihres Fachs.

Das Magazin

Der Geist einer Nation

Ein Hauch von Magie durchzieht das alltägliche Leben in Thailand. Busse, Taxis und Boote sind mit Kränzen aus Jasminblüten geschmückt, um Geister zu bannen und eine sichere Reise zu bewirken. Amulette – in Form von heiligen Schmucksteinen oder Tigerzähnen – werden zum Schutz vor praktisch allen Gefahren von der Mehrheit der Thais getragen. Vor fast jedem Gebäude sieht man Geisterhäuschen, die den heimatlosen Geistern als Unterkunft dienen sollen.

Buddhismus und Animismus (der Glaube an die Beseeltheit der Natur) wie auch die Verehrung hinduistischer Gottheiten existieren in Thailand friedlich nebeneinander. Das derzeitige Staatsoberhaupt, König Bhumibol, trägt den Beinamen Rama IX., der ihn als Inkarnation des im altindischen Epos *Ramayana* beschriebenen hinduistischen Gottkönigs Rama ausweist. Königliche Zeremonien werden von Brahmanenpriestern vollzogen.

Der Erawan-Schrein ist ein

hinduistisches Heiligtum; es steht vor dem Hotel Grand Hyatt Erawan in Bangkok. Es ist dem Hindugott Brahma geweiht und sollte dem Hotelgebäude, dessen Bau in den 1950er-Jahren von Problemen überschattet war, Schutz gewähren. Ein nicht abreißender Strom von Gläubigen sucht den Schrein auf; sie erhoffen sich von der Gottheit die Erfüllung ihrer Wünsche.

Trotz der Ernsthaftigkeit ihrer Religiosität sind die Thais der Lebensfreude zugewandt. »Spaß haben« (*sanuk*) ist ein oft gehörter Ausdruck, der auf die Feldarbeit ebenso angewandt wird wie auf die Tätigkeit eines Bankangestellten. Diese Einstellung zum Leben trägt zu der heiteren Gelassenheit bei, die in allen Lebenslagen kultiviert wird. Ruhe und ein »kühles Herz« gelten als erstrebenswerte und Respekt gebietende Eigenschaften. Es bedeutet, sich in der Öffentlichkeit diskret zu benehmen und heftige Emotionen wie Ärger oder Ungeduld nicht lautstark zu äußern, sondern mit sanfter Stimme zu sprechen. Thais sind im Allgemeinen überaus tolerant, solange man sich nicht über ihr Königshaus und ihre Religion äußert und gepflegt gekleidet ist.

Links: Das Entzünden von Kerzen und Weihrauch ist ein alltägliches Ritual

Ganz links: Einer von zahllosen Schreinen

Gegenüberliegende Seite links: Der Erawan-Schrein, ein stiller Winkel im lebhaften Bangkok

Gegenüberliegende Seite rechts: Wer eine Buddhastatue mit Goldblättchen beklebt, erwirbt religiöses Verdienst

GEISTER UND MAGIE
- Der Wohnsitz der Geister wird in den Türschwellen der Tempel vermutet, auf die man deshalb nicht treten darf.
- Viele thailändische Männer, darunter auch Mönche, tragen Tätowierungen als Schutz vor bösen Geistern.
- Astrologen werden gern zu Rate gezogen, um einen günstigen Tag für den Beginn einer wichtigen Angelegenheit zu erfragen.

Blütenblätter von einem Kranz zu pflücken, bringt Glück

Das Magazin

Feste im Jahreskreis

Thailändische Feste, deren Ursprünge in der buddhistischen Religion, der Königsfamilie oder auch in regionalen Anlässen liegen, sind äußerst farbenprächtige Ereignisse. Die hier aufgeführten sind, wenn nicht anders angegeben, landesweite Veranstaltungen. Die Termine können sich von Jahr zu Jahr verschieben; örtliche Touristeninformationen geben nähere Auskünfte.

❖ **Blumenfest:** Umzüge finden im Februar in Chiang Mai statt.
❖ **Chinesisches Neujahr:** chinesisches Feuerwerk im Februar/März
❖ **Festival von Pattaya:** Karneval
❖ **Songkhran:** Das thailändische Neujahr wird vom 12. bis 14. April gefeiert und ist das wichtigste Fest des Landes, bei dem die Thais einander ausgiebig mit Wasser bespritzen und auch Buddhafiguren mit reichlich Wasser begossen werden; am lebhaftesten wird in Chiang Mai gefeiert.
❖ **Visakha Puja:** Zum Vollmond im Mai werden Buddhas Geburt, Erleuchtung und Eingang ins Nirwana begangen.
❖ **Königliche Pflugzeremonie:** Im Mai eröffnet der König in Bangkok die Zeit der Reissaat.
❖ **Bun Bang Fai:** Das Raketenfest (Mitte Mai) wird vor allem in Yasothon mit Umzügen, Volkstänzen und Bambusraketen gefeiert.
❖ **Khao Phansa:** Im Juli findet in Ubon Ratchathani ein Volksfest statt.
❖ **Volksfest von Narathiwat:** Im September wird in der Provinz Narathiwat ein einwöchiges Volksfest gefeiert.
❖ **Vegetarierfest:** Ende September/Anfang Oktober feiert die chinesische

Das Magazin

Im Hintergrund: Schönheitsköniginnen beim Blumenfest von Chiang Mai

Rechts: Mädchen aus Chiang Mai auf dem Neujahrsfest Songkhran

Unten: Loy Krathong in Kamphaeng – surreale Lichterscheinungen

Gemeinde den Beginn der taoistischen Fastenzeit; das Fest findet auf Phuket und in Trang statt.
❖ **Loy Krathong:** In der Vollmondnacht des November wird überall im Land das Lichterfest zu Ehren der Göttin des Wassers, Mae Kongkha, eindrucksvoll begangen.
❖ **River-Kwai-Woche:** Ende November/Anfang Dezember werden in Kanchanaburi Ton- und Lichtshows sowie Vorführungen veranstaltet.
❖ **Geburtstag des Königs:** Der 5. Dezember ist ein gesetzlicher Feiertag, der in Bangkok mit einer Parade begangen wird.

Rundgang
durch einen Tempel

Die rund 30 000 Tempel (*wats*) von Thailand sind quasi Schaukästen künstlerischer und architektonischer Schätze. Die Sakralbauten, die viel mehr als nur religiöse Stätten sind, gehören zu den lohnendsten Zielen einer Thailandreise.

In der Vergangenheit war der *wat* ein Zentrum der Bildung. Vor allem in ländlichen Gegenden erfüllen die Tempel noch heute diese Aufgabe. Der **Wat Po** in Bangkok (▶ 47f) war die älteste öffentliche Bildungsstätte; heute ist es das nationale Zentrum für die Lehre der traditionellen Thai-Medizin und -Massage. Einige Tempel, z. B. der **Wat**

Ganz links: Ornamentdetail (Wat Ming Meuang in Chiang Rai)

Buddhastatue im Wat Phra Singh in Chiang Rai

Grundelemente eines Tempels

Im Herzen einer Tempelanlage befindet sich eine Ordinationshalle (*bot*), die ausschließlich den Mönchen vorbehalten ist und ihnen zur Meditation und für Zeremonien dient. Der *bot* ist von acht Markierungssteinen umgeben, die mit buddhistischen Symbolen verziert sind und ihn als geweihten Raum kennzeichnen.

In einer dem *bot* sehr ähnlichen Versammlungshalle (*viharn*) steht eine Buddhastatue; in größeren Tempeln gibt es mehrere *viharns*. Sie sind für Gläubige und Besucher zugänglich. Die Tempelanlage wird häufig von einem turmartigen Bau (*chedi*) dominiert, der ursprünglich nur zur Aufbewahrung von Reliquien diente, heute aber auch die Asche von Verstorbenen der Königsfamilie enthalten kann. Im Norden wird er *that*, im indischen Stil *stupa* genannt.

Es können auch weitere Bauelemente wie ein *mondop* zur Aufbewahrung einer Buddhastatue oder eine Bibliothek (*ho trai*) vorhanden sein.

Das Magazin

Rechts: Detail einer Innenwand im Wat Chiang Man in Chiang Mai

Unten: Türme (*chedis*) zur Aufbewahrung von Reliquien im Wat Phra That Doi Tung

Tham Sua (▶ 161), das von Kreidefelsen und tropischem Urwald umgeben in Krabi liegt, sind allein schon wegen ihrer malerischen Lage einen Besuch wert.

An vielen Bauten findet man zahlreiche symbolhaltige Ornamente. Das dreistufige Dach eines traditionellen Hauses symbolisiert die »drei Kostbarkeiten« des Buddhismus: Buddha (der Lehrer), Dhamma (die Lehre, das Weltgesetz) und Sangha (die Gemeinschaft praktizierender Buddhisten). Ein liegender Buddha wird oft mit dem Haupt auf einer Lotusblume ruhend dargestellt. Der Lotus als ein Gewächs, das aus sumpfigem Untergrund emporwächst und eine Blüte von großer Schönheit entwickelt, steht als Symbol für die jedem Geschöpf innewohnende Buddhanatur. Häufig sind hinduistische Elemente zu sehen, so z. B. der *garuda*, ein Mischwesen aus Mensch und Vogel.

Tempel-Etikette

- Schuhe müssen ausgezogen werden.
- Arme, Beine und Schultern müssen von der Kleidung bedeckt sein.
- Der Kopf einer Buddhastatue darf nicht berührt werden.
- Im Sitzen dürfen die Fußsohlen nicht auf Menschen oder Buddhastatuen gerichtet sein; man setzt sich auf den Fußboden.
- Halten Sie sich so, dass Sie nicht auf einen Mönch oder eine Statue »herabblicken«.
- Frauen dürfen keinen Blickkontakt mit Mönchen haben

Das Magazin

Buddhastatuen

Buddhastatuen sollen nicht als physisches Abbild des verehrten Lehrers dienen, sondern seine Lehrreden symbolisieren. Der Buddha wird stets in einer von vier Grundpositionen (*asanas*) dargestellt; am häufigsten ist die sitzende Haltung der Meditation. Die liegende Haltung des Sterbenden stellt den Übergang des Buddha ins Nirwana dar. Die stehenden und schreitenden Grundpositionen sind Ausdruck für den Abstieg des Buddha zur Erde. Die symbolischen Handhaltungen (*mudras*) sind bedeutsam; sie differenzieren die einzelnen Handlungen. Die folgenden *mudras* sind am häufigsten anzutreffen:

❖ ***Bhumisparca mudra:*** Bei sitzender Haltung ruht die linke Hand im Schoß und die rechte Hand auf dem rechten Knie. Er sammelt die Kraft der Erde zur Meditation.
❖ ***Varada mudra:*** Die nach außen gekehrte Handfläche symbolisiert Mitgefühl und Barmherzigkeit.
❖ ***Vitarka mudra:*** Daumen und Zeigefinger der rechten Hand bilden einen Kreis: die Geste der Argumentation.
❖ ***Dhyana mudra:*** Die Meditationshaltung; die rechte Hand liegt im Schoß über der linken, die Daumen berühren sich.
❖ ***Abhaya mudra:*** Die rechte Hand ist erhoben: eine Geste der Furchtlosigkeit.

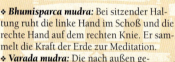

Hindugötter

Die Durchdringung der Kulturen bewirkte, dass Darstellungen phantastisch anmutender hinduistischer Götter in die buddhistische Ikonografie aufgenommen wurden:
• der vierarmige **Vishnu**, häufig mit einer Krone dargestellt;
• **Garuda** – halb Mann, halb Vogel;
• **Shiva**, dessen acht Arme unterschiedliche Gegenstände tragen und Gesten der Friedfertigkeit und des Opfers ausführen;
• der elefantenköpfige **Ganesh**.

Von oben nach unten: Der winzige Smaragdbuddha; ein ins Nirwana übergehender Buddha; ein fastender Buddha; Stuckrelief eines Buddha in sitzender Haltung

Das Magazin

Land der Königstreuen

Die Thais verehren ihren König und die königliche Familie außerordentlich. Riesige beleuchtete Bilder des Königs Bhumibol und der Königin Sirikit sind an Straßenkreuzungen zu sehen; in kaum einem Haushalt fehlt eine gerahmte Fotografie der beliebten Königsfamilie.

König Bhumibol, das hoch geachtete derzeitige Staatsoberhaupt

Menschenfreundliche Monarchen

König Bhumibol ist als **Rama IX.** der neunte Abkömmling der Chakri-Dynastie, deren Ursprung auf das Jahr 1782 zurückgeht. Sein Urgroßvater, König **Mongkut** (**Rama IV.**, 1851–68), der 30 Jahre seines Lebens als Mönch verbrachte, setzte sich wie sein Nachfolger, König **Chulalongkorn** (**Rama V.**, 1868–1910), für Reformen ein. So wurden mittelalterliche Hofzeremonien abgeschafft, und ein erstes Schulsystem wurde eingeführt. Ein Eisenbahnnetz und das erste Krankenhaus des Landes entstanden. König **Vajiravudh** (**Rama VI.**, 1910–25) orientierte sich in seinen Reformvorhaben an der westlichen Welt. So führte er Nachnamen ein, die bis ins Jahr 1913 in Thailand unbekannt waren. Darüber hinaus begründete Rama VI. die Grundschulpflicht und gründete die erste Universität des Landes. Auf König **Prajadhipok** (**Rama VII.**, 1925–35), der selbst Schriftsteller war, geht die Gründung der Nationalbibliothek, des Nationalmuseums und des Fine Arts Department zurück.

Die tief empfundene Hochachtung für ihren König bekunden die Thais jeden Morgen um 8 Uhr z. B. auf dem Hauptbahnhof von Bangkok. Pendler halten im Gehen inne und verharren schweigend, sobald die Nationalhymne aus den Lautsprechern ertönt. Dieses andächtige Innehalten wiederholt sich allabendlich um 18 Uhr. Der Name des derzeitigen Königs bedeutet wörtlich »Stärke des Landes«. Seine Bedeutung für das Königreich ist mit der geistigen Führungsposition vergleichbar, die der Dalai Lama für Tibet innehat. König Bhumibol gilt den Thais als Inkarnation gottgleicher Macht. Auf der deutschsprachigen Website der Tourism Authority of Thailand (TAT) wird der »ausgleichende und weise Einfluss« des Königs gerühmt, und sicherlich würde die Mehrzahl der Untertanen diese Darstellung bestätigen. Die Gründe für diese Hochachtung liegen zum Teil in der Geschichte

Das Magazin 15

Anna und der König von Siam
Das verfälschte Bild des Königs Mongkut als übellauniger und naiver Despot, das in dem Spielfilm von 1946 und dem Remake *Der König und ich* von 1956 gezeichnet wurde, hat dazu geführt, dass diese Filme in Thailand verboten sind. Gleiches gilt auch für die neueste Verfilmung *Anna und der König* (1999) mit Jodie Foster als Hauptdarstellerin.

Thailands und der Verfassung der konstitutionellen Monarchie, die den König zum religiösen Oberhaupt bestimmt, vor allem aber in der einigenden Kraft dieses Monarchen, die ein Gegengewicht zur häufigen Korruption und Inkompetenz der Regierung bildet.

Bis 1932 herrschte in Thailand eine absolute Monarchie, die durch einen Militärputsch beendet wurde. Prinz Bhumibol kam in den USA zur Welt, verbrachte seine Schulzeit in der Schweiz und bestieg 1946 den Thron. Im Jahr 1996 wurde sein goldenes Thronjubiläum feierlich begangen. Die Macht des Königshauses ist auch der Regierung sehr wohl bewusst. So wurde im Jahr 1992 General Suchinda, der sich selbst zum Premierminis-

Ein Porträt König Bhumibols auf der Ratchadamnoen Avenue in Bangkok

Oben: Die Nationalversammlung, Bangkok

Links: König Chulalongkorn (Rama V.)

Das Magazin

> **Gesetzliche Feiertage**
>
> ❖ **Chakri-Tag**, 6. April, zum Gedenken an Rama I., Gründer der Chakri-Dynastie
>
> ❖ **Krönungsjubiläum**, 5. Mai, zu Ehren des Königspaares Bhumibol und Sirikit
> ❖ **Geburtstag der Königin**, 12. August
>
> ❖ **Chulalongkorn-Tag**, 23. Oktober, Todestag König Ramas V.
> ❖ **Geburtstag des Königs**, 5. Dezember

ter ernannt hatte, auf das Eingreifen des Königs hin zum Rücktritt gezwungen, nachdem es in Bangkok zu blutigen Massendemonstrationen gekommen war. König Bhumibol selbst vertritt die Auffassung, dass ein Monarch »das

lebende Symbol seines Landes« sein, dass er sich mit dem Land wandeln und dennoch den Geist des Landes bewahren müsse. Seinem Vater, Prinz Mahidol, kommt das Verdienst zu, eine moderne Gesundheitsversorgung für die Bevölkerung begründet zu haben, seine Mutter rief die Einrichtung der »fliegenden Ärzte« zur medizinischen Versorgung entlegener Landesteile ins Leben. König Bhumibol und Königin Sirikit haben sich bisher im Rahmen von rund 4000 Hilfsprojekten um die Sozialarbeit verdient gemacht.

Königliche Etikette
Als Besucher sollte man sich nicht nur hüten, kritische Bemerkungen über das Königshaus fallen zu lassen, sondern es überhaupt nicht zum Thema eines Gesprächs machen. Die Thais selbst betrachten es als unangemessen, oberflächlich über die königliche Familie zu plaudern. Beim Besuch königlicher Stätten achten Sie darauf, dass Arme und Beine von der Kleidung bedeckt sind, und tragen Sie geschlossene Schuhe.

Ganz oben: Einer der zahlreichen dem König geweihten Schreine

Oben: Parade der königlichen Garden

Das Magazin 17

Im Buddhismus kennt man keinen persönlichen Schöpfergott. Folglich ist jeder Einzelne, ob Mann oder Frau, für sein Leben und das Weltgeschehen verantwortlich. Jeder Einzelne trägt aber auch die Möglichkeit in sich, selbst ein Buddha zu werden.

»Der Erwachte«
– Buddhismus in Thailand

Der erste Buddha war einfach ein Mensch, der Erleuchtung erlangte. Dies ist die eigentliche Bedeutung des Ehrentitels »Buddha« (der Erwachte, der Erleuchtete). Die buddhistische Religion findet ihren Ausdruck nicht nur in den Tausenden von Tempeltürmen oder in den safranfarbenen Gewändern der Mönche, sondern vor allem im thailändischen Volk selbst. 95 Prozent der 60 Millionen Einwohner sind Anhänger des Buddhismus. Ihre religiöse Haltung kommt in dem wohlwollenden Respekt zum Ausdruck, den sie der Schöpfung entgegenbringen. Ein Aspekt des »Edlen Achtfältigen Pfades«, den man

Unten: Mönche vor dem Wat Phra Keo und dem Königspalast in Bangkok

Mönchisches Leben
In der thailändischen Gesellschaft nehmen Mönche eine ungewöhnlich hohe Stellung ein. Die hinteren Sitze der Busse und ein abgegrenzter, mit herrlichen Orchideen geschmückter Bereich des Flughafens von Bangkok sind ihnen vorbehalten.

Das Magazin

nach Buddhas Lehre auf dem Weg zur Erleuchtung beschreitet, ist das »Rechte Tun«, das fünf sittliche Empfehlungen umfasst: nicht zu töten, nicht zu stehlen, keinen unerlaubten Geschlechtsverkehr zu haben, nicht zu lügen, keine berauschenden Mittel einzunehmen.

Aus der Überzeugung, dass die Ursache des Leidens in der Begierde liegt, zieht man im Buddhismus die Folgerung, dass die Überwindung der Begierde (d. h. der egoistischen Bedürfnisse) durch Erkenntnis, Mitgefühl und Achtsamkeit zur Beendigung des Leidens und zur Erleuchtung, also zum losgelösten Zustand des Nirwana, führt.

Mönche mit ihren rasierten Köpfen und gelben Gewändern sind ein allgegenwärtiger Anblick. In vielen Tempeln sind Schulen eingerichtet. Für Kinder aus armen Familien war früher ein Aufenthalt im Kloster oft die einzige Möglichkeit, eine Schulbildung zu erwerben. Mönche, die nach ihrer Ordenszeit ein weltliches Leben wieder aufnehmen, sind wegen ihrer Klugheit nicht nur allgemein hoch geachtet, sondern waren bei Frauen früher als zukünftige Ehemänner sehr begehrt.

Oben: Mönchsgewänder trocknen in der Sonne

Links: Gaben für die Mönche werden auf Märkten verkauft

Oben: Junge Novizen in Chiang Rai

Links: Ein Puppenmacher fertigt Figuren für das traditionelle Schattenspiel

Ursprung des Buddhismus
Der Gründer des Buddhismus, Siddharta Gautama, wurde vermutlich im Jahr 560 v. Chr. als Sohn eines Fürsten geboren. In seinem 29. Lebensjahr wandte er sich von seinem Leben in Luxus ab und begegnete menschlichem Leid, das er durch Askese zu überwinden versuchte. Aus der Meditation und seiner Erkenntnis, dass alle Daseinsformen unbeständig und vergänglich seien, erlangte er Erleuchtung und entwickelte die Lehre des »Mittleren Weges« zur Überwindung der Gegensätze.

Leben in den

»Ich heiße Atapa und komme aus einem Dorf in den Bergen …«

Lisu-Mädchen in traditioneller Tracht

Jeder erstgeborene Sohn einer Familie der Lisu erhält den Namen Atapa. Wenn das älteste Kind ein Mädchen ist, wird es Amema genannt. Die Lisu pflegen wie die übrigen Bergstämme eine eigene Sprache und Kultur. Seit zwölf Jahren kommen Touristen in unser Dorf. In der Hochsaison wird es jeden Tag von groß gewachsenen, hellhäutigen Menschen aufgesucht. Warum bleiben sie nicht in ihren schönen Städten? Aber sie wollen wohl wissen, wie es bei uns so zugeht.

Wir sind ein gastfreundliches Volk. Außerdem gehören wir zu den wohlhabendsten unter den Bergstämmen. Touristische Gäste werden bevorzugt im Haus des Dorfoberhauptes untergebracht. Die Dorfbewohner berücksichtigen die Vorlieben der Touristen bereitwillig, sodass man mittlerweile auch Coca-Cola und Bier angeboten bekommt, die aus der Stadt Chi-

Bergen

ang Mai herbeigeschafft werden. Viele Besucher sehen den Einzug moderner Konsumgüter im Dorf allerdings eher mit Sorge.

Wir Lisu betreiben hauptsächlich Landwirtschaft und bauen Getreide an. Im Januar und Februar werden die Felder gerodet, im März und April werden sie abgebrannt. Im Mai und Juni wird Reis und Getreide gesät und Unkraut gejätet. In den ersten Wochen des August kann die neue Ernte gefeiert werden. Ein Teil des Getreides wird dem Schamanen geopfert, ein weiterer Teil dem Geist des Dorfes sowie dem abseits des Dorfes stehenden Geisterhäuschen. Nach unserem Glauben kann nur der Schamane mit der Geisterwelt Kontakt aufnehmen. Er wird aufgesucht, wenn jemand krank ist oder ein Rat benötigt wird. Die Arbeit ist hart, und so müssen die Dorfbewohner um ihre Existenz kämpfen. Opferfeste, über deren Ablauf der Schamane entscheidet und bei denen zum Beispiel der Kopf und das Herz eines Schweins verzehrt werden, sollen die Heilung eines Kranken bewirken oder den Bauern helfen, neue Kraft für die Feldarbeit zu sammeln.

Viele junge Männer sind mit ihrem Leben im Dorf unzufrieden und versuchen ihr Glück in der Stadt. Als ungelernte Arbeitskräfte sind sie dort kaum willkommen. Die Folge ist ein zunehmender Alkohol- und Drogenkon-

Im Hintergrund: Der Gipfel des Doi Inthanon, Thailands höchster Berg

Gegenüberliegende Seite: Kinder eines Bergstammes

Oben: Kunsthandwerk eines Bergstammes

Links: Ein Umzug der Lisu in Chiang Rai

Das Magazin

Unten: Lisu-Frau in Stammestracht

sum unter den jungen Leuten. Vor allem werden Amphetamine konsumiert, da Opium mittlerweile unerschwinglich geworden ist. Stolz und Scham hält sie davon ab, in ihr Dorf zurückzukehren. Der Alkoholmissbrauch beschränkt sich jedoch nicht auf die jungen Leute. Die traditionellen Lebensgemeinschaften der Dörfer sind von Zerfall bedroht.

Als Gast eines Bergdorfes sollte man seinen Respekt vor dem sittlichen Empfinden der Einheimischen zeigen, indem man z. B. darauf verzichtet, nackt zu baden, Zärtlichkeiten in der Öffentlichkeit auszutauschen oder sich nachlässig zu kleiden. Bei den jungen Männern der Lisu ist es Brauch, sich dem Mädchen ihrer Wahl auf dem Neujahrsfest behutsam zu nähern. Der Schamane des Dorfes entscheidet, wie

Unten: Reis liegt zum Trocknen ausgebreitet

viele Tage das Fest dauern soll; üblicherweise wird an drei Tagen und Nächten – nur von kurzen Ruhepausen unterbrochen – getanzt.

»Hat sich einer der jungen Männer für ein Mädchen entschieden, fordert die Familie der Braut eine Ablösesumme vom Heiratskandidaten, die bis zu 20 000 Baht betragen kann.«

Hat sich einer der jungen Männer für ein Mädchen entschieden, fordert die Familie der Braut eine Ablösesumme vom Heiratskandidaten, die bis zu 20 000 Baht betragen kann und die umso höher ausfällt, je schöner die junge Frau ist. Wer kein Geld besitzt, kann seine zukünftige Frau stattdessen mit Schmuck beschenken. Sind die beteiligten Familien sich einig geworden, wird ein großes Fest gefeiert.«

Das Magazin

Ob elegante Luxus-Spas, die von Filmstars und Fotomodellen frequentiert werden, oder klösterlich schlichte Meditationszentren – Thailand ist seit langem ein bevorzugtes Reiseziel für Gestresste.

Gelassenheit ist eine Geisteshaltung, die in der buddhistischen Religion des Landes wurzelt. Die Thais strahlen fast ausnahmslos eine ruhige Freundlichkeit aus; ihre Lebenseinstellung kommt auch in der oft gehörten Redewendung *mai men rai* (»das macht doch nichts«) zum Ausdruck.

Spa-Hotels

In allen Regionen des Landes findet man Spa-Hotels, in denen der Gast aber nicht unbedingt übernachten muss. Häufig werden auch Tageskuren oder Einzelbehandlungen angeboten, die nach gesonderten Tarifen zu bezahlen sind.

Bei den Kurangeboten der Hotels gehen traditionelle Heilmethoden des Ostens (vor allem aus Indien, China, Indonesien und Thailand) eine Verbindung mit modernen westlichen Therapien ein. So werden traditionelle Massagen neben hochmodernen Wassertanks, nach westlichen Erkenntnissen konzipierte Diätkuren neben Yoga, Meditation und Heilkräuterbehandlungen angeboten.

Echte Zufluchtsorte

Um zur wahren Ruhe und Besinnung zu kommen, gibt es kaum etwas Besseres als einen Meditationskurs in einem Tempel. Manche Kurse dauern einen Monat; es gibt aber auch zehntägige Kurse sowie Einführungsveranstaltungen, die an einem Nachmittag stattfinden. Am weitesten verbreitet ist die **Vipassana-Meditation**. Ein gewisses Maß an Disziplin ist erforderlich, um die Regeln, z. B. Verzicht auf Essen und Sprechen nach der Mittagszeit sowie auf Genussmittel und Sexualität, einhalten zu können. Nähere Informationen über englischsprachige Meditationskurse in Thailand erhält man bei The World Fellowship of Buddhism (616 Benchasiri Park, Soi Medhinivet, Bangkok, Tel. 2661 1284).

Wellness-Angebote im Hotel Chiva Som: Massage, Wassertank und Yoga

Das Magazin

Die empfehlenswertesten Spa-Hotels, die einen weltweiten Ruf genießen, sind an den Küsten und in den Bergen gelegen. Der Name des Hotels **Chiva Som** (73/74 Thanon Petchkasem, Hua Hin, Prachmab Khiri Khan 77110, Tel. 3253 6536; reserv@chivasom.co.th) in Hua Hin, einem Badeort mit Sommerresidenz der königlichen Familie, bedeutet »Zufluchtsstätte des Lebens« – nicht nur in Thailand, sondern in aller Welt gilt es als das beste Spa-Hotel. Sein exquisites Interieur bietet einen unverfälschten Luxus und ist dennoch von der Natur inspiriert. Die Gäste können sich in tiefe Swimmingpools fallen lassen, in denen rosafarbene Lotusblüten schwimmen, oder sich in luftigen Pavillons inmitten von Bananenhainen einer Massage hingeben (▶ 142).

Das Hotel **The Banyan Tree** (33 Thanon Moo 4 Srisoonthorn, Cherngtalay, Amphur Talang, Phuket 83110, Tel. 7632 4374; www.banyantree.com) liegt in einem Komplex von mehreren internationalen Luxus-Resorts in einer Bucht von Ko Phuket (▶ 164f).

Reisfelder und grasende Büffel prägen die schöne Umgebung des Hotels **Regent Resort Chiang Mai** (▶ 104) etwas außerhalb der Stadt.

Weitere Möglichkeiten der Entspannung

Wer nicht in einem teuren Hotel kuren möchte, kann in Thailand trotzdem in den Genuss einer entspannenden Behandlung kommen. Thai- und Reflexzonen-Massagen werden an jeder Ecke angeboten und sind eine wohltuende Unterbrechung einer Einkaufstour.

24 *Das Magazin*

Wohltaten zum kleinen Preis

Sollten die Preise der Spa-Hotels – ganz im Gegensatz zu den angebotenen Wellness-Behandlungen – bei Ihnen Verkrampfungen auslösen, beachten Sie den folgenden, einfacheren Weg zum Wohlbehagen:
- Eine Thai- oder Reflexzonen-Massage ist für wenig Geld zu bekommen. Gehen Sie typischen touristischen Einrichtungen aus dem Weg, und erkundigen Sie sich nach der Qualifikation der Behandelnden.
- Ätherische Öle und Kräutertees, z. B. mit Chrysanthemen- und Jasminblättern, sind überall zu kaufen.
- Genau genommen steht »Spa« für eine Therapie, in der Wasser angewandt wird. Dazu muss man nicht unbedingt in ein hydrotherapeutisches Bad oder einen Wassertank steigen. Schwimmen, vor allem im Meer, erfüllt den gleichen Zweck, da das Meerwasser von Natur aus entgiftende Eigenschaften hat.
- Einfache Möbel, Sitzkissen und flache Betten zeichnen den Thai-Stil aus. Die Buddhisten sind überzeugt, dass nur Erleuchtete sich über die Höhe des Fußbodens erheben dürfen.

Gegenüberliegende Seite: Freundlicher Service im Hotel Chiva Som

Rechts: Radtour am Strand

Unten: Pavillons an einem See, in traditionellem Stil erbaut

Das Magazin

»Gleich und doch anders«

»Same same … but different« ist eine typische Redewendung der thailändischen Händler.

Überall in Thailand wird man freundlich begrüßt

Das freundliche Lächeln, mit dem die Thais im Allgemeinen auf ein ungeduldiges oder verärgertes Gegenüber reagieren, entspricht einer Haltung, die tief in der thailändischen Kultur verwurzelt ist. Man wünscht nicht, das Gesicht zu verlieren, also sich selbst und andere durch Gefühlsausbrüche zu beschämen. Die Leichtigkeit, mit der die Thais auch schwierige Situationen bewältigen,

Fälschungen

Obgleich die thailändische Regierung den Handel mit gefälschten Tonbändern und CDs rigoros eingeschränkt hat, sind die Märkte im ganzen Land noch immer voller Stände, an denen Fälschungen als Markenartikel verkauft werden. Imitate von Designermarken finden bei Touristen reißenden Absatz. Es kommt vor, dass Urlauber teure Markenkleidung mitbringen, um sie zu einem Bruchteil des Preises von einem Schneider kopieren zu lassen.

entspringt ihrem Bedürfnis, Konflikte um jeden Preis zu vermeiden oder sie möglichst friedlich zu lösen.

Nicht immer ist aber im verführerischen »Land des Lächelns«, wie Thailand oft genannt wird, alles so, wie es nach außen den Anschein hat.

Blickt man auf die allgegenwärtigen Angebote des Sexgewerbes, könnte man den Eindruck gewinnen, als handele es sich um den Ausdruck einer modernen Liberalität. Man wird jedoch kaum ein thailändisches Paar sehen, das seine Zuneigung öffentlich zeigt. Zärtlichkeiten werden in der Öffentlichkeit als äußerst anstößig empfunden. In Touristenlokalen wird man zwar provokant gekleidete junge Frauen sehen, andererseits entkleiden sich die meisten Thais nicht einmal zum Baden und reagieren schockiert auf den Anblick spärlich bekleideter Touristen.

Betrügereien

Sie können sich vor Betrügern schützen, die sich ihre Opfer meist unter den Touristen suchen. Seien Sie besonders auf der Hut, wenn man Ihnen unaufgefordert Hilfe anbietet oder verlockende Angebote macht. Melden Sie sich im Notfall bei der Touristenpolizei, die in Bangkok unter der Telefonnummer 2255 2964 oder über jedes TAT-Büro zu erreichen ist. Betrugsversuche können Ihnen in jeder Form begegnen, achten Sie vor allem auf die folgenden Hinweise:
- Wenn ein Taxifahrer Sie statt zur gewünschten Adresse zu einem anderen Hotel fahren möchte (von dem er eine Provision bekommt), lehnen Sie solche Angebote ab.
- Trickbetrügereien mit gefälschten Schmuckstücken nehmen zu.

Der Königspalast (▶ 44f) und der Wat Po (▶ 47f) in Bangkok sind bevorzugte Orte, an denen Betrüger nach arglosen Touristen Ausschau halten.

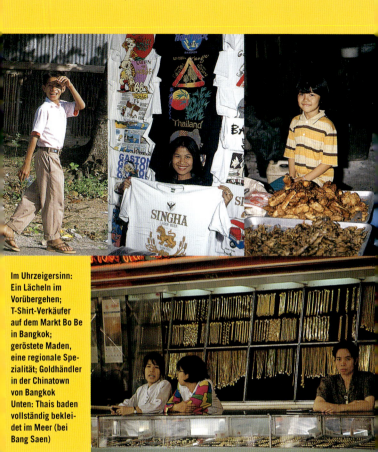

Im Uhrzeigersinn: Ein Lächeln im Vorübergehen; T-Shirt-Verkäufer auf dem Markt Bo Be in Bangkok; geröstete Maden, eine regionale Spezialität; Goldhändler in der Chinatown von Bangkok
Unten: Thais baden vollständig bekleidet im Meer (bei Bang Saen)

Das Magazin

- Thailand ist das einzige Land Südostasiens, das nie von einer europäischen Macht kolonialisiert worden ist. Das Wort *thai* bedeutet wörtlich »frei« – Thailand ist daher das »Land der Freien«.
- Das Wort *farang* bedeutet »Ausländer« und wird auf jeden fremden Besucher angewandt. Der Ausdruck, der heute nicht mehr abfällig gemeint ist, leitet sich vom thailändischen Wort für »Franzose« ab; Franzosen wurden im 17. Jahrhundert aus dem Land vertrieben, in dem sie zeitweilig Handelsniederlassungen errichtet und Missionare und Soldaten stationiert hatten.
- Das erste Krankenhaus wurde 1886 gegründet, jedoch noch eine Zeit lang nicht angenommen, da die traditionelle Pflanzenheilkunde gegenüber der westlichen Medizin bevorzugt wurde.
- Vom 12. bis ins 20. Jahrhundert war das Land in Europa unter seinem Khmer-Namen Siam bekannt, der im thailändischen Volk selbst nur eine kurze Zeit gebräuchlich war. Seit 1939 lautet sein offizieller Name Thailand.
- Der weiße Elefant, der ursprünglich auf der thailändischen Flagge abgebildet war, galt als heiliges Tier. Die albinofarbenen Tiere wurden versorgt und gepflegt, obwohl sie nicht zur Arbeit herangezogen werden durften. Man bezeichnet einen Gegenstand sinnbildlich als »weißen Elefanten«, der einen großen Aufwand erfordert, aber keinen praktischen Nutzen hat.
- Thailand ist der weltweit bedeutendste Reisexporteur.
- In Thailand gibt es ca. 1300 Orchideenarten.
- Die Farben der thailändischen Flagge stehen für die Nation (rot), den Buddhismus (weiß) und die Monarchie (blau).
- Frauen nehmen eine machtvolle Stellung in der Wirtschaft ein; die Leitung von Betrieben liegt häufig in weiblicher Hand.

Die alte »Flagge des weißen Elefanten«

Wussten Sie das?

Die meisten Erwerbstätigen arbeiten in der Landwirtschaft

Erster Überblick

Ankunft

Mit dem Flugzeug

Für die meisten ausländischen Gäste ist der Internationale Flughafen Don Muang von Bangkok der Ankunftsort. Obwohl der Flughafen nur 25 Kilometer nordöstlich von Bangkok liegt, dauert eine Fahrt in die Innenstadt je nach Verkehrsdichte und -mittel mindestens eine Stunde.

- **Informationen über Ein- und Ausreise per Flugzeug** sind unter der Telefonnummer 2535 1149 erhältlich.

Einrichtungen am Flughafen

Fluggäste finden Wechselstuben, Postämter, Telefone und Gepäckaufbewahrungseinrichtungen vor, die rund um die Uhr zur Verfügung stehen. Ein Hotelreservierungsdienst der Thai Hotel Association steht ebenfalls bereit. Darüber hinaus gibt es ein Touristenbüro und kleine Restaurants.

Ausreisegebühr

Bei der Ausreise ist eine Flughafengebühr von 500 Baht zu zahlen; Kreditkarten werden nicht akzeptiert. Auskünfte erhält man unter der Telefonnummer 2535 1111.

Vom Flughafen nach Bangkok per Taxi

- Nach einem langen Flug ist eine **Taxifahrt** die angenehmste Art der Fortbewegung. Eine Autofahrt in die Innenstadt dauert 35 bis 40 Minuten.
- Taxifahrten sind verhältnismäßig **preiswert**.
- Vor der Ankunftshalle des Flughafens findet man **lizenzierte Taxis**.
- Lehnen Sie Angebote von Taxifahrern ab, die **unaufgefordert** auf Sie zukommen. Solche Fahrer besitzen in der Regel keine Lizenz und verlangen überhöhte Fahrpreise.
- Vereinbaren Sie vor der Fahrt einen **festen Preis**, oder nehmen Sie ein Taxi mit **Taxameter**. Die Preise unterscheiden sich kaum voneinander.
- Bei einer Fahrt in die Stadt ist zusätzlich eine **Mautgebühr** zu zahlen, die bereits im Fahrpreis enthalten sein sollte.

... per Limousinenservice

- Der Preis ist etwa **doppelt so hoch** wie für ein Taxi, aber noch günstig.
- Vom besseren Komfort abgesehen, bleibt Ihnen auch langes **Schlangestehen** an den Taxiständen erspart.
- Mehrere Unternehmen bieten am **Flughafen** ihre Dienste an; Einzelheiten können Sie im Büro der Tourism Authority of Thailand (TAT) erfragen.
- Achten Sie darauf, im Voraus einen **festen Preis** zu vereinbaren.

... per Flughafenbus

- Der Busservice ist zuverlässig; die Busse sind klimatisiert und fahren häufig. Der Service wird **zwischen 6 und 23.30 Uhr** angeboten.
- Die Flughafenbusse sind komfortabler als die öffentlichen Busse und außerdem **preisgünstiger** als ein Taxi.
- Die Busse halten lediglich an den **größeren Hotels** in Bangkok, sodass Sie Ihr Fahrtziel nicht unbedingt direkt erreichen.
- Am Busbahnhof vor der Ankunftshalle sind **Informationsblätter** erhältlich, denen Sie entnehmen können, welche Linie Sie zu Ihrer Unterkunft bringt. Die Buslinie A1 hält an den Hotels im Stadtteil Pratunam, am Siam Square und an der Silom Road; die Endhaltestellen liegen in der Nähe

Ankunft / Unterwegs in Thailand

der Hotels Oriental (▶ 57) und Shangri-La (▶ 57). Die Buslinie A2 fährt die Pensionen in der Khao San Road an, die Linie A3 hält an den Hotels in der Sukhumvit Road.
- **Fahrscheine** sind im Bus erhältlich.

... mit dem öffentlichen Bus
- Mit schwerem und unhandlichem **Gepäck** kann die Fahrt in einem öffentlichen Bus zu einer Strapaze werden.
- Die orangefarbenen **Standardbusse** sind sehr preiswert, aber auch langsam und häufig überfüllt.
- Standardbusse und die blauen **klimatisierten Busse** fahren von der Ankunftshalle in nördlicher Richtung ab.

... per Eisenbahn
- Eine Zugfahrt ist eine angenehme Möglichkeit, den dichten Straßenverkehr zu umgehen. Vom Flughafen fahren Züge allerdings ausschließlich zum **Hauptbahnhof** (Hua Lamphong) in Bangkok, der jedoch nicht in der Nähe der meisten Hotels liegt.
- Der **Flughafenbahnhof** ist in 10 Minuten zu erreichen.
- Zugfahren ist die **preisgünstigste** Art, vom Flughafen in die Stadt zu kommen.
- Die angegebenen **Abfahrtzeiten** sind manchmal ungültig. In der Regel fährt alle 30 Minuten ein Zug.
- Eine Zugfahrt zum Bahnhof Hua Lamphong dauert **ca. 40 Minuten**.

Touristeninformation
- Die **Tourism Authority of Thailand** ist besser unter der Abkürzung **TAT** bekannt, mit der sie in diesem Buch bezeichnet wird.
- Das **Flughafenbüro** ist von 8 bis 24 Uhr geöffnet (Tel. 2523 8973).
- Das **Hauptbüro** befindet sich im Le Concorde Building, 202 Thanon Ratchadaphisek (Tel. 2694 122).
- Die **TAT** ist landesweit vertreten.

Unterwegs in Thailand

Pai nai? (»Wohin gehst du?«), lautet der Ausruf, den man regelmäßig von Taxifahrern und Bootsführern hören kann, die ihre Dienste anbieten möchten. Zugleich ist es aber auch eine übliche Begrüßungsformel. Das Reisen im Land ist überraschend unkompliziert. Bus- und Zugverbindungen sind zahlreich und sehr preiswert. Ein wenig Bequemlichkeit muss nicht teuer sein.

Busse
- Die Kategorie »**mit Klimaanlage**« steht oft für einen etwas gehobenen Komfort. Es ist daher ratsam, sich möglichst für eine etwas teurere Fahrt in einem **staatlichen Bus** oder bei einem **privaten Busunternehmen** zu entscheiden.
- Bei den staatlichen Bussen (**Bor Kor Sor – BKS**) werden verschiedene Kategorien angeboten: Busse ohne Klimaanlage für kurze Strecken und klimatisierte, komfortablere Reisebusse für lange Fahrten. Reisebusse sind häufig mit Liegesitzen und Toiletten ausgestattet; unterwegs werden Getränke und Erfrischungen serviert. Sie sind vor allem für mehrtägige Reisen zu empfehlen.

Erster Überblick

- Reisebusse fahren in der Regel am frühen Morgen oder frühen Abend ab, während Linienbusse mehrmals am Tag zu unregelmäßigen Zeiten von den Stadtzentren aus abfahren.
- Klimatisierte **Kleinlastwagen** stehen an touristischen Knotenpunkten, z. B. der Khao San Road in Bangkok, bereit. Sie wirken komfortabel, sind aber häufig unpünktlich, überfüllt und sehr teuer. Es kann vorkommen, dass Sie gegen Ihren Willen zu einem Fährunternehmen oder einem Hotel gefahren werden, von denen die Fahrer eine Kommission beziehen. Die Chauffeure, deren Fahrkünsten man sich nicht unbedingt anvertrauen kann, besitzen oft keine Lizenz.
- *Songthaeos* sind kleine Pick-ups mit zwei Reihen von Sitzbänken. Sie können das ganze Fahrzeug mieten.

Züge

- Nutzen Sie das **gut ausgebaute Schienennetz** Thailands für längere Routen. Besonders empfehlenswert ist eine Fahrt in einem der komfortablen Schlafwagen.
- Es gibt **vier Eisenbahnlinien**. Eine Linie verkehrt zwischen Chiang Mai (▶ 92ff) im Norden und Surat Thani im Süden mit Zwischenstopp in Ayutthaya (▶ 72f). Von Surat Thani kann man nach Ko Samui (▶ 134ff) und in südlicher Richtung nach Malaysia (▶ 141) weiterfahren.
- **Buchungen** müssen im Voraus – im Reisebüro oder an einem der Bahnhöfe – vorgenommen werden.
- Es gibt drei **Klassen** (1. bis 3. Klasse) und drei **Arten** von Zügen (Special Express, Rapid und Ordinary), für die jeweils Zuschläge zu zahlen sind. 1. Klasse-Züge verfügen in der Regel über Kabinen, in der klimatisierten 2. Klasse gibt es gepolsterte Sitze, und die 3. Klasse ist mit schlichten Holzbänken ausgestattet.

Inlandsflüge

- Flüge innerhalb Thailands sind vergleichsweise **preisgünstig**.
- Über 20 Inlandsflughäfen werden von mehreren Fluglinien bedient. Die größten Linien sind **Bangkok Airways** (Tel. 2229 3434), die Flüge ab Sukhothai anbietet, und **Thai Airways** (Tel. 2513 0121), deren Flüge von Bangkok starten. Bei Thai Airways, die sich teilweise in staatlicher Hand befindet, sind die Preise günstiger als bei Bangkok Airways.
- Eine nützliche und Zeit sparende Flugverbindung ist die zwischen **Chiang Mai** und **Ko Phuket** über Bangkok. Sie wird täglich von Thai Airways angeboten.
- Bangkok Airways bietet tägliche Flüge zwischen **Bangkok** und **Ko Samui** und **Bangkok** und **Krabi** (▶ 159ff) an.
- Die Maschinen sind häufig – vor allem an Wochenenden und in der Ferienzeit – ausgebucht. Eine frühzeitige **Reservierung** ist daher dringend zu empfehlen.

Taxis

- Vor der Fahrt handeln Sie einen **festen Preis** aus, oder achten Sie darauf, dass das **Taxameter** angestellt wird.
- An Verkehrsknotenpunkten und in der Umgebung touristischer Sehenswürdigkeiten sollten Sie besonders auf der Hut sein. Lassen Sie sich nicht auf Angebote von Taxifahrern ein, die sich Ihnen **unaufgefordert** nähern.
- Ein Taxi auch für eine **mehrstündige Fahrt** zu mieten kann sich durchaus lohnen, vor allem wenn das Fortkommen mit anderen öffentlichen Verkehrsmitteln schwierig oder unbequem ist. Sie bieten sich auch dann an, wenn sich keine Haltestelle am Zielort befindet.

Unterwegs in Thailand

Tuk-Tuks
- Das *tuk-tuk* ist eine Motorriksha mit drei Rädern, Sitzbank und Verdeck. Vor allem in Bangkok ist es ein **billiges, schnelles**, aber auch lautes Verkehrsmittel, das manchmal von waghalsigen Fahrern gesteuert wird.
- Der **Fahrpreis** wird **im Voraus** mit dem Fahrer vereinbart.

Mietwagen
- An vielen Orten Thailands kann man ein Fahrzeug zu **günstigen Preisen** mieten.
- Wer ein Auto für mehrere Tage mieten möchte, kann über einen **Preisnachlass** verhandeln.
- Sie können einen **Fahrer** engagieren; der Preis erhöht sich dadurch etwa um die Hälfte des Tagessatzes.
- Es ist dringend zu empfehlen, nach dem **Versicherungsschutz** zu fragen. Im Falle eines Unfalls wird man Sie in der Regel haftbar machen.
- Sie benötigen einen **internationalen Führerschein**.
- Im Allgemeinen ist es **teurer**, bereits **vor der Reise** einen Mietwagen zu leihen.

Hinweise für Autofahrer
- In Thailand fährt man auf der **linken Straßenseite**.
- Man sollte sich auf einen **chaotischen Straßenverkehr** gefasst machen. Die Verkehrsregeln werden selten eingehalten; eher scheint das »Recht des Stärkeren« zu gelten.
- **Anschnallpflicht**, **Geschwindigkeitsbegrenzungen** und **Parkverbote** werden oft nicht ernst genommen.
- Die **Lichthupe** wird als Warnzeichen eingesetzt.
- **Hupen** ist kein Zeichen der Ungeduld, sondern zeigt an, dass man überholen möchte.
- An größeren Schnellstraßen gibt es Schilder mit **Kilometerangaben**.

Mietwagen
Die folgenden Mietwagenfirmen sind in den größeren Touristenzentren Thailands vertreten:
- Avis: 0990 900500
- Budget: 0800 818181
- Hertz: 0990 996699

Eintrittspreise
Die Eintrittspreise für Museen und andere Sehenswürdigkeiten sind durch die folgenden Preiskategorien gekennzeichnet:

Preiswert: unter 50 Baht
Mittel: 50–100 Baht
Teuer: über 100 Baht

Übernachten

Unterkünfte sind in Thailand in unbegrenzter Zahl und unterschiedlichster Art zu bekommen. Vor allem in Bangkok, Chiang Mai, auf Ko Phuket und Ko Samui ist die Auswahl groß und vielfältig und reicht von billigen und freundlichen Guesthouses bis hin zu weltberühmten Luxushotels. In Ayutthaya und Sukhothai ist die Auswahl begrenzt. Die Hauptreisezeit liegt in den Wintermonaten (von November bis März). In dieser Zeit ist es unbedingt erforderlich, Zimmer in den gehobenen Hotels und Resorts im Voraus zu buchen. Unter den vielen Unterkünften, die man in Bangkok finden kann, ist ein Traditionshotel noch immer das erste Haus am Platz: Das Oriental (▶ 54 und 57) wird regelmäßig zu den Spitzenhotels der Welt gezählt.

Guesthouses
- Die **Qualität** der Häuser ist unterschiedlich; die meisten sind sauber und gepflegt.
- In der Umgebung der **Khao San Road** in Bangkok kann man ein Zimmer für nur 100 Baht bekommen. Ähnliche Preise gelten für Chiang Mai.

Luxushotels
- In Anbetracht der hohen Qualität und im Vergleich mit den Zimmerpreisen in aller Welt sind die **Preise** in Thailand sehr **günstig**.
- Viele Luxushotels gehören wohlbekannten **internationalen Ketten** an und bieten alle Annehmlichkeiten und Einrichtungen, die man in einem europäischen Hotel derselben Kette finden kann – oft zum halben Preis.

Resort-Hotels
- Viele Resort-Hotels sind gleichzeitig **Spa- und Gesundheitszentren**.
- Die **Qualitätsstandards** sind sehr hoch.
- In Thailand verwendet man den Ausdruck »Resort« manchmal für jedes Hotel oder Guesthouse, das **außerhalb einer Stadt** oder in einer Ferienanlage liegt.

Wäschereien
- In fast jedem Hotel und Guesthouse gibt es einen zuverlässigen und preiswerten Reinigungsservice.

Toiletten
- Toiletten und Bäder nach westlichem Standard werden üblich. Außerhalb von Bangkok und in kleinen oder älteren Hotels findet man aber auch Hocktoiletten und Wassereimer als Ersatz für Toilettenpapier.

Unterkünfte buchen
- Obgleich die Auswahl an gehobenen Unterkünften in Bangkok groß ist, sollten Zimmer in den großen Hotels der Stadt **im Voraus** gebucht werden.
- Gleiches gilt für die Hotels in Chiang Mai, auf Phuket und in Pattaya, vor allem zur Zeit der **Feste** (▶ 10f) und im Hauptreisemonat **Dezember**.

Mehrwertsteuer und Trinkgeld
- In Luxushotels werden in der Regel eine **Servicegebühr** von 10 % und eine **Mehrwertsteuer** von 7,5 % auf die Preise aufgeschlagen.
- **Trinkgelder** werden nicht erwartet, aber dankbar angenommen.
- In Guesthouses und preisgünstigen Hotels wird keine Steuer aufgeschlagen und kein Trinkgeld erwartet.

Preise
Die Symbole beziehen sich auf die durchschnittlichen Preise für eine Übernachtung im Doppelzimmer.
€ unter 1000 Baht   €€ 1000–4000 Baht   €€€€ über 4000 Baht

Essen und Trinken

Die thailändische Küche gilt unter ihren zahlreichen Liebhabern als die beste der Welt. Sie ist unbeschreiblich abwechslungsreich und raffiniert. Bei alledem ist ein Essen im Restaurant preisgünstig. In Bangkok und anderen Städten Thailands sind die kulinarischen Gebräuche fremder Länder in großer Vielfalt vertreten – von asiatischen Varianten wie vietnamesisch, kantonesisch, philippinisch, malaiisch und yünnanesisch bis hin zu internationaler Gastronomie.

Traditionelle Thai-Küche
- Die thailändische Küche dreht sich, ähnlich wie die der südostasiatischen Nachbarländer, um das Grundnahrungsmittel **Reis**, wobei sich in der Vorliebe für Nudeln ein starker chinesischer Einfluss bemerkbar macht.
- Man unterscheidet zwei Arten von Reis: den langkörnigen weißen Reis, der hauptsächlich im mittleren und südlichen Thailand gegessen wird, und den Klebereis, der im Norden und Nordosten bevorzugt wird. Weißen Reis isst man mit Löffel und Gabel, Klebereis wird hingegen mit der rechten Hand gegessen.
- **Nudeln** isst man mit Stäbchen.

Praktische Tipps
- Im Restaurant werden in der Regel **alle Gänge gleichzeitig** serviert.
- **Reis** wird in einem Gefäß gereicht und bildet den Mittelpunkt der Tafel.
- Jedem Gast wird eine **eigene Schale mit Reis** serviert, zu dem kleine Portionen der übrigen Speisen separat gereicht werden.
- Aus **Höflichkeit** werden Gäste, Ältere und Frauen zuerst bedient.
- Thais legen großen Wert auf Sauberkeit und gute **Manieren**. Wenn Sie diese Regeln beachten, wird man Sie für einen »englischen Gentleman« (*pu-di angkrit*) oder eine Lady halten!
- Die Speisen werden mit **Löffel und Gabel** gegessen. Ein Messer wird nur bei europäischen Gerichten benutzt. Die Zutaten thailändischer Gerichte werden in mundgerechte Stücke geschnitten oder dürfen auch in die Hand genommen werden.
- In Thailand kennt man **keine geregelten Essenszeiten**. Man isst, wenn man hungrig ist. Die Öffnungszeiten der Restaurants sind daher unterschiedlich, die meisten sind aber an sieben Tagen in der Woche geöffnet. Bei den abendlichen Öffnungszeiten sind keine Grenzen gesetzt. Restaurants sind jedoch meist nach 1 Uhr nachts geschlossen. Garküchen öffnen häufig gegen 10 Uhr morgens und bleiben bis zum Abend geöffnet.
- Thais essen im Allgemeinen weniger, aber häufiger als Europäer. In Restaurants, die ein ausländisches Publikum haben, berücksichtigt man die europäische Sitte, drei Mahlzeiten am Tag zu sich zu nehmen. In Hua Hin findet man eine vielfältige Auswahl an Thai- und internationalen Restaurants, die auf einem ziemlich kleinen Gebiet versammelt sind. Auf Ko Samui werden fast alle kulinarischen Wünsche zufrieden gestellt.

Erster Überblick

- Viele Spitzenhotels im ganzen Land bieten ein attraktives und preiswertes **Mittagsbüfett** an. In den Monatsmagazinen von Bangkok, Chiang Mai und Ko Phuket erfährt man Einzelheiten.
- **Beschränkungen des Alkoholausschanks**, die aber für ausländische Besucher in der Regel nicht gelten, gibt es lediglich an buddhistischen Feiertagen und bei politischen Wahlen.
- **Trinkgelder** werden im Allgemeinen nicht erwartet. In gehobenen Hotels wird häufig eine Servicegebühr von 10% auf die Rechnung aufgeschlagen. In Restaurants wird ein kleines Trinkgeld gern angenommen.

Das schönste ...
... **schwimmende Restaurant**: Mae Nam (► 85)
... **indische Restaurant**: Ali Baba (► 145)
... **Restaurant mit nordöstlicher Thai-Küche** (*Isaan*): Vientiane Kitchen (► 60)
... **Restaurant mit Meerblick**: Old Siam (► 171)
... **Fischrestaurant**: Seafood Restaurant (► 147)
... **Thai-Restaurant**: Lemongrass (► 59), Spice Market (► 60)
... **Restaurant mit traditionell thailändischem Flair**: Sala Thai (► 171)
... **kuriose Restaurant**: Cabbages & Condoms (► 58)
... **vegetarische Restaurant**: Whole Earth (► 60)
... **Restaurant mit Ausblick**: Galae (► 106)

Restaurantpreise
Die Preise gelten pro Person ohne Getränke und Service.

€ unter 200 Baht   €€ 200–500 Baht   €€€ über 500 Baht

Einkaufen

In Thailand bieten sich außerordentlich gute Einkaufsgelegenheiten; die Antiquitäten und kunsthandwerklichen Arbeiten gehören zu den schönsten und interessantesten der Welt. Der Norden, insbesondere Chiang Mai, ist das Zentrum des landestypischen Kunsthandwerks, dessen Erzeugnisse überaus vielfältig sind. Andere wertvolle und typische kunsthandwerkliche Waren sind auch das chinesische Porzellan (Seladon), das in der Regel von blassgrüner Farbe und fast durchsichtig ist, die schwarz eingelegten Schmiedearbeiten (Niello) sowie Artikel aus Rattan und Zinn.

Märkte

- In jedem thailändischen Ort gibt es einen Markt mit **frischen landwirtschaftlichen Erzeugnissen**.
- Für Thais ist der **Markt** mit seinen frischen Produkten der Dreh- und Angelpunkt ihres täglichen Einkaufs und daher für Besucher ein schöner Ort, um umherzuschlendern und sich umzuschauen.
- Auf vielen größeren Märkten gibt es **getrocknete Produkte**; vor allem ist der Markt Warorot in Chiang Mai (► 92ff) zu nennen.
- Auf dem riesigen **Chatuchak Market** (► 51) in Bangkok gibt es von Haustieren über Opiumpfeifen bis hin zu Kräutertöpfen fast alles.

Einkaufen

- Jede Region Thailands bringt eigene **kulturelle Spezialitäten** hervor, das meiste davon ist in Bangkok zu kaufen. Auf den Märkten und in den Einkaufspassagen der Stadt findet man die größte Vielfalt und die besten Angebote.

Bezahlung

- Straßenhändler nehmen nur **Bargeld** an.
- In vielen Geschäften werden **Kreditkarten** akzeptiert; bei dieser Zahlweise wird jedoch eine Gebühr von 3–5 % der Kaufsumme erhoben.
- Kunsthandwerks- und Antiquitätengeschäfte können in der Regel Verpackung, Versand und Dokumentation der Ware zu einem günstigen Preis übernehmen.

Antiquitäten und Buddhafiguren

- Es ist gesetzlich **verboten**, Antiquitäten ohne Erlaubnis auszuführen. Ohnehin gibt es wenige echte Antiquitäten; bei den meisten handelt es sich um Reproduktionen.
- Ebenfalls **streng verboten** ist es, religiöse Gegenstände wie Buddhafiguren und Amulette ohne Erlaubnis auszuführen. Verständlicherweise wünscht man in Thailand nicht, dass Buddhafiguren z. B. als Lampenständer zweckentfremdet werden.

Preisverhandlungen

- In kleinen Geschäften, an Marktständen und in Souvenirgeschäften, vor allem in Bangkok, Chiang Mai und Ko Phuket, ist es üblich, um den Preis der Waren zu **feilschen**.
- Preisverhandlungen kommen in Supermärkten und Kaufhäusern, in denen es **feste Preise** gibt, selbstverständlich nicht in Betracht.
- Als **Faustregel** für ein Preisgespräch gilt, die Hälfte des angegebenen Preises zu bieten und das Gebot so weit zu erhöhen, bis man einen Preisnachlass von 25–30 Prozent erreicht.
- Bleiben Sie **freundlich**, aber bestimmt. Wenden Sie sich lächelnd zum Gehen, wenn ein Händler Ihrem Angebot nicht entgegenkommt – es ist möglich, dass er Sie ebenso freundlich zurückruft.

Öffnungszeiten

- Die meisten **Geschäfte** sind täglich von 9 bis 17.30 Uhr geöffnet.
- Geschäfte mit **langen Öffnungszeiten** sind bis 21 Uhr geöffnet.
- **Kaufhäuser** sind von 10 bis 21 oder 22 Uhr geöffnet.
- In größeren Städten gibt es **Apotheken**, die rund um die Uhr geöffnet sind.
- Einige **Märkte** werden bereits um 3 Uhr geöffnet und um 8 Uhr geschlossen, andere sind bis in den frühen Nachmittag offen.

Die besten Einkaufsquellen
Kunsthandwerk: Baw Sang Village (➤ 108)
Kaufhaus: Gaysorn Plaza (➤ 61)
Stoffe: Ban Boran Textiles (➤ 172)
Kunsthandwerk der Bergstämme: Hill Tribe Products Promotion Centre (➤ 108)
Märkte: Chatuchak (➤ 51), Warorot (➤ 108), Nachtmarkt (➤ 108)
Sarongs: Sathorn Textilmuseum (➤ 86)
Seide: Jim Thompson Silk Shop (➤ 61)
Silber: Thanon Wua Lai (➤ 108)

Ausgehen

Informationen
- In allen größeren Touristenorten findet man **kostenlose Veranstaltungsmagazine**, die in Bars, Restaurants, Cafés und Reisebüros ausliegen.
- In Bangkok gibt es das **Bangkok Metro Magazine** – nicht kostenlos, aber ein hervorragendes Veranstaltungsmagazin.
- In fast jeder Provinzhauptstadt ist die **Tourism Authority of Thailand** (TAT) mit einem Büro vertreten und vermittelt vielfältige Informationen.

Festivals und Veranstaltungen
- Das ganze Jahr hindurch finden überall im Land zahlreiche **Festivals** und **Tempelfeste** statt. Irgendwo wird immer etwas gefeiert, vor allem in der Zeit zwischen Oktober und April (► 10f).
- Zu den größten, landesweit stattfindenden Festivals gehören das thailändische Neujahr (**Songkhran**; ► 10) und das Lichterfest (**Loy Krathong**; ► 11) zum Vollmond im November.

Nachtleben
- Das Nachtleben in Thailand ist legendär und durchaus nicht nur vom Sexgeschäft geprägt. Thais legen Wert auf eine sinnvolle Freizeitgestaltung, zu der auch gepflegtes Essen, Trinken und Tanzen gehört.
- Die meisten **Bars** öffnen am späten Nachmittag oder frühen Abend. Den derzeit geltenden Gesetzen entsprechend, schließen sie gegen 1 Uhr.
- Die Stadt mit dem spannendsten Nachtleben ist selbstverständlich Bangkok. Gute **Nachtclubs** und **Bars** gibt es aber auch in Pattaya (► 124), auf Ko Phuket (► 172), Ko Samui (► 148) und in Chiang Mai (► 108).
- **Livemusik** ist überall beliebt, wobei es sich aber meist um thailändische Musik oder um Thai-Versionen westlicher Popmusik handelt.

Aktivitäten
- Der Norden des Landes bietet hervorragende Möglichkeiten für **Trekking** (► 95ff und 108) mit Besuchen in den Dörfern der Bergstämme.
- Im ganzen Land findet man gute Möglichkeiten zum **Mountainbike-Fahren, Rafting** und **Bergsteigen** (► 161) vor.
- Im Süden des Landes, insbesondere in der Andamanensee, findet man schöne Gegebenheiten zum **Tauchen und Schnorcheln**. Das Gebiet um die **Inselgruppe Similan** (► 164) gilt weltweit als einer der schönsten Tauchgründe.
- Alle Küstenorte – Ko Phuket (► 164), Ko Samui (► 134ff), Hua Hin (► 130f) und Pattaya (► 120) – bieten **Wassersportmöglichkeiten** in jeder Form, z. B. Surfen, Paragliding und Segeln.

Sport
- **Thaiboxen** (*muay thai*) ist der Nationalsport Thailands. Es ist eine kämpferische Sportart, bei der nicht nur die mit Handschuhen bekleideten Fäuste, sondern Ellenbogen, Knie, Füße und praktisch jeder Körperteil (mit Ausnahme des Kopfes) zum Einsatz kommen. Man kann den schnellen und geschickten Manövern der Kämpfer zuschauen – die besten Veranstaltungsorte sind das **Lumpini Boxing Stadium** (Thanon Rama IV beim Lumpini-Park, Bangkok, Tel. 2280 4550) und das **Ratchadamnoen Boxing Stadium** (1 Thanon Ratchadamnoen Nok, Bangkok, Tel. 2281 4205).
- **Fußball** ist der beliebteste Zuschauersport der Thai. Die thailändische Nationalmannschaft wird von einem Engländer, Peter Withe, trainiert.

Bangkok

**Erste Orientierung 40
In drei Tagen 42
Nicht verpassen! 44
Nach Lust und Laune! 52
Wohin zum … 56**

Erste Orientierung

Bangkok, die faszinierende Metropole Thailands, ist für die meisten Besucher der Ankunftsort. Die moderne Stadt mit ihrem pulsierenden Finanzzentrum ist zugleich als historischer Mittelpunkt des Landes durchdrungen von den Traditionen der hochverehrten Königsfamilie und der buddhistischen Religion. In aller Welt ist die Hauptstadt für ihr berüchtigtes Rotlichtviertel Patpong bekannt. Die »Stadt der Engel« ist aber vor allem eine Stätte glitzernder Paläste, prachtvoller Tempel und gigantischer goldener Buddhastatuen.

Kleine dreirädrige *tuk-tuks* schlängeln sich rasend schnell durch die engen Straßen. An den Bürgersteigen stehen dicht gedrängt die Garküchen, in denen in Windeseile exquisite Speisen gezaubert werden. Ein gewisses Maß an Ruhe findet der Besucher auf dem mächtigen Chao-Phraya-Fluss, wo man eine Fahrt in einem traditionellen Langboot oder einer luxuriösen Barke aus Teakholz unternehmen kann. Ein empfehlenswertes Fortbewegungsmittel ist auch der Sky Train, eine klimatisierte Hochbahn, die über den chaotischen Straßen dahinsaust. Es gibt zwei Linien: Die Sukhumvit-Linie führt vom nördlichen Busbahnhof Mo Chit entlang der Sukhumvit Road zum Siam Square und zum östlichen Busbahnhof; die Silom-Linie verbindet das Nationalstadion mit der Saphan Taksin.

Eine Entdeckungsreise führt durch ein Netz von Kanälen, dem Bangkok den Beinamen »Venedig des Ostens« verdankt, und ein Gewirr enger Gassen, das die farbenprächtige Chinatown mit ihren Juwelieren und exotischen Waren durchzieht. Folgen Sie den Spuren von Schriftstellern wie Joseph Conrad und Graham Greene, indem Sie sich in einem der schönsten Hotels der Welt, dem Oriental, zum Tee niedersetzen. Geben Sie sich dann den unerschöpflichen Einkaufsgenüssen hin.

Vorhergehende Seite: Der Königspalast ist Schauplatz feierlicher Zeremonien

Links: Chinesische Statuen wachen vor dem Wat Po

Erste Orientierung

★ Nicht verpassen!
1. Königspalast und Wat Phra Keo ➤ 44
2. Wat Po ➤ 47
3. Chao-Phraya-Fluss ➤ 49
4. Chatuchak Market ➤ 51

Nach Lust und Laune!
5. Nationalmuseum ➤ 52
6. Khao San Road ➤ 52
7. Vimanmek Teak Palace ➤ 52
8. Jim Thompson's House ➤ 53
9. Patpong ➤ 54
10. Hotel Oriental ➤ 54
11. Chinatown ➤ 55

Der geheimnisumwitterte Chao Phraya

Bangkok

Erkunden Sie die einmaligen Schätze Thailands, entspannen Sie sich auf den Fluten des Chao Phraya, und entdecken Sie die Straßen der Chinatown.

Bangkok in drei Tagen

Erster Tag

Vormittags
Brechen Sie früh auf, sodass Sie den Besucherströmen im ❶ **Königspalast** (oben und links; ► 44ff) zuvorkommen. Der Palast ist ab 8.30 Uhr geöffnet. Nahe gelegene Cafés laden zu einem Mittagessen ein. Wendet man sich vom Königspalast nach links in die Thanon Na Phralan, gelangt man zur Silpakorn University for Fine Arts und über die Thanon Mahathat zur Fähranlegestelle Tha Chang am ❸ **Chao-Phraya-Fluss** (► 49f).

Nachmittags
Ein Express-Boot bringt Sie zur Anlegestelle Tha Tien; von dort spazieren Sie zum ❷ **Wat Po** (► 47f). Nehmen Sie sich genügend Zeit zur Erkundung.

Abends

Fahren Sie per *tuk-tuk* zum legendären Rotlichtbezirk 9 **Patpong** (rechts; ► 54), wo Sie einen Bummel durch den lebhaften Nachtmarkt und die Kneipenszene unternehmen können.

Zweiter Tag
Vormittags

Beginnen Sie den Tag mit einem Besuch des 5 **Nationalmuseums** (► 52), der mehrere Stunden in Anspruch nehmen kann. Anschließend spazieren Sie zum Fluss, indem Sie sich nach rechts in die Thanon Na Phra That und in die erste Straße rechts zur Thanon Phra Chan wenden. Express-Boote halten am Ende der Straße an der Anlegestelle Tha Phra Chan. Als Alternative können Sie die kurze Strecke zur Haltestelle Tha Mahathat zu Fuß gehen; dort finden Sie am Flussufer gelegene Restaurants.

Nachmittags

Fahren Sie per Express-Boot in die 11 **Chinatown** (► 55). Dafür steigen Sie an der Anlegestelle Tha Rachawong aus, von wo Sie nach einem kurzen **Spaziergang** Chinatown erreichen. Lassen Sie sich durch die fesselnden Gassen treiben, oder folgen Sie dem Rundgangsvorschlag dieses Buches (► 174ff).

Dritter Tag

Wenn Sie sich an einem Samstag oder Sonntag im Land aufhalten, können Sie über den 4 **Markt Chatuchak** (unten; ► 51) bummeln, der nur an Wochenenden abgehalten wird. Die eigenartigen Handelsgüter des Marktes sind sehenswert. Zum Mittagessen sind die klimatisierten Restaurants der »Dream Section« zu empfehlen. Als Alternative bietet sich ein Gang durch die 6 **Khao San Road** (► 52) an.

Königspalast und Wat Phra Keo

Der Königspalast vereint gelassene Schönheit und überwältigende königliche Prachtentfaltung. Er steht naturgemäß am Anfang eines Aufenthaltes in Bangkok, da er eine grandiose Einführung in die beiden bedeutendsten Themen darstellt, die sich durch alle Aspekte des thailändischen Lebens ziehen: Buddhismus und Königshaus. Der Königspalast birgt die bedeutendste Buddhastatue des Landes.

Man sollte sich mehrere Stunden Zeit zur Besichtigung der Hauptsehenswürdigkeiten nehmen. Der von Mauern umgebene Gebäudekomplex umfasst eine Fläche von 24 Hektar, auf der lange Fußmärsche und Zeit raubendes Schlangestehen zu bewältigen sind. Er ist überdies kein Ort der rastlosen Eile.

Der Baustil des Palastes stellt eine Mischung aus europäischen (viktorianischem Stil und italienischer Renaissance) und siamesischen Architekturstilen dar. Die ältesten Bauelemente sind 200 Jahre alt. Der gesamte Gebäudekomplex setzt sich aus rund 100 Wohngemächern, Audienzhallen, Pavillons, Tempeln und Türmen, deren Spitzen mit **exquisiten Mosaiken** bedeckt sind, zusammen.

Auf schönen, liebevoll restaurierten **Wandgemälden** werden Geschichten des *Ramakien*, der thailändischen Version des altin-

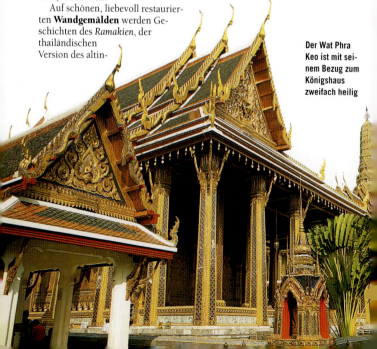

Der Wat Phra Keo ist mit seinem Bezug zum Königshaus zweifach heilig

dischen Epos *Ramayana*, erzählt. Sie stammen aus der Regierungszeit des Königs Rama I. (1782–1809) und befinden sich auf den Innenwänden der umgebenden Mauern.

Die Hauptsehenswürdigkeit befindet sich in der mit glitzernden Fayencen und Skulpturen geschmückten Tempelanlage **Wat Phra Keo**: der **Smaragdbuddha**. Die kleine, nur 60 Zentimeter große Buddhafigur besteht in Wirklichkeit aus Jade und thront hoch auf einem goldenen Altar. Der Smaragdbuddha ist das Nationalheiligtum des Landes. Die Herkunft der Statue ist noch ungeklärt; Experten vermuten, dass sie aus dem 15. Jahrhundert stammt. Dreimal jährlich wird das Gewand der Jahreszeit entsprechend gewechselt; das Ritual wird vom König vollzogen.

Auf der nördlichen Seite der Tempelanlage stehen der goldene *chedi* (▶ 12 und 194) Phra Si Ratana, eine Bibliothek (Phra Mondop), die für die Öffentlichkeit nicht zugänglich ist, und das Königliche Pantheon (Prasat Phra Thepidom).

Außerhalb der Tempelanlage befindet sich in südlicher Richtung eine Audienzhalle (**Amarinda Vinichai**), in der traditionsgemäß die Krönungszeremonien stattfinden. Alljährlich hält der König in der Audienzhalle seine Geburtstagsrede. In westlicher Richtung liegt der Palast **Chakri Mahaprasat**. Er weist einen europäischen Renaissancestil auf, wobei Türme und ein Dach in siamesischem Stil ergänzt wurden. In der Spitze des höchsten, zentral gelegenen Turmes wird die Asche der Könige, in den umgebenden Türmen die Asche anderer Hoheiten der Chakri-Dynastie verwahrt. Ebenfalls westlich liegt eine zweite Halle (**Dusit Mahaprasat**), in der verstorbene Angehörige der königlichen Familie aufgebahrt werden.

Zum Abschluss des Rundgangs empfiehlt es sich, das **Museum** (▶ 46) des Wat Phra Keo zu besichtigen, in dem eine Sammlung von Geschenken an den Smaragdbuddha zusammengetragen wurde.

Der Königspalast dient zu besonderen zeremoniellen Anlässen

Detail einer Bronzeplastik des Wat Phra Keo

Gläubige am Schrein des Wat Phra Keo

KLEINE PAUSE
Beim Museum des Wat Phra Keo gibt es ein **Café**, auf dessen Holzveranda ein eisgekühltes Kokoswasser am besten schmeckt.

✠ 200 B3 ✉ Naphralan Road ☎ 2224 1833; www.palaces.thai.net
🕐 tägl. 8.30–15.30 Uhr 🚌 8, 12 💰 teuer

KÖNIGSPALAST UND WAT PHRA KEO: INSIDER-INFO

Top-Tipps: Die beste Zeit für eine Besichtigung ist **der frühe Morgen**; dann sind sowohl die Temperatur als auch das Gedränge am erträglichsten.
• Achten Sie darauf, dass Ihre **Kleidung** Arme und Beine vollständig bedeckt. Verzichten Sie auf freizügige Kleidung oder Schuhe. Nachlässig gekleideten Besuchern wird der Eintritt verwehrt. Geeignete Kleidung kann man auch am Eintrittskartenschalter leihen.
• Es empfiehlt sich, an einer **Führung mit Vortrag** teilzunehmen, die viermal am Tag zwischen 10 und 14 Uhr stattfindet. Man leiht einen Kassettenrekorder mit Kopfhörer. Dazu muss eine Kreditkarte oder ein Pass als Pfand hinterlegt werden.
• Die **Eintrittskarte** berechtigt auch zum Besuch des Vimanmek Teak Palace (► 52f) einschließlich der Ausstellungen von Kunstgegenständen und Münzen aus königlichem Besitz.

Geheimtipp: Das **Museum** des Wat Phra Keo liegt am Rand des Palast- und Tempelgeländes verborgen und wird daher leicht übersehen. Obgleich die Ausstellungsstücke nicht von historischer Bedeutung sind, ist das Museum selbst eine Oase der Kühle und Ruhe, in der man den Besucherströmen aus dem Weg gehen kann. Auf bloßen Füßen wandelt man über polierte Holzböden an Gegenständen vorüber, die als Gaben für den Smaragdbuddha bestimmt waren. Zur Sammlung gehören Porzellan aus Europa, eine Couch mit Perlmuttintarsien, Buddhastatuen in leuchtenden Farben und Handwerkszeug für Reparaturen.

Wat Po 2

Der eindrucksvolle königliche Tempel ist nicht nur der größte und älteste Tempel Bangkoks, sondern beherbergt auch die größte liegende Buddhastatue des Landes. Zahlreiche *chedis*, Pagoden und Stupas (▶ 12 und 194) prägen die Erscheinung des umwallten Tempels, der in der Herrscherzeit der Könige Rama I. und Rama III. errichtet wurde. Der Wat Po war die erste Stätte der Bildung und der Pflege thailändischer Künste und erfüllt diese Aufgabe bis heute. Zugleich ist er ein ruhevoller Ort mit Grünanlagen, künstlich angelegten Wasserfällen, Steingärten, Steinfiguren und von Bäumen beschatteten Innenhöfen.

Die interessantesten Sehenswürdigkeiten liegen im nördlichen Teil der Tempelanlage. Der Eingang befindet sich an der Thai Wang Road. Von dort sollte der erste Weg zum **Ruhenden Buddha** führen. Die 46 Meter lange, vergoldete Statue, die den ins Nirwana übergehenden Buddha darstellt, scheint die Versammlungshalle (*viharn*) zu sprengen. Es lohnt sich, die Statue von allen Seiten zu betrachten; besonders beachtenswert sind die Fußsohlen, an denen 108 Perlmuttintarsien die 108 Kennzeichen des Erleuchteten repräsentieren.

Am Eingang der Versammlungshalle halten Sie sich anschließend rechts und gehen zwischen zwei riesigen **Steinwächtern** hindurch. Auf der linken Seite kann man Andenken kaufen, eine Kleinigkeit essen oder sich die Zukunft vorhersagen lassen.

Wendet man sich nach rechts, erblickt man vier hochragende **Pagoden** mit glitzernden Mosaiken, die zum Gedenken an die ersten Könige der Chakri-Dynastie, die auf das Jahr 1782 zurückgeht, errichtet wurden.

Im Mittelpunkt der Tempelanlage liegt der Bau **Phra Uposatha**, umgeben von einer Marmorumwallung mit acht Toren. Die Gravuren der Mauern zeigen lebensechte Alltagsszenen. Die Balustraden mit 152 Reliefs, die das hinduistische Heldenepos *Ramayana* nacherzählen, stammen von Ruinen der alten

Oben: Ein heiliger Bodhi-Baum in der Tempelanlage

Oben links: Detail aus der medizinischen Abteilung

Links: Steinfigur

Bangkok

Hauptstadt Ayutthaya. Reibedrucke der Reliefs werden im Tempel und an vielen anderen Orten des Landes verkauft.

An den Wänden der Wandelgänge sind insgesamt 400 vergoldete Buddhastatuen sowie buddhistische Verstexte hinter Glasrahmen zu sehen. **Steinstatuen von Eremiten** in der Haltung der Meditation (▶ 14) waren dazu bestimmt, Meditierenden die richtige Sitzhaltung zu vermitteln.

Auf der südlichen Seite des Tempels befindet sich eine **Massageschule**. Man sollte die Gelegenheit, gerade an diesem Ort in den Genuss einer Massage zu kommen, nicht versäumen. Bei einer traditionellen Thai-Massage ist der Behandelte vollständig bekleidet, eine Voranmeldung ist nicht notwendig.

Der Ruhende Buddha

KLEINE PAUSE

An einer kleinen **Bar** kann man sich bei einem kühlen Getränk ausruhen.

✚ 200 B2 ✉ Sanam Chai Road und Maharaj Road
⊙ tägl. 8–12 und 13–17 Uhr 🚌 6, 8, 12 💰 preiswert

WAT PO: INSIDER-INFO

Top-Tipps: Zeigen Sie Ihren **Respekt**, indem Sie auf gepflegte und vollständige **Kleidung** achten. Es ist notfalls möglich, einen Umhang zu leihen.
- Besucher sind aufgefordert, sich **ruhig und höflich** zu verhalten.
- Am Eingang und in der Halle des Ruhenden Buddha kann man ein schön gestaltetes **Handbuch** mit ausführlichem Lageplan und ansprechendem Text erwerben.
- In der Zeit von 12 bis 13 Uhr ist der Tempel für Besucher **geschlossen**.

Muss nicht sein! Der **Krokodilteich** und der **Glockenturm** sind nicht unbedingt sehenswert.

3 Chao-Phraya-Fluss

Der majestätische »Fluss der Könige«, der sich durch Bangkok windet, eröffnet nicht nur faszinierende Ausblicke auf die Stadt, sondern erlaubt auch eine geruhsame Durchfahrt. Dem Fluss und zahlreichen Kanälen (*khlongs*) verdankt die Metropole ihren Beinamen »Venedig des Ostens«. Farbenprächtige schwimmende Märkte durchqueren den Wasserweg, dessen Ufer von luxuriösen Hotels und antiken Tempeln gesäumt sind. Der Flussabschnitt zwischen den Hauptsehenswürdigkeiten Nationalmuseum, Königspalast, Wat Po und Wat Arun bildet eine wahrhaft königliche Meile.

Die Express-Boote befahren beide Seiten des Flusses als Teil eines hocheffizienten und preiswerten Fährbetriebes, der eiligen Pendlern, gelb gewandeten Mönchen und staunenden Touristen zugute kommt. Schleppkähne, königliche Barken und Langboote brummen durch die Fluten, während die langsameren Flussfähren zwischen den Ufern hin und her kreuzen. Eine einstündige Fahrt in einem Langboot, das von der Anlegestelle **Tha Chang** nahe dem Königspalast ablegt, kostet etwa 400 Baht und führt am königlichen Barkenmuseum und am Wat Arun vorüber (vereinbaren Sie vorab, ob Sie an einer dieser Sehenswürdigkeiten anhalten möchten). Da die Bootsführer keine professionellen Stadtführer sind, ist eine solche Bootsfahrt eine ganz entspannte Art, einen kleinen Einblick in das Leben auf

Unten links: Schiffe sind ein traditionelles Verkehrsmittel auf dem Chao Phraya

Unten: Am Fluss schlägt das Herz Bangkoks

Bangkok

Oben: Bootstour in den Kanälen von Bangkok

der Wasserstraße zu gewinnen und im Vorübertreiben schlichte Behausungen und vornehme Paläste, bunte, blumengeschmückte Boote und Geisterhäuschen (▶ 8f) in den Gärten zu betrachten.

Nach Einbruch der Dunkelheit spiegeln sich die unzähligen Uferbeleuchtungen im Wasser, sodass alles funkelt. Eine **Abendflussfahrt** ist die schönste Art, die Lichter des **Wat Arun** – wo in unregelmäßigen Abständen Lichtshows (ab 19 Uhr) veranstaltet werden – und den Anblick der **Rama IX Bridge**, einer mächtigen Schrägseilbrücke, zu erleben.

Unten: Die Terrasse des Hotels Oriental

KLEINE PAUSE

Größere Hotels am Flussufer bieten **Dinner Cruises** an, z. B. die Hotels **Oriental** (Tel. 2236 0400; ▶ 54 und 57) und **Marriott** (Tel. 2476 0021).

 200 C2

CHAO-PHRAYA-FLUSS: INSIDER-INFO

Top-Tipps: Die Express-Boote fahren etwa alle 15 Minuten von bestimmten Anlegestellen ab. Sie verkehren nur tagsüber zwischen 6 und 19 Uhr.
• Fluss- und Kanaltouren starten an den Hauptanlegestellen. Häufig werden überhöhte Preise für Langbootfahrten verlangt. Es empfiehlt sich, Eintrittskarten an den Anlegestellen zu kaufen und einen günstigeren Preis auszuhandeln.

Geheimtipp: Der Flusslauf des Chao Phraya führt an der einstigen Hauptstadt Ayutthaya (▶ 72ff) vorüber. Eine angenehme Art, die historisch bedeutsame Stätte zu besichtigen, bietet eine Pauschalbootstour, die von Bangkok startet, allerdings nicht viel Zeit zur Besichtigung der Ruinen lässt. Das Hotel Oriental bietet Tagestouren an. Nächtliche Fahrten in einer luxuriös restaurierten Teakholzbarke werden vom Hotel Marriott durchgeführt. An Sonntagen veranstaltet Chao Phraya Express (Tel. 2222 5330) Tagestouren zum **Palast Bang Pa In**.

4 Chatuchak Market

Der gigantische Markt mit mehr als 6000 Ständen ist eine faszinierende Fundgrube aller nur denkbaren Handelsgüter, darunter Kampfhähne, hochragende Grünpflanzen oder künstliche Blumen. Der Markt, der nur an Samstagen und Sonntagen geöffnet ist, bietet sich für einen entspannten Wochenendausflug an.

Zu einem geruhsamen Bummel sollte man gegen 9 Uhr aufbrechen, wenn der Markt noch nicht überfüllt ist. Ernsthafte Käufer finden eine detaillierte Übersicht über alle Stände in **Nancy Chandler's Map of Bangkok** (in Souvenirläden erhältlich). Der Glockenturm im Mittelpunkt des Geländes kann als Orientierungshilfe und Treffpunkt dienen. Je nach ihrer Art sind die Waren in unterschiedlichen »Sektionen« platziert.

In der **Dream Section** (an einem großen Schild erkennbar) findet man Restaurants und Toiletten, hochwertige Haushaltswaren, Kleidung und Geldautomaten. Dies ist ein schöner Zufluchtsort für alle, denen das geräuschvolle Treiben und die Hektik des Marktes zu viel wird. In den übrigen Sektionen findet man neben anspruchsloseren Angeboten an Haushaltsgütern und Kleidungsstücken auch traditionelle Lackarbeiten und Antiquitäten. Vermutlich wird man sich in der einen oder anderen Sektion wohler fühlen, sich in den Anblick von Rattanmöbeln und Schwimmkerzen versenken oder über das bizarre Angebot an Haustieren staunen.

Farbenprächtige Waren in Überfülle

KLEINE PAUSE

Die Restaurants der **Dream Section** sind zum Teil mit Klimaanlage ausgestattet und sehr empfehlenswert.

Junge Marktbesucher auf der Jagd nach den neuesten Modetrends

🗺 200 F5 ✉ **Thanon Phahonyothin** 🕐 an Wochenenden 8–18 Uhr
🚌 2, 3, 9, 10, 13; Skytrain: Mo Chit 🎫 frei

Nach Lust und Laune!

5 Nationalmuseum
Die sehenswerte nationale Institution ist von ausgedehnten Grünanlagen umgeben. Ihre Sammlungen sind in mehreren Gebäuden untergebracht, die einst zu einem königlichen Palast gehörten. Ein Lageplan mit einer kurzen Einführung ist im Preis der Eintrittskarte enthalten. Eine Besichtigung des **Roten Hauses** sollte man nicht auslassen; es ist das einstige Privatgemach der Königin Sri Suriye, Schwester des Königs Rama I. Sehenswert sind auch das Elefantenwaffenlager und Requisiten aus dem Theater des Königspalastes und der Spielesaal. Die Besichtigung kann mit einem Besuch der nahe gelegenen **Nationalgalerie** verbunden werden. Donnerstags finden deutschsprachige Führungen statt.

200 B3 ✉ Thanon Naphrathat ☎ 2224 1370 ⓘ Mi–So 9–16 Uhr 🚌 3, 6, 38 💰 preiswert

6 Khao San Road
Die zirkusartige Betriebsamkeit der Khao San Road zieht Touristen aus aller Welt an. Auf einer Länge von einem Kilometer drängen sich drei Reihen von Ständen, an denen Kleidung, Lebensmittel und Andenken verkauft werden. Im Gewirr der Nebenstraßen finden Reisende schlichte Unterkünfte. Das Warenangebot ist an einer jugendlichen und preisbewussten Kundschaft orientiert. Bei alledem ist die Atmosphäre freundlich und fast anheimelnd international. Hier bekommt man ein englisches Frühstück, kann in Restaurants amerikanische Filme sehen und Bücher in mehreren europäischen Sprachen kaufen. Die Internetcafés sind die preisgünstigsten von Bangkok. Gegen Abend wird die Musik laut und die Straße in grelles Neonlicht getaucht. Man kann abendliche Passanten beobachten, die Bananenpfannkuchen im Gehen essen, wobei sie den nie abreißenden Strömen der *tuk-tuks* und Händler auszuweichen versuchen.

200 B3

7 Vimanmek Teak Palace
Der prachtvolle königliche Wohnsitz mit rund 100 Räumen wurde in einzigartiger Weise ganz aus Teakholz errichtet. König Chulalongkorn (Rama V.) ließ seine Sommerresidenz im Jahr 1868 ur-

Buddhaisawan-Tempel am Nationalmuseum, Bangkok

Nach Lust und Laune!

Die schlichte Schönheit des Vimanmek Teak Palace, von weiten Parkanlagen umgeben, setzt sich in den Innenräumen fort

sprünglich auf Ko Si Chang erbauen. 1910 wurde sie Stück für Stück an ihren jetzigen Standort verlegt. Bei einer Führung kann man die Innenräume besichtigen. Im Palastgarten werden täglich um 10.30 und 14 Uhr traditionelle **thailändische Tänze** aufgeführt.

Beachten Sie dieselben Kleidervorschriften wie beim Besuch des Königspalastes (► 46).

 200 C4 Thanon Ratchawithi
 2628 6300
 tägl. 9.30–16 Uhr; Besuch nur mit Führung (alle 30 Minuten, letzte Führung 15.15 Uhr)
 3 oder 10
 preiswert (bzw. in der Eintrittskarte für den Königspalast enthalten)

❽ Jim Thompson's House

Der amerikanische Architekt, Abenteurer und Unternehmer Jim Thompson war der berühmteste Ausländer Thailands. In den 1950er-Jahren baute er die alte Seidenindustrie des Landes wieder neu auf. Das Anwesen besteht aus sechs einzelnen Häusern des 18. und 19. Jahrhunderts, die Thompson inmitten eines tropischen Gartens zusammensetzen ließ. Die Wohnräume wurden mit Antiquitäten aus ganz Asien angefüllt.

Die Räume sind nur bei einer Führung zu besichtigen, die hochinteressante Einblicke vermittelt.

Jim Thompson ist seit 1967 im Hochland von Malaysia unter mysteriösen Umständen, über die noch heute gerätselt wird, verschollen. Einem Gerücht nach soll er von einem Tiger angefallen worden sein, ein anderes vermutet, er sei von Agenten des FBI ermordet worden. Eine dritte, prosaische Version besagt, dass er von einem Lastwagen überfahren und von

Ein eleganter Wohnraum im Haus des amerikanischen Abenteurers Jim Thompson

dessen erschrockenem Fahrer am Straßenrand verscharrt worden sei.

🕀 201 D3
✉ 6 Soi Kasemsan 2, Thanon Rama I
☎ 2215 0122
🕐 Mo–Sa 9–16.30 Uhr (Führungen alle 45 Minuten, letzte Führung 16.30 Uhr)
🚉 Skytrain: Siam Square 💰 mittel

Zufluchtsorte für Ruhesuchende

Der Hitze und Hektik von Bangkok entkommt man in den folgenden kühlen Oasen der Ruhe:
- auf dem Chao-Phraya-Fluss (▶ 49)
- beim *High Tea* im Luxushotel Oriental (▶ 54, 57)
- am See und auf den Rasenflächen im Lumpini-Park; die grüne Lunge der Stadt lädt zum Bootfahren und Picknicken ein. Am frühen Morgen kann man Chinesen beim traditionellen Schattenboxen *tai chi* beobachten.
- Im Ice Skating Rink im achten Stock des World Trade Centre kann man Eislaufprofis zusehen oder selbst mit geliehenen Schlittschuhen aufs Eis gehen.

9 Patpong

Bangkoks berüchtigter Rotlichtbezirk erstreckt sich über zwei kleine Straßen, an denen sich Go-go-Bars und Sexshows aneinander reihen. In den Bars werden in der Regel überhöhte Preise für Getränke verlangt; man sollte also vorsichtig sein. Internationale Schnellrestaurantketten wie KFC und Starbucks sind ebenfalls vertreten. Patpong hat außerdem einen bei Touristen beliebten **Nachtmarkt** zu bieten, auf dem man mit sexuellen Offerten rechnen muss.

Der Bezirk ist aber auch ein beliebter Treffpunkt der Einheimischen.

🕀 201 E1
✉ zwischen Thanon Silom und Thanon Suriwong

10 Hotel Oriental

Das Luxushotel liegt direkt am Fluss. Es wurde 1876 gegründet und bietet zu hohen Preisen ein elegantes Ambiente im Kolonialstil. Es ist ein schöner Ort, um eine Tasse Tee oder auch einen echten englischen *High Tea* stilvoll zu genießen; er wird in der **Author's Lounge** serviert. Die Lounge

Nach Lust und Laune! 55

Die blendende Eleganz des Hotels Oriental

Für Kinder
- Fahrten im *tuk-tuk*, Flussboot oder Sky Train
- ein Besuch im **Dusit-Zoo** (Thanon Ratwithi, tägl. 10–18 Uhr; preiswert) mit Spielplatz und Bootsfahrt auf dem See; sonntags ist der Besucherandrang groß
- das kleine **Elefantenmuseum** auf dem Gelände des **Vimanmek Teak Palace** (▶ 52)
- In der **Schlangenfarm** (Thanon Rama IV und Thanon Henri Dunant, Tel. 2252 0161, Mo–Fr 8.30–16.30, Sa–So 8.30–12 Uhr; Eintritt mittel) werden Schlangen zur Serumgewinnung gemolken.
- Immer ein besonderes Erlebnis: Schatzsuche in **Chinatown** (▶ 174)

erhielt ihren Namen zum Gedenken an weltberühmte Schriftsteller, die das Hotel zu ihrem vorübergehenden Wohnsitz gewählt hatten.

Das Oriental bietet aber nicht nur noble Unterkünfte, sondern auch ein Kulturprogramm, eine Kochschule und ein eigenes schwimmendes Restaurant.

✚ 200 C1
✉ 48 Oriental Avenue, bei Thanon Charoen Krung
☎ 2236 0400;
www.mandarinoriental.com
🚆 Skytrain: Saphan Taksin;
Express-Boot: Oriental 💰 teuer

🅫 Chinatown

Das chinesische Handelsviertel hat eine 200 Jahre alte Tradition. In den Gassen drängen sich Läden neben Tempeln. Die Exotik der Waren und der Atmosphäre lässt sich bei einem Spaziergang (▶ 174) eingehend erkunden. Mittelpunkt des Viertels ist die **Sampeng Lane** (Soi Wanit), an deren nördlicher Verlängerung man den indischen Stoffmarkt Pahurat findet. Der interessanteste Tempel des Viertels ist der **Wat Leng Noi Yi**, das zahlreichen chinesischen Gottheiten geweiht ist und ein Papieratelier besitzt, wo Autos, Kühlschränke und Haushaltsgegenstände aus Papier gefaltet werden. Die Chinesen verbrennen diese Symbole des materiellen Wohlstands auf Begräbnisfeiern, damit die Verstorbenen auch künftig mit Reichtum gesegnet seien.

✚ 200 C2
🚆 Express-Boot: Rachavongse

56 Bangkok

Wohin zum ... Übernachten?

Preise
Für ein Doppelzimmer gelten folgende Preise:
€ unter 1000 Baht   €€ 1000–4000 Baht   €€€ über 4000 Baht

A-One Inn €
Das gehobene Guesthouse vereint die Vorzüge eines Hotels mit denen einer Pension. Es liegt in einer Seitenstraße inmitten des Einkaufsviertels von Bangkok. Die Zimmer sind komfortabel und mit Klimaanlage und Satellitenfernsehen ausgestattet. Vom A-One Inn sind die Siam Square, das World Trade Centre und das Jim Thompson's House (▶ 53f) bequem zu Fuß zu erreichen.

✚ 201 E3
✉ 25/13 Soi Kasem San 1, Thanon Rama I, 30
☎ 2215 3029; Fax 2216 4771;
aoneinn@thaimail.com;
www.aoneinn.com
🚇 Siam

Asia Bangkok €€
Das Hotel liegt in der Nähe von Siam Discovery Centre, Siam Square und World Trade Centre. Zu den ausgezeichneten Einrichtungen gehören zwei große Swimmingpools, eine Sauna und ein Health Club. Die Zimmer sind geschmackvoll ausgestattet und haben große Marmorbäder. Es gibt ein vietnamesisches, ein chinesisches und ein brasilianisches Restaurant. Der brasilianische Rio-Grill ist in ganz Bangkok einzigartig.

✚ 201 E3
✉ 296 Thanon Phayathai
☎ 2215 0808; Fax 2215 2642;
sale@asiahotel.co.th
www.asiahotel.co.th
🚇 Ratchathewi

Beaufort Sukhothai €€€
Das Interieur des exquisiten Luxushotels ist von den Künsten der einstigen Hauptstadt des Thai-Reiches, Sukhothai (▶ 75ff), inspiriert. Das Hotel liegt an einer der verkehrsreichsten Straßen Bangkoks, die aber weit genug entfernt ist. Alle Zimmer und Suiten sind mit schöner thailändischer Seide, Teakmöbeln und Kunstgegenständen ausgestattet, die normalerweise in einem Museum zu sehen sind. Die mit Teakholzböden ausgelegten Bäder sind von enormer Größe. Alle Zimmer haben einen Internetzugang. Das Hotel besitzt zwei Spitzenlokale, die zu den Spitzenrestaurants von Bangkok zählen, das luxuriöse Celadon (▶ 58) und das italienische Restaurant Terrazzo.

✚ 201 E1
✉ 13/3 Thanon Sathorn Tai
☎ 2287 0222; Fax 2287 4980;
beaufort@ksc11.th.com;
www.sukhothai.com
🚇 Saladaeng (die U-Bahn-Station liegt in einiger Entfernung; es empfiehlt sich, ein Taxi zu nehmen)

Dusit Thani €€€
Das Flaggschiff der Dusit-Hotelgruppe war das erste Hotel der gehobenen Klasse in Bangkok. Es liegt mitten im Geschäftsviertel rund um die Silom Road und nahe am Rotlichtbezirk Patpong (▶ 54). Die Zimmer sind luxuriös und verschwenderisch mit thailändischer Seide und anderen edlen Stoffen sowie Teakmöbeln ausgestattet. Das Hotel ist für seine Restaurants berühmt. Insgesamt gibt es acht Restaurants und sechs Bars. Das Dachrestaurant Tiara (mit mediterraner Küche) bietet eine überwältigende Aussicht auf die Skyline und den Lumpini-Park, Bangkoks größte Grünanlage.

✚ 200 E1
✉ 946 Thanon Rama IV
☎ 2236 9999; Fax 2236 6400;
dusitbkk@dusit.com; www.dusit.com
🚇 Saladaeng

Hilton International €€€
Das luxuriöse Hotel liegt in einem herrlichen Park, der sich über 3,5 Hektar ausdehnt und in dem ein

Wohin zum ...

Schrein mit einem heiligen Phallus (lingam) steht. Heute wird er vornehmlich von Frauen verehrt, die ihm hölzerne und steinerne Phallussymbole opfern. Auf dem Gelände befinden sich außerdem ein großer Swimmingpool, hübsche Pavillons in thailändischem Stil und Zierbrücken. Alle Zimmer sind mit einem eigenen Balkon ausgestattet, von dem man entweder auf den Park oder die Skyline von Bangkok blickt.

✚ 201 F3
✉ 2 Thanon Witthayu
☎ 2253 0123; Fax 2253 6509;
bkkhitw@lox2.loxinfo.co.th;
www.hilton.com 🚇 Ploenchit

Oriental €€€

Das geschichtsträchtige Haus war lange Zeit das einzige Spitzenhotel in Bangkok und wird noch immer zu den besten Hotels der Welt gezählt. Seit einiger Zeit bekommt es zunehmend Konkurrenz von anderen Häusern, die ihm an Luxus – nicht aber an Charakter – in nichts nachstehen. In keinem anderen Hotel findet man etwas der »Author's Lounge« Vergleichbares, in der einst Joseph Conrad, Somerset Maugham und Graham Greene zu Gast waren. Die Suiten sind entweder nach berühmten Schriftstellern oder nach Schiffen benannt. Jeder erdenkliche Luxus steht zur Verfügung, und die Qualität des Service ist unübertroffen.

✚ 200 C1
✉ 48 Oriental Avenue
☎ 2659 9000; Fax 2659 0000;
bscorbkk@loxinfo.co.th;
www.mandarinoriental.com
🚇 Saphan Taksin

Regent €€€

Ob im herrlichen Foyer oder in den bildschönen Zimmern – überall sind die Klasse und der altmodische orientalische Charme des Hotels zu spüren. Die nachmittägliche Teestunde ist ein Erlebnis. Zum Hotel gehören drei der besten Restaurants von Bangkok: **Spice Market** (Thai-Küche; ▶ 60), **Biscotti** (italienisch) und **Shintaro** (japanisch). Zu den Sport- und Wellness-Angeboten gehören Aerobics, Gesellschaftstanz, Yoga und ein ausgezeichnetes Spa. Die zentrale Lage gegenüber dem Royal Bangkok Sports Club ist ideal für einen Einkaufsbummel zum World Trade Centre und einen Besuch des Erawan-Schreines (▶ 8).

✚ 201 E2
✉ 155 Thanon Ratchadamri
☎ 2251 6127; Fax 2253 9195;
regenthkk1@asiaaccess.net.th;
www.regenthotels.com
🚇 Ratchadamri

Royal €

Das Hotel, eines der ältesten und ehrwürdigsten Häuser von Bangkok, wurde kürzlich einer umfassenden Renovierung unterzogen und ist eine gute Wahl zu günstigem Preis. Es liegt im historischen Mittelpunkt Bangkoks im Stadtteil Ratanakosin und damit in der Nähe von Königspalast, Nationalmuseum und Wat Po. Die Zimmer sind komfortabel, die Restaurants entsprechen dem üblichen Standard; ein Swimmingpool ist vorhanden.

✚ 200 B3
✉ 2 Thanon Ratchadamnoen Klang
☎ 2222 9111; Fax 2224 2083;
reservation@ratanakosin-hotel.com
🚇 keine U-Bahn-Station in der Nähe; es empfiehlt sich, ein Taxi zu nehmen

Shangri-La €€€

Das luxuriöse, am Flussufer gelegene riesige Anwesen gehört zu den drei besten Hotels von Bangkok und wird regelmäßig in die Rangliste der weltweit schönsten Hotels aufgenommen. Es wird alles nur Erdenkliche geboten. Die Zimmer sind geräumig und bieten einen herrlichen Blick auf das geschäftige Treiben auf dem Fluss. In einem schön gestalteten Park kann man nach einem Streifzug durch die überfüllten Straßen von Bangkok befreit aufatmen.

✚ 200 C1
✉ 89 Soi Wat Suan Plu,
Thanon Charoen Krung
☎ 2236 7777; Fax 2236 8579;
slbk@shangri-la.com;
www.shangri-la.com
🚇 Saphan Taksin

Bangkok

Wohin zum ...
Essen und Trinken?

Preise
Die Preise gelten pro Person für ein Drei-Gänge-Menü ohne Getränke und Service:
€ unter 200 Baht   €€ 200–500 Baht   €€€ über 500 Baht

Baan Khanitha €€

Das klassische Thai-Restaurant liegt in einem schönen, üppig bewachsenen Garten. Aufmerksame Kellner servieren die Speisen auf grünem Seladongeschirr. Das Restaurant ist besonders für seine scharf gewürzten Salate und Krabbengerichte berühmt. Zu empfehlen ist auch der gegrillte, in einer Bananenblatt gehüllte Fisch mit Thai-Kräutern.

- 201 bei F2
- 36/1 Sukhumvit Soi 23, Thanon Sukhumvit
- 2258 4181
- tägl. 11–14, 18–23 Uhr
- Asoke

Bei Otto €€€

Das 1984 gegründete deutsche Restaurant mit Bierhaus, Delikatessenabteilung und eigener Bäckerei gehört zu den ältesten internationalen Restaurants von Bangkok. Besonders beliebt sind bayerische Schweinshaxe mit Kartoffelknödeln und Sauerkraut, Wiener Schnitzel und die verschiedenen selbst gebackenen Kuchen. Bei Otto findet man eine gute Auswahl an deutschen Weinen und Biersorten.

Neben dem deutschen Restaurant gibt es ein internationales Speiselokal, in dem man Pasta, Steak mit Pommes frites, Roastbeef und viele andere internationale Gerichte bekommt.

- 201 bei F2
- 1 Sukhumvit Soi 20, Thanon Sukhumvit
- 2262 0892
- tägl. 11–1 Uhr, Delikatessenabteilung 8–24 Uhr
- Asoke

Bourbon Street €€

Ein Restaurant mit kreolischer Küche wurde man in Bangkok zuallerletzt erwarten, und doch werden im Restaurant Bourbon Street bereits seit 15 Jahren sehr gute kreolische Gerichte serviert. Zur Auswahl stehen z. B. Gumbo und gekochte Langusten. In einer räumlich getrennten Bar kann man fernsehen, im Restaurant selbst herrscht eine entspannte Atmosphäre. Jeden Dienstagabend gibt es ein mexikanisches Büfett.

- 201 bei F2
- 29 Sukhumvit Soi 22, Washington Square
- 2259 0328
- täglich 7–1 Uhr
- Phrom Phong

Cabbages and Condoms €€

Das Restaurant, in dem man zu günstigen Preisen viel geboten bekommt, steht unter einem ernsthaften Leitthema. Mechai Viravaidya, der Besitzer des 1986 eröffneten Thai-Restaurants, führt Familienplanungsprojekte durch. Zur Ausstattung gehören Blumenarrangements aus Kondomen und ein Teppich mit Kondomdesign. Die Speisen sind hervorragend, wobei sich das Leitthema in der Namensgebung einiger Gerichte niederschlägt. Im Biergarten kann man stilvoll ein gezapftes Bier (bier sot) genießen. Zum Abschluss bekommt man ein Kondom.

- 201 bei F2
- 10 Sukhumvit Soi 12, Thanon Sukhumvit
- 2229 4610
- tägl. 11–22.30 Uhr
- Asoke

Celadon €€€

Ein klassisches Thai-Restaurant mit Lotusteich ist das Celadon, dessen Interieur eine moderne thailändische Atmosphäre ausstrahlt. Ein schöner

Wohin zum … 59

Garten lädt zum Speisen im Freien ein. Die angebotenen Spezialitäten sind ein Beweis für die Feinheit der Thai-Küche: Huhn in Kokosmilch, Ingwersuppe (*galingal*), frittierter *garoupa* (ein in Südostasien verbreiteter Fisch) mit Curry und in Palmblättern gegrilltes Huhn. Hervorragende Salate, z. B. mit Hühner-, Krabbenfleisch und Bananenblüten, vervollständigen das Angebot. Die Auswahl an Weinen ist groß.

☩ 201 E1
🏨 Beaufort Sukhothai Hotel, 13/3 Thanon Sathorn Tai
☎ 2287 0222
🕒 tägl. 11.30–14.30, 18.30–22.30 Uhr

Le Dalat €€

Das Restaurant, in dem die besten vietnamesischen Gerichte serviert werden, ist eine Institution in Bangkok, die oft kopiert, aber nie erreicht wurde. Zum zweigschossigen Lokal spaziert man durch eine hübsche kleine Allee. Im Innern herrscht eine entspannte Atmosphäre. Fisch nach Barbecue-Art (*cha ca*) ist besonders beliebt. Wer die vietnamesische Küche noch nie probiert hat, sollte sich für gegrillte Fleischbällchen mit Knoblauch, Mango, Chili, Ingwer und Sternfrüchten entscheiden.

☩ 201 bei F2
🏨 47/1 Soi 23, Thanon Sukhumvit
☎ 2258 4192
🕒 tägl. 11.30–14, 17–22 Uhr
🚇 Asoke

Gianni's €€€

Dem Restaurantbesitzer Gianni Favri ist es gelungen, ein vollkommenes Stück Italien nach Thailand zu verlegen. Das Lokal gehört zu den besten italienischen Restaurants in Bangkok. In ruhiger, moderner Atmosphäre werden einfache, aber hervorragende Delikatessen serviert, z. B. Hummer mit haarfeinen Nudeln, Gänselebersalat oder *osso bucco d'agnello* (geschmorte Kalbshaxe). Zu den köstlichen Desserts gehören u. a. ein Tiramisu von herausragender Qualität. Dazu gibt es italienische Weine.

☩ 201 F2
🏨 51/5 Soi Tonson, Thanon Ploenchit
☎ 2252 1619
🕒 Mo–Sa 11–14.30, 18–23 Uhr; So geschl.
🚇 Ploenchit

Himali Cha Cha and Son €€

In Bangkok gibt es zahlreiche gute indische Restaurants, aber wenige mit einer so interessanten Geschichte. Der erste Chef und Eigentümer, Cha Cha, arbeitete für Lord Louis Mountbatten (letzter Generalgouverneur von Indien) und danach für mehrere indische Botschafter in aller Welt. Heute führt der Sohn des Verstorbenen das Restaurant, in dem die nordindischen Gerichte noch immer nach Originalrezepten zubereitet werden.

☩ 201 bei F2
🏨 2 Sukhumvit Soi 35, Thanon Sukhumvit
☎ 2235 1569
🕒 tägl. 11–15.30, 18–22.30 Uhr
🚇 Phrom Phong

Lemongrass €€

Im traditionsreichen und sehr beliebten Restaurant wird eine Auswahl wohlbekannter Thai-Gerichte aus verschiedenen Regionen serviert. Das elegante alte Holzhaus ist mit einer exzentrischen Mischung aus Antiquitäten und allerlei Krimskrams angefüllt. Zu empfehlen sind süß-scharfes gegrilltes Huhn (*kai yang phak panaeng*) und sonnengetrockneter Salzfisch.

☩ 201 bei F2
🏨 5/1 Sukhumvit Soi 24, Thanon Sukhumvit
☎ 2258 8637
🕒 tägl. 11–14, 18–23 Uhr
🚇 Phrom Phong

Sala Rim Naam €€€

Das Restaurant in einem eleganten thailändischen Pavillon liegt am westlichen Ufer des Chao Phraya gegenüber dem Hotel Oriental (▶ 54, 57), zu dessen zahlreichen hervorragenden Restaurants es gehört. Fähren legen in regelmäßigen Abständen vom Hotel ab und ermög-

Bangkok

lichen eine wunderschöne Überfahrt zum Restaurant. Im Teakholzpavillon werden allabendlich (ab 20.30 Uhr) sehenswerte klassische Thai-Tänze aufgeführt. Die Speisen sind ausnahmslos erstklassig. Zur Auswahl gehören traditionelle Thai-Spezialitäten wie Meeresfrüchtesalat (*yaam thalay*), Huhn mit gelbem Curry (*kaeng karii kai*) und scharf gewürzte Garnelen mit ausgezeichneter Zitronengrassuppe (*tom yam kung*).

- 201 E2
- Regent Hotel, 155 Thanon Ratchadamri
- 2251 6127
- tägl. 11.30–14.30, 18–23 Uhr
- Ratchadamri

Spice Market €€€

Das Interieur des hervorragenden Thai-Restaurants (eines der besten in Bangkok) ist in der Art eines alten Gewürzladens gestaltet. Rattanmöbel und Marmortischplatten tragen zur urtümlichen Thai-Atmosphäre bei. Besonders empfehlenswerte Spezialitäten sind u. a. ein knusprig gebratener Seewolf, ein köstlicher Salat mit Mango oder Krabben mit Pfeffer.

- 201 E2
- 597 Thanon Charoen Nakhon, Chao-Phraya-Fluss, gegenüber dem Hotel Oriental
- 2236 0400
- tägl. 11.30–14, 19–22.30 Uhr
- Saphan Taksin

Supatra River House €€

Der Gründer des Express-Boot-Service von Bangkok, der täglich Tausende von Passagieren auf dem Chao Phraya befördert (▶ 49), lebte einst in dem Haus, das einen klassischen Thai-Stil aufweist und in dem man einen herrlichen Blick auf den Königspalast (▶ 44ff) genießt. Im oberen Stockwerk ist ein interessantes Familienmuseum untergebracht. Auf der thailändischen Speisekarte findet man z. B. gebratene Jakobsmuscheln mit Chili, sonnengetrockneten Fisch und Mangosalat. Die Auswahl an Weinen ist gut. An Samstagen und Sonntagen werden traditionelle Thai-Tänze aufgeführt.

- 200 A3
- 266 Soi Wat Rakhang, Thanon Arun Amarin
- 2411 0305
- tägl. 11.30–14.30, 18–23 Uhr
- keine U-Bahn-Station in der Nähe; es empfiehlt sich, ein Taxi zu nehmen

Vientiane Kitchen €

Die Küche der nordöstlichen Region Thailands (Isaan) und die von Laos lernt man am besten in diesem Restaurant kennen. Die nordöstliche Thai-Küche zeichnet sich durch einfache, scharf gewürzte Gerichte aus; die bekanntesten sind Papayasalat mit Fischsoße und Knoblauch, Chili und Erdnüssen (*somtam*), würziges Hackfleisch (*larb*), das in der Regel mit rohem Gemüse gereicht wird, dazu gibt es gegrilltes Huhn (*kai yang*). Eine Delikatesse für den experimentierfreudigen Gast ist ein Dip aus Ameiseneiern (*nam phrik mot som*). Zu allen genannten Gerichten werden den kleine Bambuskörbe mit Klebereis gereicht, den man mit der Hand isst. Die Tische sind um einen großen Baum herumgruppiert.

- 200 bei F2
- 8 Soi 36, Thanon Sukhumvit
- 2258 6171
- tägl. 12–24 Uhr
- Thong Lo

Whole Earth €

Seit 20 Jahren gilt das Restaurant als schönstes und ältestes vegetarisches Speiselokal von Bangkok. Im oberen Stockwerk sitzt man auf weichen Kissen im Schneidersitz an niedrigen Tischen. Es gibt einige Gerichte für Nichtvegetarier; wahre Köstlichkeiten sind jedoch die vegetarischen Gerichte aus der indischen und thailändischen Küche. Zu den Spezialitäten gehören auch eine chinesische Suppe mit Meeresalgen und Shiitakepilzen sowie geröstete Auberginen.

- 201 F2
- 93/3 Soi Lang Suan, Thanon Ploenchit
- 2252 5574
- tägl. 11.30–14, 17.30–23 Uhr
- Chidlom

Wohin zum ...
Einkaufen?

In Bangkok eröffnen sich erstklassige Einkaufsmöglichkeiten. Einkaufspassagen und Geschäfte bieten Spezialitäten aus den zahlreichen und verschiedenartigen Regionen Thailands. Kunsthandwerk, Antiquitäten, Keramik, Kleidung und Stoffe, Schmuck und Kunstgegenstände summieren sich zu einem vielseitigen Angebot.

TRADITIONELLES KUNSTHANDWERK

Die wenigsten Antiquitäten und kunsthandwerklichen Erzeugnisse werden in der Stadt selbst hergestellt. Im **Elephant House** (67/12 Soi Phra Phinit, Thanon Sathorn Tai, Tel. 2266 5280) gibt es Antiquitäten.

Krishna's Asian Treasures (137/6–7 Thanon Sukhumvit, Tel. 2253 7693) ist eine Fundgrube voller birmanischer Wandbehänge, indischer und nepalesischer Schmuckstücke, balinesischer Holzschnitzereien und zahlreicher thailändischer Produkte.

Hinduistische und buddhistische Kunstgegenstände sowie schöne antike Möbel werden bei **Erawan Antiques** (148/9 Thanon Surawong) verkauft.

Im staatlichen Kaufhaus **Narayana Phand** (127 Thanon Ratchadamri) findet man eine überwältigende Vielfalt an Waren. Antiquitätenläden und kunsthandwerkliche Fachgeschäfte gibt es im **River City Shopping Complex** (23 Trok Rongnamkaeng, Thanon Yotha, nahe beim Hotel Royal Orchid Sheraton).

SEIDE

Die beste Quelle für Seide, hochwertige Kleidung und Accessoires ist **Jim Thompson Silk Shop** (9 Thanon Surawong, Tel. 2234 4900).

Eine große Auswahl an Seidenprodukten und anderen Textilien gibt es auch bei **Shinawatra** (Thanon Sathorn Tai, bei Sci Suan Plu, Tel. 2286 9991). Das Geschäft hat mehrere Filialen in Bangkok und Chiang Mai. Seide aus traditioneller Herstellung, die mit natürlichen Methoden gefärbt wird, findet man bei **Silk of Thailand** (77/165 Rajathevee Tower, Thanon Phayathai, Tel. 2653 7124).

MÄRKTE

Im Norden der Stadt wird an Wochenenden der Markt **Chatuchak** (▶ 51; auch als Wochenendmarkt bekannt) abgehalten. Der Markt liegt am südlichen Ende des Chatuchak Parks. Alles nur Vorstellbare gibt es hier zu kaufen – frische exotische Gemüse ebenso wie thailändische Musikinstrumente.

Wer Kleidung sucht, wird am ehesten auf dem Markt **Pratunam** (an der Kreuzung Phet nuri Road/Ratchaprarop Road) fündig. Ein südostasiatischer Markt wie aus dem Bilderbuch ist **Pak Klong Talaat** (Mahathat Road, bei der Memorial Bridge), wo frische Blumen und Gemüse rund um die Uhr verkauft werden.

EINKAUFSPASSAGEN/ KAUFHÄUSER

Das **Siam Discovery Centre** (Thanon Rama I) bietet Designermarken auf mehreren Etagen.

Das riesige **World Trade Centre** ragt an der Kreuzung Thanon Ploenchit/Thanon Ratchadamri auf, wo man u. a. Bücher (Asia Books) und CDs (Tower Records) finden kann. Gegenüber dem World Trade Centre liegt das **Gaysorn Plaza** (an der Ecke Thanon Ratchadamri/Thanon Ploenchit) mit hervorragenden Geschäften für Haushaltswaren und Artikel mit modernem thailändischem Design. Nördlich vom World Trade Centre findet man das **Pantip Plaza** (604/3 Thanon Phetchaburi), wo Computersoftware zu unglaublich günstigen Preisen verkauft wird.

Bangkok

Wohin zum... Ausgehen?

INFORMATIONEN

Das größte Veranstaltungsmagazin Bangkoks ist das hervorragende, monatlich erscheinende *Metro Magazine*, das in den meisten Buchhandlungen der Stadt erhältlich ist.

KINO

In den großen Einkaufspassagen gibt es komfortable Kinos mit Multiplex-Leinwänden und Klimaanlage. Im zentral gelegenen **Major Cineplex World Trade Centre** (Ebene 7, Thanon Ratchadamri, Tel. 2255 6565) wird eine große Bandbreite von Filmen gezeigt.

Das **European Union Film Festival** findet alljährlich im Mai und Juni statt. Zeitgenössische Filme aus Europa werden an verschiedenen Standorten vorgeführt, u. a. im **Alliance Française** (29 Thanon Sathorn Tai, Tel. 2213 2122) und im **Goethe-Institut** (181/1 Soi Goethe, Tel. 2287 0942).

THEATER

Im **National Theatre** (Thanon Chao Fa, Tel. 2224 1342) finden regelmäßig Aufführungen des klassischen Tanzdramas *khon* sowie der modernen Variante *lakhon* statt.

MUSIK

Im **Saxophone Pub** (3/8 Victory Monument, Thanon Phayathai, Tel. 2246 5472), einer der ältesten und beliebtesten Musikkneipen, spielen verschiedene Bands allnächtlich vor allem Jazz.

Traditionelle thailändische Musik hört man im **Ad Makers** (51/51 Soi Lang Suan, bei Thanon Ploenchit, Tel. 2652 0168). Rockmusik wird im **Radio City** (76/1–3 Patpong Soi 1, Tel. 2266 4567) von hervorragenden Livemusikern gespielt. Ausländische Bands treten gelegentlich neben den besten Bands von Bangkok bei **Imageries By The Glass** (2 Sukhumvit Soi 24, Tel. 2261 0426) auf.

Weitere hörenswerte Musikveranstaltungen finden nördlich vom Lumpini-Park, in der **Soi Sarasin** und **Soi Lang Suan**, statt, vor allem im **MCM Café** (106/12 Soi Lang Suan, Thanon Ploenchit) und im **Brown Sugar** (231/20 Soi Sarasin).

NACHTLEBEN

Das Nachtleben von Bangkok ist vor allem durch Go-go-Bars, Massagesalons und Hostessenagenturen zu fragwürdiger Berühmtheit gelangt. Daneben gibt es zahlreiche Diskos und Nachtclubs, z. B. das beliebte **Concept CM2** (Novotel Siam, Siam Square Soi 6, Tel. 2255 6888). Lebhaft geht es auch im **La Lunar** zu (Thanon Sukhumvit Soi 26, Tel. 2261 3991).

Im **Lucifer** (76/1–3 Patpong Soi 1, Tel. 2234 6902) trägt Techno-Musik zur schaurigen Atmosphäre bei. Ein hervorragender Klang, Livesänger und exotische Tänzer sind im **Icon: The Club** zu erleben (ehemals als Rome Club berühmt; 90/6 Thanon Silom Soi 4, Tel. 2233 8836). Eine Großraumdisko im High-Tech-Stil ist **Phuture** (Chao Phraya Park Hotel, 91/9 Thanon Ratchadapisek).

VARIETÉ

Bangkoks Transvestitenshows sind sehenswerte professionelle Veranstaltungen. In Thailand gelten diese Shows keineswegs als anrüchig, sondern sind eine beliebte Form der Unterhaltung.

Im **Calypso Cabaret** (Asia Hotel, 296 Thanon Phayathai, Tel. 2261 6355) wird eine glitzernde Show im Stil von Las Vegas geboten.

Zentralthailand

Erste Orientierung 64
In drei Tagen 66
Nicht verpassen! 68
Nach Lust und Laune! 78
Wohin zum ... 82

Zentralthailand

Erste Orientierung

Die nordwestlich von Bangkok gelegene Zentralregion ist eine reizvolle Landschaft mit Flüssen und Wasserfällen. In diesem fruchtbaren Land befindet sich auch das bedeutendste Reisanbaugebiet. Das Leben verläuft in ruhigen Bahnen.

Die Zentralebene dehnt sich zwischen den außergewöhnlichen antiken Stätten von Ayutthaya und Sukhothai aus. Zwei weitere Orte von historischer Bedeutung, Kamphaeng Phet und Lop Buri, liegen in deren Nähe. Im Westen der Region erstreckt sich ein waldiges Hügelland mit einer großen Artenvielfalt, die in Naturschutzgebieten bewahrt wird.

Bei Kanchanaburi steht die legendäre »Brücke am Kwai«, in deren Umgebung weitere Gedenkstätten an das Schicksal der Kriegsgefangenen erinnern, die zum Bau der »Todesbahn« gezwungen wurden.

Die Grenze zu Myanmar (Birma) bildet auch die westliche Begrenzung der Region; der Übergang über den »Drei-Pagoden-Pass« ist in der Regel für Touristen freigegeben.

Im Rahmen von organisierten Touren mit Start in Bangkok können die Hauptsehenswürdigkeiten, darunter der Schwimmende Markt und die einstige Hauptstadt Sukhothai besichtigt werden. Wer jedoch mehr Zeit zum Verweilen zur Verfügung haben möchte, sollte unabhängig reisen.

Oben: Elefantenritt in Ayutthaya

Vorhergehende Seite: Ein Bad im lehmigen Flusswasser

Unten: Der Palast Bang Pa In bei Ayutthaya

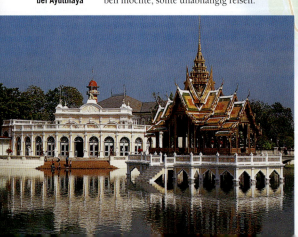

Erste Orientierung

★ Nicht verpassen!

1. Kanchanaburi ➤ 68
2. Schwimmender Markt von Damnoen Saduak ➤ 70
3. Ayutthaya ➤ 72
4. Sukhothai ➤ 75

Nach Lust und Laune!

5. Provinz Kanchanaburi ➤ 78
6. Nakhon Pathom ➤ 79
7. Lop Buri ➤ 79
8. Kamphaeng Phet Historical Park ➤ 80
9. Umphang ➤ 81
10. Drei-Pagoden-Pass/Myanmar (Birma) ➤ 81
11. Sangkhla Buri ➤ 81

Das kristallklare Wasser des Erawan-Falles, Provinz Kanchanaburi

Zentralthailand

Auf mehreren Tagestouren, die durch unberührte, stille Landschaften führen, gewinnen Sie auf dem Schwimmenden Markt Eindrücke vom Leben auf einem Bambusfloß, erkunden historische Stätten des Weltkulturerbes und durchfahren die für ihre Schönheit bekannte Region Kanchanaburi.

Zentralthailand in drei Tagen

Erster Tag

Vormittags

Brechen Sie in Bangkok früh zu einer organisierten Tagestour nach
① Kanchanaburi (► 68f), zum
② Schwimmenden Markt von Damnoen Saduak (rechts; ► 70f) und nach
⑥ Nakhon Pathom (► 79) auf. Andere organisierte Touren umfassen eine Besichtigung der Wasserfälle und des Hellfire Pass in der **⑤ Provinz Kanchanaburi** (► 78f). Zur Mittagszeit machen die Tourenbusse an Restaurants Halt, die oft nur dem Namen nach (»Jungle View«) einen Ausblick auf die Dschungellandschaft bieten.

Nachmittags

Bei einer organisierten Tour haben Sie etwa eine Stunde Zeit, um den Soldatenfriedhof und das **JEATH War Museum** in **Kanchanaburi** (► 69) sowie die **Brücke am Kwai** (unten; ► 68) zu besichtigen. Anschließend kehren Sie nach Bangkok zurück.

Abends

Wenn Sie etwas mehr Zeit in Kanchanaburi verbringen möchten, ist es ratsam, per Taxi nach Bangkok zurückzufahren (ca. 50 Baht). Auf dem Weg können Sie an einem der schwimmenden Restaurants Halt machen. Dabei können Sie den Anblick des Dschungels genießen. Die Restaurants an der Song Kwai Road sind empfehlenswert.

Zweiter Tag

Vormittags
Früh morgens fahren Sie mit dem Zug vom Hauptbahnhof Hua Lamphong in Bangkok nach ❸ Ayutthaya (rechts; ► 72f). Dort können Sie Fahrräder mieten oder sich einer organisierten Tour anschließen. Genießen Sie ein frühes, geruhsames Essen in einem der schwimmenden Restaurants am Westufer des Flusses Mae Nam Pa Sak.

Nachmittags
Setzen Sie Ihre Erkundungstour durch Ayutthaya fort; vielleicht bleibt noch Zeit für Abstecher in die sehenswerte Umgebung.

Abends
Auf dem am Fluss gelegenen Nachtmarkt von Hua Raw können Sie einen Einkaufsbummel unternehmen und anschließend dem Flusslauf zur Fähranlegestelle und zum Bahnhof folgen.

Dritter Tag

Flüge nach ❹ Sukhothai (links; ► 75ff) werden preisgünstig angeboten. Es ist ratsam, so früh wie möglich zu buchen. Als Alternative bietet sich eine Busfahrt an. Der Nachtzug von Bangkok trifft frühmorgens in Phitsanulok ein. Per Fahrrad können Sie den Sukhothai Historical Park erkunden. Übernachten Sie in der Stadt.

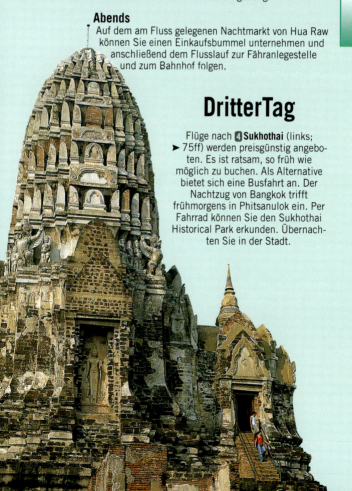

Kanchanaburi

Die Stadt Kanchanaburi liegt inmitten von Wäldern und Plantagen am Fluss Kwai, der richtiger Khwae Noi heißt. Im Zweiten Weltkrieg wurde Kanchanaburi zum Standort eines Kriegsgefangenenlagers. Alliierte Gefangene wurden gezwungen, am Bau einer Eisenbahnlinie zwischen Birma (heute Myanmar) und Thailand zu arbeiten, zu der auch die Brücke über den Kwai gehörte. Tausende Kriegsgefangene kamen dabei ums Leben, weshalb die Bahnlinie als »Todesbahn« in die Geschichte einging. Die Brücke wurde durch Pierre Boulles Roman *Die Brücke am Kwai* und den mit sieben Oscars ausgezeichneten Film von 1957 berühmt.

Die Brücke am Kwai

Die mächtige Stahlbrücke hat eine gewisse Ausstrahlung, die aber von Souvenirverkäufern und Touristenscharen beeinträchtigt wird. Die Brücke wurde zunächst als eine provisorische Holzbrücke errichtet, die während des Zweiten Weltkriegs bei Bombenangriffen fast vollständig zerstört wurde.

Zwangsarbeiter und Kriegsgefangene mussten den Bau der Bahnlinie, die für die japanische Invasionsarmee von strategischer Bedeutung war, in nur einem Jahr unter unmenschlichen Bedingungen bewältigen: Arbeitstage von 18 Stunden, Unterernährung, Malaria-, Cholera- und Ruhrepidemien führten zu Tausenden von Todesfällen. Etwa 16 000 der insgesamt 60 000 alliierten Kriegsgefangenen, aber auch 80 000 asiatische Zwangsarbeiter kamen ums Leben.

Die legendäre Brücke am Kwai ist ein bewegender Anblick

Kanchanaburi

KANCHANABURI: INSIDER-INFO

Top-Tipps: An Wochenenden verkehrt ein **Touristenzug** zwischen Bangkok und Kanchanaburi.
• Es ist empfehlenswert, sich **im Voraus** über die Geschichte des Ortes zu **informieren**, da die Führungen nur flüchtige Eindrücke vermitteln; die Präsentationes des JEATH War Museum sind zwar hervorragend, aber zu vielfältig, als dass man bei einem Besuch alle Informationen aufnehmen kann.
• Da die Sehenswürdigkeiten der Stadt in einem Umkreis von 5 Kilometern liegen, empfiehlt es sich, **Fahrräder zu leihen**.

Muss nicht sein! Das **World War II Museum** ist ein neues Museum unter privater Leitung. Es ist bei weitem nicht so informativ wie das JEATH War Museum.

JEATH War Museum

Das JEATH War Museum beherbergt anrührende Ausstellungsstücke, darunter persönliche Aufzeichnungen und Malereien der Kriegsgefangenen sowie Rekonstruktionen von Bambushütten, in denen die Gefangenen lebten. Die Abkürzung JEATH steht für die beteiligten Nationen Japan, England, Australien, Amerika, Thailand und Holland. Das Museum ist in einer rekonstruierten Gefangenenbaracke untergebracht und liegt an der Pak Phreak Road am Mae Khlong. Nahebei findet man ein TAT-Büro.

Oben: Malereien von Kriegsgefangenen

Rechts: Auf dem Soldatenfriedhof der Alliierten liegen Kriegsgefangene

Die Soldatenfriedhöfe

Fast 7000 Kriegsgefangene liegen auf dem **Soldatenfriedhof (War Cemetery) von Kanchanaburi** begraben. Auf den Gedenktafeln ist das meist jugendliche Alter der Verstorbenen abzulesen. Die Gräber und Grünanlagen werden unter Aufsicht der Londoner Kriegsgräberfürsorge sorgfältig gepflegt.

Der kleinere **Soldatenfriedhof der Alliierten (Chung Kai)**, am westlichen Flussufer gelegen, wird seltener von Touristen besucht. Er ist bei einem Spaziergang oder einer Radtour bequem zu erreichen.

KLEINE PAUSE

Das **Floßrestaurant Mae Nam** gegenüber der Thanon Song Khwae empfiehlt sich für eine Pause. Atmosphäre und Lage des Restaurants sind phantastisch, die Küche ist traditionell thailändisch.

✠ 196 B1 TAT ✉ Saeng Chuto Road
☎ 03 4511 0200

JEATH War Museum
🕐 tägl. 8–18 Uhr 💰 preiswert

Kanchanaburi War Cemetery
✉ Saeng Chuto Road
🕐 tägl. 8–16 Uhr 💰 frei

Markt von Damnoen Saduak

Mit landwirtschaftlichen Erzeugnissen voll beladene Boote werden durch enge khlongs (Kanäle) gerudert. Die Waren stammen aus der Region. Auf manchen Booten sind frische Kokosnüsse hoch aufgetürmt, andere haben Knoblauchzwiebeln geladen, wieder andere Obst und Gemüse. In kleinen Floßrestaurants wird Nudelsuppe für Marktarbeiter zubereitet. Marktfrauen mit traditionellen Strohhüten und den marineblauen Hemden der thailändischen Bauern manövrieren ihre Boot geschickt durch die engen Wasserwege.

Ein Nebenkanal abseits des Markttreibens

MARKT VON DAMNOEN SADUAK: INSIDER-INFO

Top-Tipps: Eine Bootstour kostet unabhängig von der Anzahl der Mitfahrenden etwa 300 Baht. Es lohnt sich daher, sich zu einer **Gruppe** zusammenzuschließen.
- Der Markt ist täglich von **6 bis 11 Uhr** geöffnet.
- Wer dem Gedränge aus dem Weg gehen möchte, kann in Damnoen Saduak übernachten und den Markt **vor dem Eintreffen der Gruppen** (gegen 9 Uhr) besuchen.

Geheimtipp: Auf dem Kanal **Talat Khun Phitak** geht es ruhiger zu. Per Wassertaxi kann man vom Khlong Thong Lang dorthin fahren und die Fahrt mit einer Besichtigung der umliegenden **Kokosplantagen** verbinden.

Markt von Damnoen Saduak

Unten: Geordnetes Chaos auf dem Wasser

Rechts unten: Mittagspause in einem schwimmenden Restaurant

Seit 100 Jahren werden bereits Waren auf dem Markt von Damnoen Saduak verkauft. Der Ort liegt etwa 60 Kilometer südwestlich von Bangkok. Die thailändische Lebensweise und das Handeltreiben sind traditionell eng mit den *khlongs* verbunden, die seit jeher als Verkehrswege von großer Bedeutung waren. In Bangkok sind die traditionellen schwimmenden Märkte fast ausgestorben; die wenigen verbliebenen sind zu reinen Touristenmärkten verkommen. Der Umstand, dass Damnoen Saduak in einiger Entfernung von Bangkok liegt und von dort nicht mit dem Zug zu erreichen ist, hat den Markt vor einer übermäßigen Kommerzialisierung bewahrt.

Der wichtigste und älteste Teil des Marktes wird auf dem Kanal **Ton Khem** abgehalten; auf dem parallel verlaufenden Kanal **Hia Kui** findet ein eher touristisch orientierter Markt statt. Er wird von Brücken überspannt, von deren Höhe sich das bunte und geschäftige Markttreiben überblicken lässt. An den Ufern werden zum größten Teil Souvenirs wie Fächer, Hüte und Gewürze verkauft.

Eine organisierte Tour ist eine angenehme Möglichkeit, einen Besuch des schwimmenden Marktes mit einer Besichtigung von Kanchanaburi oder **Phetchaburi** (▶ 138f) zu verbinden. Man sollte aber darauf gefasst sein, zur Eile getrieben zu werden. Wer unabhängig zum Markt fahren möchte, sollte einen Bus von Bangkok nehmen. Vom südlichen Busbahnhof fährt der früheste, klimatisierte Bus um 6 Uhr ab; eine Fahrt dauert zwei Stunden. Von der Haltestelle sind es noch etwa 2 Kilometer zum Zentrum des Marktes, dem **Talat Khlong Ton Khem**, die man in einem *songthaeo* (▶ 32) zurücklegen kann.

KLEINE PAUSE
Herrlich erfrischend ist eine mit Saft gefüllte **Kokosnuss**.

---

196 B1
TAT ✉ Phetchaburi ☎ 3247 1005
Markt ✉ Sukhaphiban Road

Ayutthaya

Die einstige Hauptstadt Siams gehört heute zum Weltkulturerbe. Ayutthaya wurde 1350 gegründet und war die bedeutendste Metropole Asiens. 1431 besiegte Ayutthaya das Khmer-Großreich von Angkor (im heutigen Kambodscha) und übernahm dessen Kultur. In ihrer Blütezeit im 17. Jahrhundert hatte die Stadt eine Million Einwohner. Den Händlern, die aus China, Japan, Holland, England und Frankreich nach Ayutthaya kamen, um Niederlassungen zu gründen, galt die Stadt als die schönste der Welt.

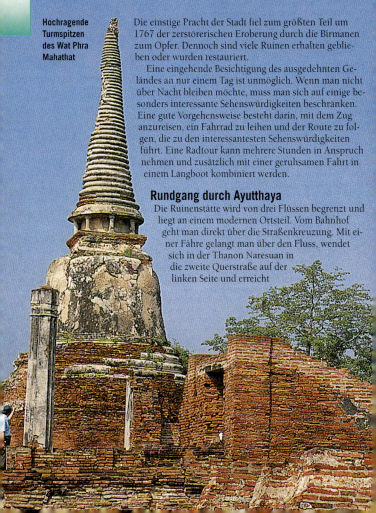

Hochragende Turmspitzen des Wat Phra Mahathat

Die einstige Pracht der Stadt fiel zum größten Teil um 1767 der zerstörerischen Eroberung durch die Birmanen zum Opfer. Dennoch sind viele Ruinen erhalten geblieben oder wurden restauriert.

Eine eingehende Besichtigung des ausgedehnten Geländes an nur einem Tag ist unmöglich. Wenn man nicht über Nacht bleiben möchte, muss man sich auf einige besonders interessante Sehenswürdigkeiten beschränken. Eine gute Vorgehensweise besteht darin, mit dem Zug anzureisen, ein Fahrrad zu leihen und der Route zu folgen, die zu den interessantesten Sehenswürdigkeiten führt. Eine Radtour kann mehrere Stunden in Anspruch nehmen und zusätzlich mit einer geruhsamen Fahrt in einem Langboot kombiniert werden.

Rundgang durch Ayutthaya

Die Ruinenstätte wird von drei Flüssen begrenzt und liegt an einem modernen Ortsteil. Vom Bahnhof geht man direkt über die Straßenkreuzung. Mit einer Fähre gelangt man über den Fluss, wendet sich in der Thanon Naresuan in die zweite Querstraße auf der linken Seite und erreicht

Ayutthaya

Oben: Das von Wurzeln überwachsene Haupt einer Buddhastatue (Wat Phra Mahathat)

Rechts: Eine junge Händlerin verkauft Benjarong-Waren in Ayutthaya

den **Wat Mahathat**. Diese größte und bedeutendste Tempelanlage stammt aus dem 14. Jahrhundert und umfasst einen Königstempel. Buddhastatuen, die erst 1956 in den Ruinen gefunden wurden, befinden sich heute im Chao Sam Phraya National Museum (▶ 74). Besonders beachtenswert ist das oft fotografierte Haupt einer Buddhastatue, das von den Wurzeln eines Feigenbaumes umwachsen ist. Der gegenüberliegende **Wat Ratchaburana** wurde an der Einäscherungsstätte zweier Könige errichtet, deren Asche in den *chedis* verwahrt wurde. Stufen führen in eine Gruft mit verblassten Wandmalereien hinab. Folgt man der Straße weiter, gelangt man zum einen Kilometer entfernt liegenden **Phra Mongkonbophit**, in dem eine 13 Meter hohe, vergoldete Buddhastatue steht. Die glänzende Vergoldung wurde 1992 erneuert. Noch heute wird die Andachtsstätte von zahlreichen thailändischen Gläubigen aufgesucht, die Lotusblüten, Weihrauchkerzen und Goldblättchen spenden.

Gegenüber liegt der **Wat Phra Si San Phet**, das zur Zeit der Gründung des Reiches als Königspalast errichtet wurde. Die Ruinen wurden

Hoch zu Elefant wie einst die Könige

Zentralthailand

Buddhastatue im Wat Phra Mahathat, Ayutthaya

zum Teil restauriert. Ein königlicher Tempel entstand 1448, dem später *chedis* zur Verwahrung der Asche von Verstorbenen sowie königliche Säulenhallen hinzugefügt wurden.

Nahebei liegt das **Chao Sam Phraya National Museum** (Si Sanphet Road; Mi–So 9–16 Uhr; preiswert), das mit Goldschätzen angefüllt ist. Am Ende der Straße liegt auf der rechten Seite der **Wat Lokayasutharam** mit einer 37 Meter langen, ruhenden Buddhastatue. Das Haupt der Statue ist auf Lotus gebettet.

KLEINE PAUSE

Zu beiden Seiten der Brücke Pridi Damrong stehen mehrere schwimmende Restaurants zur Auswahl, z. B. das ausgezeichnete Fischrestaurant **Phae Krung Kao** (▶ 85) auf der südlichen Seite der Brücke. Ein thailändisches Frühstück, Kaffee und preiswerte Thai-Spezialitäten werden im **Chainam** (▶ 85) serviert.

196 C2 **TAT** ✉ Si Sanphet Road, Ayutthaya ☎ 035 246976

AYUTTHAYA: INSIDER-INFO

Top-Tipps: Die lesenswerte Broschüre *Interesting Temples and Ruins in Ayutthaya* enthält viele Hintergrundinformationen und einen kaum leserlichen Lageplan. Sie ist überall im Ort erhältlich, u. a. im Chao Sam Phraya National Museum.
• Eine organisierte Tour im Langboot von Bangkok zum **Palast Bang Pa In** (tägl. 8.30–17 Uhr; Eintritt mittel) umfasst einen mehrstündigen Aufenthalt in Ayutthaya. Obwohl eine Bootsfahrt eine angenehme Art des Reisens ist, bleibt nicht allzu viel Zeit zur Besichtigung der historischen Stätte.
• Verzichten Sie auf Radtouren oder Spaziergänge in der **Mittagshitze** (11–15 Uhr). In Ayutthaya herrschen in der Regel höhere Temperaturen als in Bangkok.
• **Leihen Sie ein Fahrrad** erst nach der Fährüberfahrt; die Preise sind günstiger.

Geheimtipp: Am friedlichen grünen Flussufer am Ortsrand steht der eindrucksvolle **Wat Chaiwatthanaram**. Man gelangt dorthin, indem man vom Wat Lokayasutharam nach links in die Thanon Khlong Thaw, dann in die erste Abzweigung nach rechts, über die Brücke und nach links geht. In dem Tempel fanden einst königliche Einäscherungszeremonien statt. Er wurde im Khmer-Stil des Reiches Angkor errichtet. Der zentrale Turm (*prang*) der Tempelanlage steht inmitten von vier kleineren Türmen, die wiederum von acht noch kleineren Türmen umgeben sind. Diese Anordnung symbolisierte in der Kosmologie der Khmer den Mittelpunkt des Universums.

Muss nicht sein! Im rekonstruierten **Palast Chan Kasem** an der Uthong Road ist ein Museum untergebracht, dessen Sammlung königlicher Kunstgegenstände nicht unbedingt sehenswert ist. Der einstige Wohnsitz des Thronerben wurde bei der Eroberung durch die Birmanen zerstört.

4 Sukhothai

Der Name der Stadt, die im Jahr 1238 zur Hauptstadt des ersten großen Thai-Reiches wurde, bedeutet wörtlich »Aufstieg des Glücks«. 1431 wurde Sukhothai vom Reich Ayutthaya in Besitz genommen und entwickelte sich zu einem bedeutenden Kunstzentrum. Die Stätte mit ihren Baudenkmälern und Lilienteichen wurde mit Unterstützung der Unesco restauriert. Heute ist die Stadt, umgeben von Obstplantagen und Reisfeldern, ein Hauptanziehungspunkt für Thailandreisende.

Mit der zunehmenden Machtentfaltung des Reiches Ayutthaya (► 72ff) im 16. Jahrhundert ging der Niedergang Sukhothais einher. In jener Zeit wurden Wohnhäuser zum größten Teil aus Holz errichtet, sodass nichts von ihnen geblieben ist; im Gegensatz zu Ayutthaya ist die alte Stadt Sukhothai vom modernen Ort räumlich getrennt, was eine Besichtigung zu einem ungestörten Erlebnis macht. Viele Besucher übernachten in der neuen Stadt, wo es eine größere Auswahl an Unterkünften und Busverbindungen gibt, und fahren zur 12 Kilometer entfernten Stätte. Bei einer Radtour kann man das ausgedehnte Gebiet am besten erkunden. Die einzelnen Sehenswürdigkeiten liegen etwa 5 bis 10 Minuten per Rad voneinander entfernt.

Die ursprünglich umwallte Stadt liegt heute in den Grenzen des **Sukhothai Historical Park** (Muang Kao Sukhothai), der in fünf einzelne Bezirke untergliedert ist, für die jeweils Eintrittsgebühren zu zahlen sind. Besonders interessante Bauwerke liegen im zentralen Bezirk. Gegenüber dem **Ramkhamhaeng Museum** beim Eingang zum zentralen Bezirk kann man Fahrräder leihen und erhält einen kostenlosen Lageplan. Das Museum beherbergt eine faszinierende

Unten: Der Große Buddha im Wat Mahathat

Ganz unten: *Chedis* im Wat Mahathat

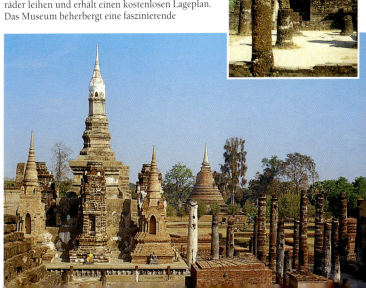

Zentralthailand

König Ramkhamhaeng

Bedeutendster Herrscher des Königreichs Sukhothai war König Ramkhamhaeng (Rama der Starke). Er entwickelte das erste thailändische Alphabet, aus dem die thailändische Schrift hervorging, und förderte die buddhistische Theravada-Schule. Unter Ramkhamaengs Herrschaft wuchs das Reich zu einer Großmacht heran, deren Landesgrenzen annähernd die heutige Ausdehnung Thailands erreichten. Auf König Ramkhamhaeng geht eine Inschrift zurück, in der eine Glocke am Palasttor beschrieben wird, die jeder Untertan, der eine Beschwerde vorbringen wollte, läuten durfte.

Sammlung, u. a. ein Waffenlager und Spielsteine.

Neben dem Museum befindet sich der **Wat Trapang Thong**, umgeben von Lotusteichen. Es wird noch heute von Mönchen bewohnt. Im *mondop* (einem würfelförmigen Turmbau) wird der gigantische Fußabdruck eines Buddha aus dem 14. Jahrhundert verehrt. Die *chedis* weisen ceylonesische Stilelemente auf.

Am Eingang zum zentralen Bezirk wenden Sie sich nach links zum **Wat Mahathat**. Der größte und bedeutendste Tempel von Sukhothai bildete in spiritueller und weltlicher Hinsicht den Mittelpunkt des Königreichs. Die Tempelanlage ist von einem Wassergraben und einer Ziegelsteinumwallung umgeben, die etwa 200 im Ceylon- und Khmer-Stil aus Ziegelsteinen errichtete *chedis* umschließen. Der nahe gelegene **Wat Sri Sawai** wurde im Khmer-Stil mit drei zentralen *prangs* erbaut. Der *chedi* und die Versammlungshalle des **Wat Trapang Ngoen** weisen Elemente des klassischen Sukhothai-Stils auf. Im Zentrum des **Wat Sra Sri** befindet sich ein runder *chedi*.

Am nördlichen Ausgang des zentralen Bezirks liegt auf der linken Seite der **Wat Phra Pai Luang**, in dem sich buddhistische und hinduistische Stilelemente mischen: Den ursprünglich im Khmer-Stil erbauten *prangs* wurden eine Versammlungshalle (*viharn*) und *chedis* im buddhistischen Stil hinzugefügt. An der nordöstlichen Ecke erinnert der **Thuriang-Brennofen** an die Bedeutung der Region für die

Rechts: Der eindrucksvolle sitzende Buddha des Wat Si Chum ist 15 Meter hoch

➕ 196 B3
Sukhothai Historical Park
🕐 tägl. 6–18 Uhr 💰 zentraler Bezirk: mittel; übrige Bezirke: preiswert

Ramkhamhaeng Museum
🕐 tägl. 9–16 Uhr 💰 preiswert

Sukhothai

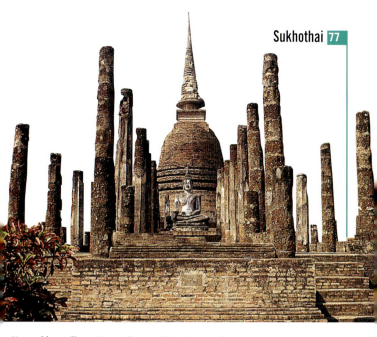

Mittelpunkt der Tempelanlage Wat Sra Sri

Keramikherstellung. Vom Gebiet um Si Satchanalai (bei Sawankhalok) ausgehend, verbreitete sich das berühmte Seladonporzellan vom 13. bis zum 15. Jahrhundert über den gesamten südostasiatischen Raum.

Im westlichen Bezirk reihen sich mehrere Tempel aneinander. Im **Wat Si Thon** soll ein Mönch inmitten von Mangofeldern gelebt haben. In dem auf einer Anhöhe liegenden **Wat Saphan Hin** ist eine stehende Buddhastatue mit erhobener Hand zu bewundern.

KLEINE PAUSE

Im **Café** des **Ramkhamhaeng Museum** kann man eine Erfrischung am Flussufer genießen. Das gegenüberliegende Restaurant ist ebenfalls empfehlenswert. Hervorragende Speisen aus der thailändischen, chinesischen oder europäischen Küche werden im **Dream Café and Antique House** (▶ 85) serviert.

SUKHOTHAI: INSIDER-INFO

Top-Tipps: Eine **Sammeleintrittskarte**, mit der man Zutritt zu allen fünf Bezirken hat, ist nicht preisgünstiger, jedoch einen Monat lang gültig.
• Das landesweit gefeierte Lichterfest **Loy Krathong**, das in der Vollmondnacht des November stattfindet, wird besonders spektakulär in Sukhothai begangen und zieht unzählige Besucher an. Kerzen, Weihrauchstäbchen und Lotusblüten werden auf Bananenblättern ins Wasser gelassen, die Ruinenstätte wird illuminiert, und Feuerwerke werden abgebrannt.

Geheimtipp: Die nördlichen und westlichen Bezirke, in denen **Wasserbüffel** und **Kühe** die grüne Szenerie beleben, strahlen eine eher ländliche als historische Stimmung aus.

Nach Lust und Laune!

Eine der sieben Terrassen des Erawan-Falles

5 Provinz Kanchanaburi
Der spektakuläre Wasserfall im **Erawan National Park** in der Provinz Kanchanaburi gilt als Nationalheiligtum. Die siebenstufige Kaskade bildet ebenso viele Wasserbecken, die zum Schwimmen verlocken. Ein 2 Kilometer langer Wanderweg führt zur dritten Stufe hinauf (und erfordert festes Schuhwerk). Vor allem an Wochenenden und Feiertagen ist der Park, der 65 Kilometer von Kanchanaburi entfernt liegt, ein beliebtes Ausflugsziel der Thais. Wer die Ruhe der Landschaft genießen möchte, sollte einen Ausflug während der Woche planen. Bei Trekkingtouren, die hier angeboten werden, handelt es sich weniger um Wandertouren als um Elefantensafaris.

Eine zweistündige Eisenbahnfahrt mit der »Todesbahn« von Kanchanaburi nach Nam Tok beginnt mit einer Fahrt über die Brücke am Kwai (▶ 68). Die vor allem bei Touristen beliebte Fahrt durch die von den Kriegsgefangenen angelegten Trassen vermittelt bewegende Eindrücke.

Nach Lust und Laune!

Für Kinder
• Fahrt im Langboot über den **Schwimmenden Markt von Damnoen Saduak** (▶ 70f)
• die **Gibbons von Lop Buri**, die die historischen Bauwerke der Stadt mit Leben erfüllen (▶ unten)
• Floßfahrten, Wasserfälle und Elefantenritte in der **Provinz Kanchanaburi**
• Boots- und Radtouren durch die Ruinenstätte von **Ayutthaya** (▶ 72ff)

18 Kilometer nordwestlich der Endstation Nam Tok liegt der stillgelegte Streckenabschnitt **Hellfire Pass**, der höchste von mehreren Bergpässen und der tückischste Teil der Bahnlinie. Seinen Namen erhielt der Pass von den Gefangenen, die sich bei Nacht im gespenstischen Licht der Fackeln durch die Felsen arbeiten mussten. An diesem Streckenabschnitt allein starben drei Viertel der Gefangenen. Zum Gedenken an die Todesopfer wurde das **Hellfire Memorial Museum** eingerichtet. Bei einer 90-minütigen Wanderung auf einem markierten Weg passiert man den Standort einer Brücke, die von den Gefangenen »Pack of Cards Bridge« genannt wurde, weil sie dreimal wie ein Kartenhaus einstürzte.

Der **Sai Yok National Park** liegt in 10 Kilometern Entfernung und besticht durch zwei große Wasserfälle, mehrere Kalksteinhöhlen, Teakwälder und Quellen. Zahlreiche Tierarten sind im Park beheimatet, darunter das kleinste Säugetier der Welt, eine Fledermaus.

✚ 196 B1
Erawan National Park
✚ 196 B2 ☉ tägl. 6–18 Uhr 💰 teuer

Hellfire Memorial Museum
✚ 196 B2
✉ Ausgangspunkt des Wanderweges
☎ 1210 3306 ☉ tägl. 9–16 Uhr
💰 frei (Spenden willkommen)

Sai Yok National Park
✚ 196 B2 ✉ TAT in Kanchanaburi
☎ 3451 1200 💰 teuer

6 Nakhon Pathom
Der Hauptanziehungspunkt von Nakhon Pathom (56 Kilometer westlich von Bangkok) ist der **Phra Pathom Chedi**, der als größtes und ältestes buddhistisches Bauwerk Thailands gilt. Der 127 Meter hohe Bau aus dem 5. Jahrhundert beherrscht die Landschaft in weitem Umkreis. Eine kurze Besichtigung des Bauwerks ist in der Regel in organisierten Touren enthalten, die von Bangkok ausgehend auch einen Besuch des Schwimmenden Marktes von Damnoen Saduak (▶ 70f) und der Stadt Kanchanaburi (▶ 68f) beinhalten.

Nakhon Pathom gilt als älteste Stadt des Landes und als Ursprungsort des thailändischen Buddhismus. Im Ort gibt es zwei Museen, die beide den Namen **Phra Pathom Museum** tragen. Die Sammlung des neueren Museums umfasst Kunstgegenstände der Region aus der Zeit des 6. bis 11. Jahrhunderts.

✚ 196 C1
Phra Pathom Museums
✚ 196 C1
✉ Phra Pathom Chedi
☉ Mi–So 9–12, 13–16 Uhr
💰 preiswert

7 Lop Buri
Die **Gibbons**, die von der Stadt Besitz ergriffen haben, sind mittlerweile selbst zu einer Touristenattraktion geworden. Lop Buri ist eine der ältesten Siedlungen Thailands. Vom 11. bis 13. Jahrhundert war sie eine Provinzhauptstadt der Khmer. Im Mittelpunkt des **Wat Phra Si Ratana Mahathat** steht ein *prang* aus dem 12. Jahrhundert. Sehenswert ist auch das **Narai-**

Schöne Aussichten
• Wanderung zum Wasserfall im **Erawan National Park** (▶ 78)
• Tagestour von Kanchanaburi zum **Drei-Pagoden-Pass** (▶ 81)
• Dreitägige Trekkingtouren mit Start in **Umphang** (▶ 81) werden von Guesthouses angeboten und beinhalten Trekking, Floßfahrten und Elefantenreiten.

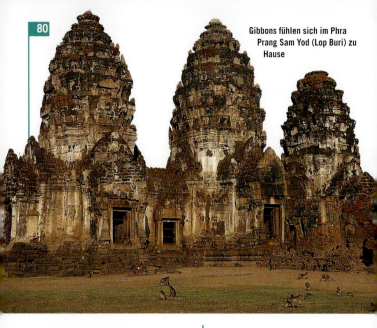

Gibbons fühlen sich im Phra Prang Sam Yod (Lop Buri) zu Hause

Nationalmuseum, das in einem Palast untergebracht ist und eine große Sammlung von Buddhastatuen besitzt. Beide Sehenswürdigkeiten sind vom Bahnhof aus bequem zu Fuß zu erreichen. Ein regelmäßig verkehrender Busservice fährt zum **Wat Phra Phutthabat**, das 17 Kilometer südöstlich der Stadt liegt.

☐ 196 C2
Narai National Museum
 Mi–So 8.30–16.30 Uhr preiswert
Wat Phra Si Ratana Mahathat
 tägl. 8–18 Uhr preiswert

❽ Kamphaeng Phet Historical Park

Im 13. Jahrhundert gehörte Kamphaeng Phet zum Königreich Sukhothai. Zuvor war die Stadt ein bedeutendes Zentrum des Khmer-Reiches. Die Bauwerke gehören heute zum Weltkulturerbe. Eine Hauptsehenswürdigkeit ist der **Wat Phra Keo** mit seinen von der Witterung zerfurchten Buddhastatuen, der ursprüngliche Standort des berühmten Smaragdbuddha, der heute im Wat Phra Keo von Bangkok (➤ 45) steht. Beachtenswert sind auch der **Wat Phrathat** mit einer aus Sandstein und Ziegeln erbauten Pagode und der Schrein **San Phra Isuan**.

Im **Nationalmuseum**, das auf drei Gebäude verteilt ist, sind archäologische Funde aus allen Landesteilen, besonders natürlich von Ausgrabungsstätten in Kamphaeng Phet, zu sehen. Nebenan liegt das **Provinzmuseum**, dessen Sammlungen die Geschichte und Kultur der Provinz Kamphaeng Phet illustrieren. Im Norden der ummauerten Stadt errichteten Mönche mehrere Waldtempel.

☐ 196 B3

Grenzland

In Thailand und Myanmar (Birma) leben etwa sieben Millionen Angehörige der Mon. Der Volksstamm kam vermutlich ursprünglich aus Indien oder der Mongolei und gründete bereits im 1. Jahrhundert v. Chr. ein Reich, das während der thailändisch-birmanischen Kriege unterging. Heute kämpfen die Mon um einen eigenen Staat, werden aber seit Jahrhunderten von der Regierung Myanmars unterdrückt. Der Gebrauch ihrer eigenen Sprache war ihnen bis ins 18. Jahrhundert hinein verboten. Die Repressalien, denen der Volksstamm noch immer ausgesetzt ist, haben dazu geführt, dass bei Sangkhla Buri viele Flüchtlingslager entstanden sind.

Nach Lust und Laune! 81

TAT
☎ 5551 4341

Kamphaeng Phet Historical Park
🕐 tägl. 6–18 Uhr 💰 preiswert

Nationalmuseum
🕐 Mi–So 10–16 Uhr
💰 preiswert

Provinzmuseum
🕐 Mi–So 9–16 Uhr 💰 frei

🟧 Umphang
Das Dorf liegt an der Grenze zu Myanmar (Birma) in atemberaubender Landschaft. Nicht allzu viele Besucher verirren sich auf dem so genannten Sky Highway, der einer Berg-und-Tal-Bahn gleicht, in diese Gegend. In dem Gebiet, das man im Rahmen von Trekking- und Raftingtouren (mit Abstechern nach Mae Sot und zum Wasserfall Tee Lor Su) erkunden kann, liegen hübsche Bergdörfer.
✜ 196 B3

🟧 Drei-Pagoden-Pass/ Myanmar (Birma)
Der Drei-Pagoden-Pass ist ein Kontrollpunkt an der Grenze zu Myanmar (Birma), der seinen Namen drei unscheinbaren kleinen *chedis* verdankt, die im 18. Jahrhundert zur Bekräftigung des Friedens zwischen Thailand und Myanmar errichtet wurden. Die Spannungen, die heute im Grenzland herrschen, rühren von Kämpfen zwischen dem Militär von Myanmar und Rebellen her. Als Vorsichtsmaßnahme der thailändischen Regierung wurde Touristen lange Zeit der Grenzübergang nach Myanmar verwehrt. Heute wird Besuchern eine Fahrt über die Grenze in das birmanische Dorf **Payathonzu** gelegentlich gestattet (es ist natürlich ratsam, sich vorab zu erkundigen).

Auf dem Markt, der zu beiden Seiten der Grenze abgehalten wird, gibt es exotische Waren zu sehen, darunter handbestickte Gewebe aus Indien, Edelsteine aus Kambodscha und Holzschnitzereien aus Indonesien.
✜ 196 A2

🟧 Sangkhla Buri
Die Stadt liegt 20 Kilometer vom Drei-Pagoden-Pass entfernt und bietet angenehme Übernachtungsmöglichkeiten. Die beiden Stadtteile von Sangkhla Buri liegen auf zwei Hügeln; im alten Stadtteil leben überwiegend Angehörige der Mon und Karen, das neue Viertel ist von Thais bewohnt. Eine Hauptsehenswürdigkeit ist der Speichersee, der durch das Stauen des Flusses Khwae Noi entstanden ist und aus dem noch die Giebel überfluteter Häuser und Baumwipfel herausragen. Beim **Wat Wangwivekaram** findet allmorgendlich ein Markt statt, auf dem Handwerkswaren aus Myanmar, China und Indien verkauft werden. Auf dem **Stausee Kheuan Khao Laem** kann man Kanufahrten unternehmen. Die beiden Hügel der Stadt sind durch eine Holzbrücke verbunden.
✜ 196 A2

Ein Angehöriger des Karen-Stammes mit einer Last von Teakblättern auf dem Rücken. Die Blätter dienen zum Decken eines Hausdaches

Wohin zum ... Übernachten?

Preise
Für ein Doppelzimmer gelten folgende Preise:
€ unter 1000 Baht €€ 1000–4000 Baht €€€ über 4000 Baht

In Zentralthailand findet man eine große Bandbreite an Unterkünften: Dschungel-Resorts in der Provinz Kanchanaburi ebenso wie Luxushotels in Ayutthaya. In Sukhothai gibt es nur wenige Hotels; gute Unterkünfte sind aber im 60 Kilometer entfernt gelegenen Phitsanulok zu bekommen. An allen touristischen Reisezielen gibt es preiswerte Guesthouses.

Zahlreiche Resorts und Tourenveranstalter in der Stadt Kanchanaburi bieten Floßfahrten auf dem Fluss Kwai mit Übernachtung und Besichtigung der Brücke an.

AYUTTHAYA

Ayutthaya Grand €
Das Ayutthaya Grand ist eines der wenigen guten Hotels im Stadtgebiet von Ayutthaya. Das große, komfortable Haus liegt im östlichen Stadtteil am Pa-Sak-Fluss. Die Zimmer bilden einen ruhigen Kontrast zum geschäftigen Stadtzentrum und sind mit allem modernem Komfort ausgestattet. Ein beliebter Nachtclub mit Café gehört zum Hotel, das außerdem einen großen Swimmingpool besitzt.
✚ 196 C2
✉ 55/5 Thanon Rotchana
☎ 3533 5483; Fax 3533 5492;
aygrand@ksc.th.com

Krungsri River €€
Am östlichen Ende der Brücke Pridi Damrong liegt das beste Hotel der Stadt mit Aussicht auf den Fluss Pa Sak. Das imposante Foyer lässt hohe Erwartungen aufkommen, die von den schön eingerichteten Zimmern nicht enttäuscht werden. Alle Zimmer sind mit Satellitenfernsehen und Minibar ausgestattet. Ein schöner Swimmingpool gehört neben Fitnesscenter, Sauna, Bowlingbahn und Pub zu den Annehmlichkeiten des Hotels.
✚ 196 C2
✉ 27/2 Moo 11, Thanon Rotchana
☎ 3524 4333; Fax 3524 3777;
hotel@krungsririver.co

U-Thong Inn €
Das U-Thong Inn im östlichen Stadtteil ist nicht mit dem anspruchsloseren U-Thong Hotel zu verwechseln. Das U-Thong Inn, am Fluss Pa Sak gelegen, ist ein beliebter Veranstaltungsort für Konferenzen und entsprechend häufig ausgebucht. Es liegt in bequemer Nähe zu allen historischen Sehenswürdigkeiten. Alle Zimmer sind gepflegt und luftig sowie mit Satellitenfernsehen und Minibar ausgestattet. Das Frühstück ist im Preis enthalten. Swimmingpool und Sauna sind vorhanden.
✚ 196 C2
✉ 210 Thanon Rotchana
☎ 3521 2531; Fax 3524 2236;
uthong@ksc.th.com; www.uthonginn.com

KANCHANABURI

Felix River Kwai €€€
Am Westufer des Flusses Kwai liegt das Luxushotel in einem tropischen Park in unmittelbarer Nähe der berühmten Brücke (▶ 68). Zu den luxuriösen Einrichtungen gehören Fitnesscenter, Tennisplätze, zwei große Swimmingpools und mehrere Restaurants. Die Zimmer sind geräumig und mit Satellitenfernsehen und Zimmersafe ausgestattet.
✚ 196 B1 ✉ 9/1 Moo 3, Thamakhan
☎ 3451 5061; Fax 3451 5095;
felix@ksc.th.com;
www.felixriverkwai.co.th

Wohin zum ...

Jolly Frog Backpackers €

Wohnerlebnisse einer ganz anderen Art bieten die einfachen Bambusbungalows am Flussufer und die Wohnflöße. Die Unterkünfte beschränken sich auf das Notwendigste, die Atmosphäre ist jedoch unvergleichlich freundlich. Die Hauptsehenswürdigkeiten von Kanchanaburi (▶ 68f) liegen in angenehmer Nähe. Gäste sind eingeladen, im Fluss, der den schönen Park begrenzt, zu schwimmen. Das Restaurant wird auch von Gästen der umliegenden Hotels gern besucht.

✚ 196 B1
🏠 28 Soi China, Thanon Mae Nam Khwae
☎ 3451 4579; www.jollyfrog.fsnet.co.uk

Kasem Island Resort €

Das Resort befindet sich in wunderschöner Lage im Süden der Stadt auf einer schönen Insel im Fluss Mae Klong. In hübschen Strohdachhäusern und Hausbooten wohnt man in angenehmer Entfernung der betriebsamen Stadt. Die Zimmer sind gepflegt und geschmackvoll eingerichtet. Es ist ratsam, abends nicht zu lange außer Haus zu bleiben, da der Fährbetrieb an der nördlich gelegenen Anlegestelle Chukkadon nach 22 Uhr eingestellt wird.

✚ 196 B1
🏠 Kasem Island,
27 Thanon Chaichumphon
☎ 3451 3359;
kasemisland@yahoo.com

River Kwai Hotel €€

Das beliebte Hotel befindet sich in zentraler Lage, dabei in einiger Entfernung vom Fluss. Das hat den Vorteil, dass man tagsüber vom Gedröhn der Langbootmotoren und gegen Morgen vom Lärm der Diskoboote verschont bleibt. Alle Zimmer sind klimatisiert. Das JEATH War Museum (▶ 69) und der Soldatenfriedhof der Alliierten (▶ 69) liegen in der Nähe. Es gibt ein Café, eine Disko und einen Swimmingpool.

✚ 196 B1
🏠 284/3–16 Thanon Saengchuto
☎ 3451 3348; Fax 3451 1269;
rkhk@riverkwai.co.th

LOP BURI

Lop Buri Resort €€

Besucher der historischen Stadt Lop Buri bleiben selten über Nacht im Ort, wobei ihnen allerdings viel entgeht, denn Lop Buri ist einer der interessantesten Orte Zentralthailands. Das Resort ist das beste und neueste Hotel. Die Zimmer sind mit thailändischem Kunsthandwerk und Textilien ausgestattet. Jedes Zimmer ist einer der 76 Provinzen des Landes gewidmet. Zum Angebot gehören Sauna, Fitnesscenter und ein großer Swimmingpool.

✚ 196 C2
🏠 144 Thanon Phahonyothin
(gegenüber dem Lop Buri Inn Plaza)
☎ 3642 0777; Fax 3641 2010

PHITSANULOK

Bei einem Besuch der historischen Stätte Sukhothai und des Kamphaeng Phet Historical Park empfiehlt sich eine Übernachtung in Phitsanulok; man findet dort Unterkünfte von höherer Qualität als in der Umgebung von Sukhothai.

La Paloma €€

Das Hotel ist eines der gehobenen Häuser, die trotz ihrer exzellenten Ausstattung relativ preiswert sind. Es richtet sich an thailändische Familien. Komfortable Zimmer mit Klimaanlage und Satellitenfernsehen sind preisgünstig, sofern das Hotel nicht ausgebucht ist – in der Hochsaison sollte man mit doppelt so hohen Preisen rechnen. Zur Ausstattung gehören ein Swimmingpool und ein gutes Restaurant mit thailändischer Küche.

✚ 196 C3
🏠 103/8 Thanon Sithamatraipidok
☎ 5521 7930-6; Fax 5521 7937;
lapaloma@hotmail.com

Phitsanulok Thani Hotel €€

In einiger Entfernung vom Fluss liegt das große, ruhige und komfortable Hotel in angenehmer Lage und nahe am Volkskundemuseum. In der

Zentralthailand

schönen großen Foyer-Lounge wird regelmäßig Livemusik gespielt. Zu bestimmten Jahreszeiten werden hier, wie auch in einigen anderen guten Hotels der Stadt, Ermäßigungen auf Zimmerpreise gewährt. In den großen einladenden Zimmern stehen ein Kühlschrank, eine Minibar und Kabelfernsehen zur Verfügung.

+ 196 C3
✉ 39 Thanon Sanam Bin
☎ 5521 1065; Fax 5521 1071;
sale@phitsanulokthani.com

Sappraiwan Grand Hotel and Resort €€€

Das Hotel liegt idyllisch in einer Hügellandschaft 50 Kilometer nordöstlich von Phitsanulok. Die umgebende Landschaft ist von Wasserfällen, Flüssen und Dschungel geprägt. Besonders schön ist der von nur wenige Kilometer entfernte Wasserfall Kaeng Sopha. Alle Zimmer des Haupthauses blicken entweder auf den Fluss oder einen tropischen Park und sind mit Satellitenfernsehen und Holzmöbeln ausgestattet. Auf dem 150 Hektar großen Gelände gibt es kleine Chalets mit Ein- oder Zweibettzimmern. Ein Fitnesscenter, ein Swimmingpool und das Restaurant Wang Thong runden das Angebot ab.

+ 196 C3
✉ 79 Moo 2, Tambon Kaeng Sopha
☎ 5529 3293; Fax 5529 3339;
service@sappraiwanresort.co.th;
www.sappraiwanresort.co.th

Topland €€

Das große moderne Hotel liegt im Stadtzentrum und bietet schöne Zimmer und Suiten mit allem Komfort, den man von einem erstklassigen Hotel erwarten kann. In großen Marmorbädern kann man nach einem langen heißen Tag wunderbar entspannen. Das Hotel ist dem Topland Plaza Shopping Complex angegliedert. Neben dem hoteleigenen Restaurant gibt es im Einkaufszentrum mehrere gute Restaurants.

+ 196 C3 ✉ 68/33 Thanon Ekathotsarot
☎ 5524 7800; Fax 5524 7815;
phsoffice@topland.com;
www.toplandhotel.com

SUKHOTHAI

Pailyn Sukhothai €€

Mit nur 4 Kilometern Entfernung ist das Pailyn Sukhothai das dem Sukhothai Historical Park (▶ 75) am nächsten gelegene Luxushotel. Das moderne Hauptgebäude zeigt einen Hauch der traditionellen Architektur der Region. Die großen, gut ausgestatteten Zimmer sind mit thailändischen Stoffen dekoriert und blicken entweder auf den Berg Khao Luang oder auf die umliegenden Reisfelder. Das Hotel besitzt eine Disko, einen Pub und ein Restaurant.

+ 196 B3
✉ 10/2 Thanon Charodwithithong
☎ 5563 3334; Fax 5561 3317;
pailynshotel@hotmail.com

Sawaddiphong €

Die neue Stadt Sukhothai 12 Kilometer von der historischen Stätte entfernt ist nicht unbedingt für Luxusunterkünfte bekannt. Das Hotel Sawaddiphong ist ein gepflegtes, komfortables Haus in thailändischem Stil mit freundlicher Atmosphäre. Das exzellente Restaurant ist auf *suki-yaki* und andere thailändische und chinesische Speisen spezialisiert.

+ 196 B3
✉ 56/2–5 Thanon Singhawat
☎ 5561 1567

MAE SOT

Central Mae Sot Hill Hotel €€

Ein schöner Ort, um sich zu erholen. Das große und komfortable Haus verfügt über Tennisplätze, einen Swimmingpool und ein Fitnesscenter. Es liegt in der Nähe der Friendship Bridge, die über den Moei-Fluss führt und einen Grenzübergang zwischen Thailand und Myanmar bildet. Fahrten zum birmanischen Grenzort Myawadi sind möglich; aktuelle Auskünfte erhält man im Hotel.

+ 196 B3
✉ 100 Asia Road
☎ 5553 2601-8; Fax 5553 2600;
lydia@asiatravel.com;
www.centralhotelsresorts.com

Wohin zum ...
Essen und Trinken?

Preise
Die Preise gelten pro Person für ein Drei-Gänge-Menü ohne Getränke und Service:
€ unter 200 Baht   €€ 200–500 Baht   €€€ über 500 Baht

AYUTTHAYA

Chainam €
Im Chainam wird ein exzellenter thailändischer Kaffee serviert. Zu allen anderen Tageszeiten werden Thai-Gerichte von recht guter Qualität angeboten.
- 196 C2
- Thanon U-Thong Kalahom, gegenüber dem Palast Chan Kasem
- 3525 2013 tägl. 7–23 Uhr

Phae Krung Kao €€
In diesem attraktiven Floßrestaurant auf dem Fluss Pa Sak kann man sich entspannen und geruhsam dem geschäftigen Treiben auf den Flüssen zuschauen, von denen die Stadt umgeben ist. Die Spezialitäten des Restaurants sind Fischgerichte.
- 196 C2
- südlich der Brücke Pridi Damrong, Moo 2, Thanon U-Thong
- 3524 1555 tägl. 10–2 Uhr

KANCHANABURI

Mae Nam €€
Eine Anzahl schwimmender Restaurants wirbt südlich der zentral gelegenen Brücke Rattanakarn um Gäste. Das Restaurant Mae Nam ist eines der größeren und serviert eine vielfältige Auswahl an Fischgerichten. Besonders empfehlenswert ist gedünsteter Fisch mit Ingwer, Chili und Pilzen (*pla nung kling*).
- 196 B1
- am Ende der Lak Muang Road
- 3451 2811 tägl. 11–23 Uhr

PHITSANULOK

Rim Nam Food Market €
Am Fluss Nan findet man eine Anzahl von Marktständen, die für kurz gebratene Weintrauben (*phak bung loi fa*) berühmt sird. Nach dem Garen werden die Trauben aus dem Wok in hohem Bogen auf bereitstehende Teller geworfen.
- 196 C3 Thanon Phuttha Bucha
- tägl. 17–23 Uhr

Rim Nan €€
Das Floßrestaurant, dessen hervorragende Spezialität gegrilltes Rindfleisch (*neua yang*) ist, liegt am Westufer des Flusses Nan vor Anker und wirkt mit einer strahlenden Beleuchtung wie ein Vergnügungsboot. Auch in der heißen Jahreszeit herrscht auf dem Fluss eine kühle Brise, sodass man sich auf dem schwimmenden Restaurant zu jeder Tages- und Nachtzeit entspannen kann.
- 196 C3 63/2 Thanon Wang Chan
- 5525 1446
- tägl. 12–14.30, 19.30–22.30 Uhr

SUKHOTHAI

Dream Café/Antique House €€
Das urtümlich-charaktervolle Café ist mit thailändischen Kuriositäten und Antiquitäten aus dem 19. und frühen 20. Jahrhundert angefüllt. Auf der Speisekarte findet man thailändische, chinesische und europäische Gerichte sowie eine lange Liste von Kräuterschnäpsen (*lao ya dong*). Sie werden auf der Grundlage von Reisschnaps (*lao khao*) mit einer Vielfalt von Kräutern, Wurzeln, Früchten und Samen hergestellt.
- 196 B3 86/1 Thanon Singhawat
- 5561 2081
- tägl. 12–14.30, 19.30–22.30 Uhr

Zentralthailand

Wohin zum... Einkaufen?

In allen größeren Städten Zentralthailands – Ayutthaya, Kanchanaburi, Lop Buri und Phitsanulok – findet man gut sortierte Einkaufszentren.

AYUTTHAYA

Das **Bang Sai Folk Arts and Craft Centre** (Tambon Chang Yai, Bang Sai, Tel. 3536 6092) liegt 24 Kilometer südwestlich von Ayutthaya und ist ein lohnendes Ziel. Im Zentrum werden junge Einheimische in traditionellen Kunsthandwerken ausgebildet. Die meisten der angebotenen Produkte sind preiswert und von guter Qualität.

Das Einkaufszentrum **Ayutthaya Park Complex** (126 Thanon Asia, Klong Suan Plu District) liegt etwas außerhalb des Ortes. Auf einem schwimmenden Markt wird mit Souvenirs gehandelt. Im Zentrum gibt es auch ein **Tesco Lotus Supercentre**, wie sie seit neuestem überall im Land aus dem Boden sprießen.

SUKHOTHAI

Die schon im 13. Jahrhundert in der Gegend von Si Satchanalai (nördlich von Sukhothai) gebrannte **Sawankhalok-Keramik (Seladon)** wird heute noch hergestellt. In Geschäften in Sawankhalok und der Neustadt von Sukhothai findet man eine Vielfalt dieser Produkte.

Exquisite Sarongs aus dem Dorf Hat Siew werden im Museumsgeschäft des **Sathorn-Textilmuseums** (nördlicher Ortsrand von Si Satchanalai, Highway 101) angeboten. Das Dorf liegt südöstlich des neuen Ortsteils von Si Satchanalai. Die fein gemusterten Gewebe, die im Dorf hergestellt werden, gehören zu den schönsten des Landes. Das Museum selbst birgt eine interessante Sammlung von 100 Jahre alten Geweben.

Wohin zum... Ausgehen?

FESTE

Zu den Großereignissen gehört die **River-Kwai-Woche** in **Kanchanaburi** (Ende November/Anfang Dezember; ▶ 11). Die berühmte Brücke (▶ 68) wird zum Schauplatz zahlreicher Veranstaltungen, deren Höhepunkt eine Ton-und-Licht-Show ist.

Das Lichterfest **Loy Krathong** in der Vollmondnacht im späten Oktober/Mitte November findet im Sukhothai Historical Park statt, wobei die alten Bauwerke eindrucksvoll beleuchtet werden (▶ 75).

AYUTTHAYA

Im **Ayutthaya Park** (126 Thanon Asia) gibt es eine Bowlingbahn, Kinos und eine künstliche Unterwasserwelt.

AKTIVITÄTEN

Der **River Kwai Canoe Travel Service** (3/7 Soi Rong Hip Oi, Kanchanaburi, Tel. 3462 0191; riverkwaicanoe@yahoo.com) bietet Ausrüstungen und Touren an. Bei **AS Mixed Travel** (293 Thanon Mae Nam Khwae, Tel. 3451 2017; applesguesthouse@hotmail.com) kann man Mountainbike-Touren buchen.

NACHTLEBEN

In **Kanchanaburi** kann man Livemusik im **Apache Saloon** (Thanon Saengchuto) hören oder in eine der schwimmenden Diskos zum Tanzen gehen. In **Phitsanulok** gibt es Pubs und Bars (Thanon Trailokanat); bei **Jao Samran** und **Rhinestone Cowboy** spielen Livebands.

Der Norden

Erste Orientierung 88
In sechs Tagen 90
Nicht verpassen! 92
Nach Lust und Laune! 100
Wohin zum ... 104

Erste Orientierung

Die kühle Berglandschaft des nördlichen Landesteils ist ein beliebtes Ziel jeder Thailandreise. In einem fruchtbaren Tal liegt die Hauptstadt der Region, Chiang Mai, in der sich Altes und Modernes verbinden und die sich gut als Ausgangspunkt für Trekkingtouren eignet. Neben der wichtigsten Touristenattraktion, dem Nachtmarkt, findet man in der Stadt vielfältige Gelegenheiten, die Kochkunst oder sogar die Sprache der Thais zu erlernen oder sich in buddhistischer Meditation zu üben.

Chiang Mai war einst das Zentrum des Reiches Lanna (»eine Million Reisfelder«), das sich über eine von Flüssen und Wasserfällen gespeiste fruchtbare Region erstreckte. Es fiele nicht schwer, in der Umgebung der Stadt mit ihren grünen Hügeln, verstreuten Dörfern, ihrer frischen Luft und der geruhsamen Lebensweise mehrere Wochen zuzubringen.

Die nördliche Grenzregion zwischen Myanmar, Laos und Thailand ist als Goldenes Dreieck bekannt. Das bergige Dschungelgebiet war vor allem in den 1960er- und 1970er-Jahren ein berüchtigter Schauplatz des Opiumschmuggels; heute besteht die Möglichkeit, von hier aus in die Nachbarländer Thailands zu reisen. Die nördliche Region ist das »Dach Thailands«; der Doi Inthanon ist mit 2565 Metern der höchste Berg des Landes und liegt in einem Naturschutzgebiet gleichen Namens.

Angehörige der Bergstämme tragen häufig noch ihren traditionellen Kopfschmuck

Erste Orientierung

Nach Lust und Laune!
- **4** Das Goldene Dreieck ➤ 100
- **5** Chiang Saen ➤ 101
- **6** Chiang Rai ➤ 101
- **7** Kurse in Chiang Mai ➤ 102
- **8** Lamphun ➤ 103
- **9** Doi Khun Tan National Park ➤ 103

★ Nicht verpassen!
- **1** Chiang Mai ➤ 92
- **2** Trekking ➤ 95
- **3** Mae Hong Son ➤ 98

Links: Der See Jong Kham liegt inmitten der Stadt Mae Hong Son

Seite 87: Mädchen der Lisu bei der jährlichen Reisernte

Rechts: Der großartige Wat Doi Suthep in Chiang Mai

Der Norden

In der zweiten Metropole Thailands kann man zur Ruhe kommen, aus dem vielfältigen Angebot an Kunsthandwerk wählen oder zu Trekkingtouren aufbrechen.

Der Norden in sechs Tagen

Erster Tag

Vormittags

Fahren Sie über Nacht im Schlafwagen von Bangkok nach ❶ **Chiang Mai** (rechts; ➤ 92ff). Nehmen Sie sich einige Stunden Zeit, zu Fuß oder per Rad die von Wassergräben umschlossene Altstadt und ihre Wats zu erkunden. Per *tuk-tuk* fahren Sie zum **Bergstamm-Museum** (➤ 94) am Stadtrand.

Mittags

Zum Mittagessen empfiehlt sich das Restaurant Galae (➤ 106), zu dem Sie per *songthaeo* fahren können. Es liegt am Fuß des Doi Suthep, von dessen Gipfel man ganz Chiang Mai überblicken kann.

Nachmittags

Ein *songthaeo* bringt Sie zum **Wat Doi Suthep** (links; ➤ 92), dem bedeutendsten Tempel der nördlichen Region. Von dort genießt man eine überwältigende Weitsicht.

Abends

Stürzen Sie sich in das Spektakel, das man **Nachtmarkt** (➤ 93) nennt; dort können Sie Kunsthandwerkliches und Souvenirs erstehen oder einfach nur herumwandern und schauen. Zum Abendessen empfiehlt sich das Restaurant Brasserie (➤ 106), das vor allem an Wochenenden gut besucht ist. Abends ist Livemusik zu hören.

Zweiter bis vierter Tag

Brechen Sie von Chiang Mai zu einer dreitägigen ❷ **Trekkingtour** (▶ 95) auf. Bei einer solchen Tour sind täglich mehrstündige Fußmärsche zu bewältigen. Wahlweise können Elefantenritte (links) oder Floßfahrten im Programm enthalten sein. Bergdörfer sind beliebte Ziele einer Trekkingtour. Man übernachtet in Dorfhütten. Am Ende der Tour kehren Sie in den Ausgangsort Chiang Mai zurück.

Fünfter und sechster Tag

Unternehmen Sie eine Fahrt im Geländewagen (▶ 177) zu den Dörfern um ❸ **Mae Hong Son** (unten; ▶ 98f). Ausgangsort ist Chiang Mai. Wenn Sie rechtzeitig zurückkehren, können Sie eine traditionelle Show mit nordthailändischem Abendessen im Old Chiang Mai Cultural Centre (▶ 106) erleben (19–22 Uhr).

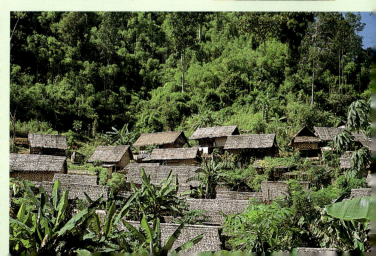

Chiang Mai

Chiang Mai ist die Provinzhauptstadt des Nordens und gilt als »zweite Hauptstadt« Thailands. In ihren Mauern stehen rund 100 Tempel. In angenehm kühlem Klima und kultivierter Atmosphäre kann man sich ausruhen, bevor man zu einer Trekkingtour aufbricht. Die von Wassergräben umschlossene und teilweise umwallte Altstadt lädt zu ausgedehnten Erkundungsgängen ein – wie auch der größte Nachtmarkt des Landes.

Wat Doi Suthep

Der Tempel am Gipfel des Doi Suthep 16 Kilometer westlich der Stadt kann per s*ongthaeo* erreicht werden. Man erzählt, dass der Standort des Tempels (14. Jahrhundert) von einem heiligen weißen Elefanten ausgesucht worden sei, der die Stelle dreimal umkreist und sich dann zum Sterben niedergelegt habe. Der Tempel ist der bedeutendste in Nordthailand. An Feiertagen werden hier Prozessionen abgehalten. Der Tempel liegt im Doi Suthep National Park.

Weitere Tempel

Eine Besichtigung aller Tempel der Stadt würde mehrere Tage in Anspruch nehmen. Die im Folgenden beschriebenen Sehenswürdigkeiten kön-

Oben: Ein aufwändig gestaltetes Detail am Dach des Wat Chiang Man

Rechts: Wat Chiang Man

Chiang Mai

nen bei einem Spaziergang durch die Altstadt besichtigt werden. Der **Wat Phra Singh** liegt am westlichen Ende der Thanon Ratchdamnoen. Die eindrucksvolle Tempelanlage, deren **Viharn Lai Kam** mit seinen Holzschnitzereien als Beispiel des klassischen Lanna-Baustils gilt, besitzt einen *chedi* aus dem 14. Jahrhundert, der die Asche des Königs Kam Fu birgt. Im Viharn befindet sich einer der drei legendären **Phra-Singh-Buddhas**, die sehr verehrt werden. Die Buddhastatue besteht aus Bronze und soll im 2. Jahrhundert auf magische Weise entstanden sein.

Unten: Wat Phra Singh mit dem berühmten Viharn Lai Kam

Der **Wat Chedi Luang** (an der Phra Pok Klao Road abseits der Thanon Ratchdamnoen) wird von den 60 Meter hohen Überresten eines *chedis* überragt. Im Tempel wurde einst der Smaragdbuddha aus dem Wat Phra Keo in Bangkok (➤ 45) verwahrt. In der Stadtsäule (*lak muang*) verehrt man den Schutzgeist der Stadt.

Das **Wat Chiang Man** (bei der Thanon Wiang Keo) ist der älteste Tempel von Chiang Mai. Im Viharn (rechts vom Haupteingang gelegen) befinden sich zwei bedeutende Buddhastatuen aus Marmor und Quarz.

Nachtmarkt

Der Nachtmarkt ist ein Einkaufsparadies voller Lack- und Silberarbeiten, Holzschnitzereien, Antiquitäten und Gewürze, neben denen man aber auch Imitate von Designerprodukten findet. Die Marktstände reihen sich an der **Chang Khlan Road** zwischen der Thanon Tha Phae und Si Don Chai aneinander. Der Markt wird gegen 18 Uhr geöffnet und schließt um 23 Uhr.

✚ 196 B4
TAT
✉ 105 Thanon Chiang Mai–Lamphun, gegenüber der Brücke Lek
☎ 5323 3334 🕐 tägl. 8.30–16.30 Uhr

Hill-Tribe Museum (Bergstamm-Museum)
✉ Ratchamangkhala Park 🕐 Mo–Fr 9–16 Uhr 💰 frei

Rechts: Wat Chedi Luang in eindrucksvoller Beleuchtung

Der Norden

Preisverhandlungen

Auf den Märkten von Chiang Mai gibt es keine festen Preise, und Verhandlungen um Preise sind ein ritualisierter Bestandteil des Handeltreibens. So beginnt ein Händler ein Verkaufsgespräch vielleicht mit einem stark überhöhten Preisangebot, auf das Sie mit einem niedrigen Angebot reagieren können, bis man sich schließlich auf halbem Wege entgegenkommt. Bleiben Sie dabei immer höflich.

Bergstamm-Museum

Fast die Hälfte der 750 000 Angehörigen der Bergstämme Thailands gehören zum Volksstamm der **Karen**. Im Verlauf der vergangenen 20 Jahre kamen etwa eine Million Flüchtlinge aus Laos, Myanmar (Birma) und Kambodscha ins Land. Drei Viertel von ihnen sind Angehörige der Karen, die von der birmanischen Militärregierung vertrieben wurden. Einer Untergruppe des Paduang-Stammes gehören die etwa 100 **Langhalsfrauen** (▶ 99) an, die in touristischen Gegenden wie in einem Zoo gehalten und gegen Entgelt zur Schau gestellt werden.

Im Bergstamm-Museum sind Ausstellungen über die Bergvölker und ihre Lebensformen, Religionen, Trachten und landwirtschaftlichen Techniken zu sehen. Allein die schöne Lage des dreigeschossigen Pavillons in einem See im Ratchamangkhala Park (am nördlichen Stadtrand von Chiang Mai) macht das Museum zu einem lohnenden Ziel. Das **kunsthandwerkliche Zentrum** im Erdgeschoss des Museums ist ebenso sehenswert.

KLEINE PAUSE

Das Restaurant **Heuan Phen** (▶ 106) in der Thanon Ratchamankha ist wegen seiner guten nordthailändischen Küche empfehlenswert. Im Restaurant **Khao Soi Islam** (▶ 106) in der Thanon Charoen Prathet Soi gibt es Speisen für Muslime.

CHIANG MAI: INSIDER-INFO

Top-Tipps: Zur Besichtigung der Altstadt können Sie **Fahrräder** leihen.
- In Zeitungsläden und Touristengeschäften bekommt man die Broschüre *Nancy Chandler's Map of Chiang Mai*, in der man detaillierte Lagepläne des Nachtmarktes und des Marktes Warorot sowie Besichtigungs- und Ausflugstipps findet.
- Wer eine Reise in der heißen Jahreszeit (April bis Juni) plant, sollte bei der Buchung darauf achten, dass das gewünschte Hotel über einen **Swimmingpool** verfügt. In Chiang Mai gibt es auch **öffentliche Schwimmbäder** (Pong Pot Swimming Pool, 72/73 Chotana Road, 7.30–20.30 Uhr).

Geheimtipp: Rekonstruktionen der unterschiedlichen Behausungen der Bergstämme sind auf dem Gelände des **Bergstamm-Museums** zu sehen.

2 Trekking

Eine der großen Attraktionen einer Reise durch Nordthailand ist die Teilnahme an einer Trekkingtour; diese Touren werden in der gesamten Region angeboten. Kaum ein Thailandreisender wird der Versuchung widerstehen können, zu Fuß durch Dschungel- und Berggebiete zu wandern, Bergdörfer zu besuchen und im Haus des Stammesoberhauptes zu übernachten.

Rechts: Elefantenritt bei Baan Meung Phen

Unten. Fußmarsch im Wald

Die Angehörigen der Bergstämme werden von den Thais oft einfach als »Bergmenschen« bezeichnet. Die einzelnen Volksstämme unterscheiden sich jedoch erheblich voneinander (▶ 20ff). Ihre Ursprünge liegen in so unterschiedlichen Ländern wie Myanmar (Karen), Tibet (Lisu, Lahu und Akha) und China (Mien und Hmong). Jeder Stamm pflegt eine eigene Sprache und Religion.

Etikette

- Wenn Sie Angehörige eines Bergstammes **fotografieren** möchten, bitten Sie zuvor um Erlaubnis, da ihnen dies in der Regel unangenehm ist. Dies betrifft insbesondere Schwangere und Mütter mit Säuglingen.
- Geschenke sollte man besser nicht mitbringen, aber Sie können den Menschen Familienfotos oder Postkarten aus der Heimat zeigen.
- Kleiden Sie sich **dezent und vollständig** (lange Ärmel, lange Hosen und Röcke).
- Paare sollten in der Öffentlichkeit **keine Zärtlichkeiten** zeigen. Diese wirken auf Angehörige der Bergstämme ebenso anstößig wie auf Thais.
- Nehmen Sie Rücksicht auf den **Glauben** der Dorfbewohner. Bei den Akha (dem ärmsten Bergstamm der Region) ist es z. B. nicht gestattet, das Eingangstor oder die »Riesenschaukel« eines Dorfes zu berühren. Gleiches gilt für Schreine, die außerdem nicht fotografiert werden dürfen.

Der Norden

Auswahl einer geeigneten Trekkingtour
Die Angebote an Trekkingtouren sind unübersehbar groß. Als Erstes sollte man sich über die eigenen Wünsche klar werden.
- **Wie viele Tage** soll die Tour dauern? Es gibt Angebote für Touren von zwei bis zu vierzehn Tagen. Üblich sind dreitägige Touren.
- Eine Anreise in entlegenere Gebiete ist mit **zusätzlichen Kosten** verbunden. Prüfen Sie vorab, welche Transportmittel eingesetzt werden.
- Beliebte Extras wie **Floßfahrten** und **Elefantenreiten** können interessant sein.
- Nach Möglichkeit sollten Sie den **Trekking-Guide** persönlich kennen lernen, bevor Sie sich für ein Angebot entscheiden. Prüfen Sie, ob die Führer etwas Englisch sprechen.
- Fragen Sie **andere Reisende** nach ihren Erfahrungen. Eine Liste lizenzierter Anbieter erhalten Sie beim TAT.
- Lassen Sie sich eine **schriftliche Bestätigung** über die im Angebot enthaltenen Leistungen und Kosten geben (z. B. Art der Verpflegung und Unterkunft).
- **Beginn und Ende der Tour** sollten exakt festgelegt sein.
- Vergewissern Sie sich, dass Ihre **Unterkunft** im Ausgangsort bei Ihrer Rückkehr wieder zur Verfügung steht.
- Lernen Sie Ihre **Mitreisenden** kennen (an einer Tour können maximal acht Personen teilnehmen).
- Erkundigen Sie sich nach den körperlichen **Anforderungen** einer Trekkingtour. Sind die Anforderungen auch nicht übermäßig hoch, so kann doch ein gewisses Maß an Sportlichkeit hilfreich sein. Beim Anbieter **S**urvival Partnership (▶ 97) gibt es eine große Bandbreite unterschiedlicher Angebote.
- An einer Trekkingtour sollten stets **zwei Guides** teilnehmen.

Trekking

TREKKING: INSIDER-INFO

Top-Tipps: Survival Partnership ist einer von wenigen Tourenveranstaltern, die die Schutzbedürftigkeit der Bergstämme und der Umwelt berücksichtigen. Eine große Vielfalt von Programmen wird angeboten, darunter Überlebenstraining im Dschungel und maßgeschneiderte Touren (12/2 Thanon Loi Kroh beim Tor Tha Pae, A Muang, Chiang Mai 50100, Tel. 5320 8099/1961 2511; udom_inthomya@hotmail.com).

Mitte rechts: Akha-Frau auf dem Morgenmarkt am Doi Mae Salong

Unten rechts: Bambusfloßfahrt auf dem Fluss Pai

Unten: Trekkingtouristen in Pa Mon Nok

Kleines Bild unten: Hütte der Akha in San Charoen Mai

Bevor man zu einer Tour aufbricht, empfiehlt sich ein Besuch des informativen **Bergstamm-Museums** (▶ 94) in Chiang Mai.

In **Chiang Mai** gibt es etwa 200 Anbieter, deren Touren das gesamte Trekkinggebiet Nordthailands abdecken. Daneben gibt es Veranstalter in **Chiang Rai**, **Pai** und **Mae Hong Son**, die zumeist Trekkingtouren in die nähere Umgebung anbieten. Touren mit anderen als den genannten Ausgangsorten sind im Allgemeinen preisgünstiger, aber oft weniger gut organisiert. Tourenveranstalter und Touristen sind gleichermaßen eifrig auf der Suche nach unbekannten Dörfern. Vor zehn Jahren galt die Gegend um Pai als touristisch unberührt; heute ist das nicht mehr so.

Angebote für einen **umweltschonenden Tourismus** nehmen zu, scheinen aber eher auf touristische Bedürfnisse nach unberührter Natur abzuzielen, als zu einem nachhaltigen Umweltschutz beizutragen. Den Anstrengungen von Seiten der thailändischen Regierung, die bei den Bergstämmen weit verbreitete Brandrodung einzuschränken, stehen keine vergleichbaren Bemühungen zur Förderung eines sanften Tourismus gegenüber.

KLEINE PAUSE

Auf einer Trekkingtour wird stets für die Verpflegung gesorgt, über die man sich vorab erkundigen kann.

3 Mae Hong Son

Mae Hong Son, poetisch als »Stadt der drei Nebel« bezeichnet, hat etwa 6000 Einwohner. Seit den 1960er-Jahren führt eine ausgebaute Straße in die Stadt, auf deren Flughafen täglich zahllose Reisende aus Chiang Mai eintreffen. Dennoch spürt man in Mae Hong Son noch immer eine Atmosphäre der Abgeschiedenheit. Die Stadt liegt in einem grünen Tal inmitten von Reisfeldern und dichten Wäldern.

Der Ort
Vor allem die reizvolle Umgebung der Stadt, die als Ausgangsort für Trekkingtouren dient, zieht zahlreiche Touristen an. In westlicher Richtung liegt der **Wat Doi Kong Mu**, von dem man unvergessliche Ausblicke über die Stadt und das Tal genießt.

Der Reiseweg
Eine **landschaftlich reizvolle Rundfahrt** (▶ 177) führt auf einer Länge von 600 Kilometern in einem weiten, verschlungenen Bogen von Chiang Mai nach Mae Hong Son. Von Mae Hong Son führt der **Highway 108** nach Chiang Mai; von dort führt die **Route 1095** nach Mae Hong Son.

Rechts: Ein *chedi* wurde zu Ehren der Königin Sirikit errichtet (Doi Inthanon National Park)

Unten: Die malerische Bergstadt Mae Hong Son schmiegt sich um den See Jong Kham

Mae Hong Son

Langhalsfrauen

Ein verstörender Anblick sind die Langhalsfrauen, die einer Untergruppe des Paduang-Stammes angehören und aus Myanmar (Birma) kamen. Die Frauen tragen schwere Messingreifen an Armen, Beinen und Hals. Die Anzahl der Ringe wird von einem jugendlichen Alter an stetig erhöht, bis der Halsreifen etwa 30 Zentimeter hoch ist. Durch den Halsreifen werden die Schlüsselbeine herabgedrückt, und der Hals wird optisch verlängert. Die Frauen werden gegen Zahlung einer Eintrittsgebühr zur Schau gestellt – hauptsächlich im 35 Kilometer nordwestlich von Mae Hong Son gelegenen Dorf Nai Soi. Es handelt sich um eine aussterbende Tradition, die in Myanmar geächtet ist und von der manche vermuten, dass sie ausschließlich als touristische Einnahmequelle am Leben gehalten wird.

Der Highway 108 windet sich in südlicher Richtung von Mae Hong Son zum viel besuchten **Doi Inthanon National Park**, in dem mehrere Hundert Vogelarten beheimatet sind. Ausgebaute Straßen führen zum Doi Inthanon, dem höchsten Berg Thailands.

Zwei *chedis* wurden anlässlich der 60. Geburtstage der Königin und des Königs errichtet. Thais kommen dorthin, um dem hochverehrten Königspaar (► 15ff) ihren Respekt zu bezeugen. Nahebei befindet sich ein Ausgangspunkt des Wanderweges **Kew Mae Pan**, auf dem man eine zweistündige Waldwanderung unternehmen kann.

Erster Zwischenstopp auf der Route 1095 ist die 8 Kilometer südöstlich von Mae Hong Son gelegene Stadt **Pai**. Der Ort am gleichnamigen Fluss strahlt Ruhe aus, verfügt über heiße Quellen und einige Einrichtungen, darunter Internetcafés und internationale Gastronomie.

In der Nähe der benachbarten kleinen Marktstadt **Soppong** liegt die bedeutendste Höhle des Gebietes, **Tham Lot**.

KLEINE PAUSE

Von der Restaurantterrasse **Golden Teak** des Hotels Imperial Tara (► 107) hat man einen schönen Blick auf den großen Park. Im Restaurant **Bai Fern** (► 107) werden Gerichte der chinesischen und thailändischen Küche serviert.

■ 196 A5
Doi Inthanon National Park
🕐 rund um die Uhr 🚌 von Chiang Mai und Mae Sariang nach Chom Thong, von dort nach Mae Klang, weiter per *songthaeo* 💰 teuer

MAE HONG SON: INSIDER-INFO

Top-Tipp: Die **ideale Jahreszeit** für eine Reise nach Nordthailand sind die Monate November bis März. In der Regenzeit zwischen Mai und Oktober wird das Reisen durch schwere Niederschläge erschwert; es kann zudem nachts empfindlich kalt werden.

Muss nicht sein! Die nördlich von Mae Hong Son gelegene »**Fischhöhle**« ist wenig eindrucksvoll.

Nach Lust und Laune!

4 Das Goldene Dreieck

Das durch große Schilder gekennzeichnete Gebiet wird von den Grenzen zwischen Thailand, Myanmar (Birma) und Laos und dem Zusammenfluss der Grenzflüsse Ruak und Mekong gebildet.

Scharen von Touristen kommen jeden Tag in das Dorf **Sop Ruak**, in dem es folglich zahlreiche Souvenirstände und einige elegante Hotels gibt. Das **Opiummuseum** vermittelt Einblicke in Anbau, Herstellung und Konsum der Drogenpflanze, die trotz der staatlichen Förderung anderer Nutzpflanzen bis heute eine Haupteinnahmequelle darstellt.

Ein Aufstieg zum oberhalb des Dorfes gelegenen Bergtempel **Wat Phra That Phu Khao** wird mit einem schönen Rundblick belohnt, der sich über den Zusammenfluss von Ruak und Mekong und die birmanischen Berge erstreckt.

Auf dem Mekong kann man eine **Fahrt im Langboot** unternehmen und einen kurzen Blick auf Laos werfen. Auf birmanischer Seite sieht man das Golden Triangle Paradise Resort. Es gehörte Khun Sa, dem einstigen

Chef der Shan-Armee, die Drogenhandel und -produktion in der Region kontrollierte. Der Volksstamm der Shan kämpfte lange Zeit mit Waffengewalt um seine Unabhängigkeit von Birma.

✠ 196 C5
Opium Museum
✉ 30-km-Schild; südöstlich von Sop Ruak
⊙ tägl. 7–18 Uhr 💰 preiswert

Blick über den Grenzfluss Mekong nach Laos

Opium

Der Anbau des Schlafmohns und der Handel mit dem daraus gewonnenen Opium ist in der Vorstellung der meisten Menschen untrennbar mit dem Goldenen Dreieck verbunden. Obwohl der Mohnanbau bereits seit 1959 illegal ist, verzeichnete man erst in den letzten Jahren einen deutlichen Rückgang des Anbaus, der vor allem auf Maßnahmen der thailändischen Regierung zurückgeht. Der Drogenkonsum unter den Bergstämmen ist jedoch noch immer beträchtlich; in Nordthailand wird nach wie vor Mohn angebaut. Die Herstellung von Heroin hat sich nach Laos und Myanmar verlagert.

Nach Lust und Laune!

5 Chiang Saen

Die kleine Siedlung am Mekong liegt am Knotenpunkt einer alten Handelsroute zwischen Laos und China. Es gibt zwei gut erhaltene **Tempelanlagen** aus dem 14. Jahrhundert sowie ein **Nationalmuseum**. Der Ort war einst die Hauptstadt eines Königreiches. Auf dem Mekong geht es lebhaft zu; Schiffe aus China und Laos befahren den Wasserweg. 1804 wurde der Ort von den Birmanen zerstört und existiert in seiner jetzigen Erscheinung seit etwa 100 Jahren. Im Nationalmuseum sind einige Buddhafiguren und andere interessante Kunstgegenstände zu sehen.

🗺 196 C5
Nationalmuseum
🕐 März–Dez. Mi–So 9–16 Uhr; Jan. und Feb. tägl.
💰 preiswert

6 Chiang Rai

Die einstige Hauptstadt des Nordens, am Fluss Kok gelegen, hat sich in den vergangenen Jahren zu einem touristischen Zentrum entwickelt. Der **Wat Phra That Doi** ist vor allem wegen einer hölzernen Säule (*lak muang*), Wohnsitz des Schutzgeistes der Stadt, einen Besuch wert. Ebenfalls sehens-

Blumenkultur am Doi Tung bei Chiang Rai

wert ist das **Wat Phra Keo**, in dem der berühmte Smaragdbuddha (➤ 45) entdeckt wurde. Kunsthandwerkliche Läden, ein **Bergstamm-Museum** und ein Nachtmarkt sind weitere Sehenswürdigkeiten der Stadt, die aber hauptsächlich als Ausgangsort für Trekkingtouren in die Umgebung dient.

🗺 196 B5
TAT
✉ 448/16 Thanon Singhakai
☎ 5371 7433 🕐 tägl. 8.30–16.30 Uhr

Hill-Tribe Museum (Bergstamm-Museum)
✉ 620 Thanon Tanalai ☎ 5371 9167
🕐 tägl. 9–20 Uhr 💰 preiswert

Der Norden

Für Kinder
- Im **National Elephant Conservation Centre**, 40 Kilometer nordwestlich von Lampang gelegen, werden die natürlichen Fähigkeiten der Tiere in artgerechter Umgebung ausgebildet und vorgestellt. Die Shows beginnen Mo bis Fr um 9.30 und 11 Uhr und Sa bis So um 14 Uhr. Von März bis Mai und an religiösen Feiertagen ist das Elefantenzentrum geschlossen. Informationen unter Tel. 5422 7051.
- Das Besucherzentrum des **Doi Inthanon National Park** zeigt Vorführungen über Tiere des Parks, die sich an ein jüngeres Publikum richten.
- **Bootsfahrten** auf dem Fluss Pai nahe der Grenze zu Myanmar starten in Huai Deua bei Nai Soi.
- Etwas außerhalb der Stadt liegt der **Zoo von Chiang Mai** (8–19 Uhr, Einlass spätestens 17 Uhr; preiswert).

7 Kurse in Chiang Mai

In den Kochkursen lernt man, sich im Warenangebot eines thailändischen Marktes zurechtzufinden, Blumen und Figuren aus Obst und Gemüse zu schnitzen und Rezepte mit Zutaten wie Kokosmilch, feurigen Chilis oder mildem Basilikum nachzukochen.

Der vergoldete chedi des Wat Phra That Haripunchai in Lamphun

Die **Chiang Mai Thai Cookery School** ist die älteste und beste Kochschule, die in der Stadt bereits zahlreiche Nachfolger gefunden hat. Angeboten werden ein- oder auch mehrtägige Kurse.

Wer kulinarischen Experimenten nichts abgewinnen kann, interessiert sich vielleicht für eine sprachliche oder spirituelle Annäherung an Thailand: **Sprach-, Massage- und Meditationskurse** von bis zu einem Monat Dauer werden angeboten. Die nachfolgend genannten Schulen zählen zu den renommierten Schulen.

🔳 196 B4

Chiang Mai Thai Cookery School
✉ 1–3 Thanon Mun Muang
☎ 5320 6388 💰 teuer

AUA Language School
✉ 73 Thanon Ratchdamnoen I
☎ 5321 1377 💰 teuer

Old Medicine Hospital (Massage)
✉ Soi Siwaka Komarat, gegenüber dem Old Chiang Mai Cultural Centre
☎ 5327 5085 💰 teuer

Northern Insight Meditation Centre
✉ Wat Ram Poeng, Thanon Canal
☎ 5327 8620
ⓘ ausschließlich einmonatige Vipassana-Kurse 💰 teuer

Nach Lust und Laune! 103

8 Lamphun

Die stille Stadt inmitten von Reisfeldern liegt am Fluss Kuang und ist ein schönes Ziel für einen Tagesausflug vom 26 Kilometer entfernten Chiang Mai. Lamphun war von 750 bis 1281 die Hauptstadt des Mon-Königreichs Haripunchai und besitzt zahlreiche Tempel aus jener Zeit.

Der **Wat Phra That Haripunchai** wurde vermutlich im 11. Jahrhundert gegründet. Der 46 Meter hohe *chedi* **Suwan** der Tempelanlage stammt aus dem 15. Jahrhundert und ist vollständig vergoldet. Ein kleines **Nationalmuseum** beherbergt eine Sammlung religiöser Kunstgegenstände, darunter einige Buddhas. Der **Wat Chama Thewi** (Wat Kukut) am anderen Ende der Stadt besitzt zwei der ältesten *chedis* des Landes.

 196 B4
Nationalmuseum
 Mi–So 9–12, 13–16 Uhr
 preiswert

Blumenladen beim Eingang zum Doi Khun Tan National Park
Unten: Eine von 1300 Orchideenarten

9 Doi Khun Tan National Park

Der Nationalpark dehnt sich auf einer Fläche von 225 Quadratkilometern über Bambus-, Monsun- und Bergkiefernwälder aus. In seinen Grenzen liegt der 1363 Meter hohe **Doi Khun Tan**, der für seinen Reichtum an Wildblumen, vor allem Orchideen, berühmt ist. Obgleich der Park leicht von Chiang Mai aus zu erreichen ist, hat er im Vergleich zu anderen Naturschutzgebieten weniger Besucher; nur an Wochenenden und Feiertagen steigen die Zahlen ein wenig an. Züge fahren von Chiang Mai zur Bahnstation des Nationalparks. Die Bahnlinie führt durch einen **Tunnel**, der mit 1362 Metern der längste Tunnel des Landes ist. Wanderwege führen durch den Nationalpark und zum Gipfel. Es gibt Bungalows und Campingplätze.

 196 B4 5524 2492
 teuer

Von Mae Sot nach Tachilek/ Myanmar (Birma)

Der Übergang vom nordthailändischen Ort Mae Sot zum birmanischen Grenzort Tachilek verläuft auf einer Brücke über den Ruak und ist erst seit kurzem für Touristen freigegeben. Wegen der im Grenzland herrschenden kriegerischen Spannungen wird Besuchern häufig von einer Reise nach Myanmar abgeraten. Noch heute ist die Grenze zeitweilig geschlossen. Informationen erhält man bei der birmanischen Botschaft (116 Thanon Sathorn Nua, Bangkok, Tel. 2234 2258) oder einem örtlichen Reisebüro. Tagestouren sind gegen eine Gebühr von 5 US-$ möglich; auf birmanischer Seite wird die thailändische Währung akzeptiert. Auf beiden Seiten der Grenze finden farbenfrohe Märkte statt. Ein Aufenthalt von bis zu zwei Wochen Dauer ist gegen eine Gebühr von 10 US-$ (bei Umtausch von 100 US-$) gestattet. Es gibt Angebote für viertägige Touren nach Kengtung.

104 Der Norden

Wohin zum … Übernachten?

Preise
Für ein Doppelzimmer gelten folgende Preise:
€ unter 1000 Baht €€ 1000–4000 Baht €€€ über 4000 Baht

CHIANG MAI

Amari Rincome €€
Dieses Hotel gehört zu den älteren Häusern der Stadt und ist mit schönen kunsthandwerklichen Stücken aus der Region geschmackvoll dekoriert. Es ist eine gute Wahl für Familien mit Kindern und verfügt über einen der schönsten Swimmingpools von Chiang Mai. Das Hotel ist für seine preiswerten Mittagsbüfetts berühmt und bietet auch zahlreiche internationale Gerichte.

✚ 202 A3
✉ 1 Thanon Nimmanhaemin
☎ 5389 4884-93; Fax 5322 1915;
rincome@amari.com;
www.amari.com

Chiang Mai Gate €
Das ruhige Guesthouse in ungewöhnlicher Lage im Herzen des alten Silberschmiedeviertels Wua Lai besitzt schöne Zimmer in traditionell nordthailändischem Stil. Obwohl das Haus ein wenig abseits der üblichen Touristenpfade liegt, ist es von dort nur in einem kurzen Spaziergang zum alten Südtor der Stadt. Ebenfalls nur wenige Gehminuten entfernt ist das Viertel um Moon Muang und Thanon Thapae mit ihren Bars und Restaurants.

✚ 202 C1
✉ 11/10 Thanon Suriwong
☎ 5320 3895; Fax 5327 9085;
cmgate@chiangmai-online.com

Lai Thai Guesthouse €
Wenn Sie planen, zum Neujahrsfest (Songkhran) im April (▶ 10) nach Chiang Mai zu kommen, und es Ihnen nichts ausmacht, drei Tage lang beständig durchnässt zu werden, dann ist Ihnen das Lai Thai Guesthouse zu empfehlen. Es liegt nahe der Stadtmauer und bietet preiswerte, angenehm schlichte Unterkünfte.

✚ 202 C2
✉ 111/4–5 Thanon Kotchasan
☎ 5327 1725; Fax 5327 2724

Regent Resort Chiang Mai €€€
Das Resort liegt im grandiosen Mae Sa Valley und ist von einem 8 Hektar großen Park umgeben. Die Umgebung ist von zwei kleinen Seen und terrassierten Reisfeldern geprägt, auf denen Wasserbüffel eingesetzt werden. Große Bungalows sowie dreiund viergeschossige Villen mit 13 prunkvollen Wohnsuiten liegen auf dem Gelände verstreut. Die geräumigen Bungalows sind mit kostbaren thailändischen Stoffen dekoriert. In den Wohnsuiten, zu denen jeweils ein Swimmingpool oder ein Penthouse gehören, gibt es Wohn-, Schlaf- und Kinderzimmer. In den Villen sind Haushälter/innen anwesend.

✚ 196 B4
✉ Mae Rim–Samoeng Old Road
☎ 5329 8181; Fax 5329 8190;
rcm.reservation@fourseasons.com;
www.fourseasons.com

River View Lodge €
Das Hotel am Fluss Ping wirkt fast wie ein schweizerisches Chalet. Es ist abgelegen und befindet sich doch im Herzen von Chiang Mai. Die komfortablen Zimmer sind im traditionellen Stil der Region Lanna gestaltet: Wandbehänge aus heimischen Stoffen, niedrige Rattanticshe und Lampions aus Holz oder Papier. Einige Zimmer haben einen Balkon mit Blick auf den Fluss. Das Hotel liegt am Ende einer ruhigen kleinen Straße, aber nicht allzu weit vom berühmten Nachtmarkt (▶ 93) entfernt.

✚ 202 D2
✉ 25 Thanon Charoen Prathet, Soi 2
☎ 5327 1110; Fax 5327 9019

Wohin zum ...

Westin Riverside Plaza Chiang Mai €€€

In reizvoller Lage am Fluss Ping findet man das Spitzenhotel von Chiang Mai. Obwohl es etwas abseits des Stadtzentrums liegt, genießt man vom 24-geschossigen Hotelturm einen schönen Blick auf Chiang Mai und das umliegende Tal. Die Zimmer sind die teuersten und exklusivsten der Stadt. Als Gäste des Hotels wurden schon der chinesische Staatspräsident, Hillary Clinton oder der Kronprinz von Brunei begrüßt. Alle Zimmer sind in modernem Thai-Stil gestaltet und mit Minibar, Satellitenfernsehen und Kaffeebereitern ausgestattet.

202 D1
318/1 Thanon Chiang Mai–Lamphun
5327 5300; Fax 5327 5299;
westincm@loxinfo.co.th

MAE HONG SON

Imperial Tara €€

In schöner Lage inmitten eines ausgedehnten tropischen Parks befindet sich das Resort am südlichen Stadtrand und bietet eine unvergleichliche Ruhe und Stille. Mae Hong Son ist eine geruhsame und entspannte Stadt, deren Atmosphäre sich im Resort vollkommen widerspiegelt. Die Zimmer sind in nordthailändischen Stil mit birmanischem Einschlag gestaltet. Die Restaurantterrasse blickt auf den großen Park und einen kleinen Fluss.

196 A5
149 Moo 8, Tambon Pang Moo
5361 1272; Fax 5361 1252;
taramaehongson@imperialhotels.com;
www.imperialhotels.com

GOLDENES DREIECK/SOP RUAK

Le Meridien Baan Boran €€€

Eine romantische Lage ist kaum vorstellbar: Das Resort liegt am Zusammenfluss von Mekong und Ruak inmitten des Länderdreiecks von Thailand, Laos und Myanmar (Birma). Im luxuriösen Resort verbindet sich der klassische nordthailändische Stil mit modernem Design. Das Hotel im Herzen des Goldenen Dreiecks ist von Bambuswäldern und einer 160 Hektar großen Parkanlage umgeben. Alle Zimmer bieten einen großartigen Blick nach Laos und Myanmar. Es gibt Angebote für Mountainbike-Touren, Elefantenreiten und Fahrten im Langboot auf dem Mekong.

196 C5
Goldenes Dreieck, Distrikt Chiang Saen, Provinz Chiang Rai
5378 4084; Fax 5378 4090;
lmbboran@loxinfo.co.th;
www.lemeridien.co.th

CHIANG RAI

Dusit Island Resort €€

Das Resort gilt, obwohl groß und etwas unpersönlich, als das beste Hotel in Chiang Rai. Es liegt auf einer Insel im Fluss Kok. Alle Zimmer haben einen wunderschönen Blick auf das umliegende Tal und den Hotelpark. Es gibt eine Anzahl guter Restaurants; das chinesische Restaurant Chinatown ist aber zweifellos das beste von allen.

196 B5
1129 Thanon Kraisorasit
5371 5777;
Fax 5371 5801; chiangrai@dusit.com;
www.dusit.com

Golden Triangle Inn €

Das preiswerte, hübsche Hotel liegt in bequemer Nähe zum Stadtzentrum von Chiang Rai. Modernität und Tradition werden auf geschickte Art verbunden. Die großen Zimmer sind klimatisiert. Ein amerikanisches Frühstück ist im Preis enthalten. Auf dem reizvollen Parkgelände liegt ein sorgfältig gepflegter japanisch-thailändischer Garten. An Wochenenden ist im hoteleigenen Café die traditionelle Musik der Region Lanna zu hören – unaufdringliche Klänge von Saiten- und xylophonartigen Instrumenten. Auf dem Gelände befinden sich ein nützliches Reisebüro und eine Mietwagenagentur.

196 B5
590 Thanon Phahonyothin
5371 6996;
Fax 5371 3963

Der Norden

Wohin zum …
Essen und Trinken?

Preise
Die Preise gelten pro Person für ein Drei-Gänge-Menü ohne Getränke und Service:
€ unter 200 Baht   €€ 200–500 Baht   €€€ über 500 Baht

In Nordthailand hat sich die kulinarische Tradition des einstigen machtvollen Königreichs Lanna weitervererbt. Sie zeichnet sich durch größere Schärfe und Einflüsse aus Myanmar und der chinesischen Provinz Yünnan aus. In Chiang Mai, der größten Stadt des Nordens, ist die Vielfalt und Qualität der Restaurants am größten.

CHIANG MAI

Brasserie €€
Eine perfekte Lage am Ostufer des Flusses Ping nahe der Nawarat-Brücke macht dieses Restaurant besonders reizvoll. An dem Flussabschnitt haben sich mehrere Restaurants etabliert, von denen sich das Restaurant Brasserie durch eine vielfältige thailändische und europäische Speisekarte und durch Livemusik abhebt.
✚ 202 D2 ✉ 37 Thanon Charoen Rat
☎ 5324 1665
🕐 tägl. 10–1 Uhr

Galae €€
Im Galae herrscht besonders am frühen Abend eine unvergleichliche Atmosphäre. Das Restaurant bietet einen grandiosen Blick auf die Stadt. Die Speisekarte setzt sich aus mittel- und nordthailändischen Gerichten zusammen. Eine der Spezialitäten des Hauses ist gebratenes Hühnerfleisch mit Kräutern (*kai galae*).
✚ 202 A2
✉ 65 Thanon Suthep
☎ 5327 8655
🕐 tägl. 10–21 Uhr

Heuan Phen €
Ausgezeichnete nordthailändische Gerichte werden tagsüber im Haupthaus und nachts in einem alten Holzhaus auf der Rückseite serviert. Zu den Spezialitäten gehört u. a. Schweinehackfleisch mit Tomaten und Chili (*nam phrik ong*, eine Art thailändische Bolognesesoße).
✚ 202 C2 ✉ 112 Thanon Ratchamankha
☎ 5327 7103
🕐 tägl. 8–15, 17–21.30 Uhr

Khao Soi Islam €
In dem schlichten muslimischen Restaurant wird das weitaus beste *khao soi* serviert (ein Nudelgericht, das von Karawanen über China nach Thailand eingeführt wurde). Dabei werden Nudeln aus Weizengrieß in einer Hühner- oder Rinderbrühe mit roten Zwiebeln, eingelegtem Kohl, Limonensaft und Sojasoße serviert. Außerdem gibt es *satay* mit Hühner- oder Rindfleisch, *samosa* und *biriyani* mit Hammelfleisch.
✚ 202 D2
✉ Thanon Charoen Prathet, Soi 1
🕐 tägl. 8–15 Uhr

Old Chiang Mai Cultural Centre €€
Das Kulturzentrum serviert traditionelle Küche zu klassischer Thai-Musik mit Tanz. Das Zentrum ist in mehreren Teakholzhäusern untergebracht. Die Speisen werden auf einem niedrigen Tablettisch (*khantoke*) angerichtet. Zu den Gerichten der mittelthailändischen Küche gehören *nam prik ong* (Schweinehackfleisch und Tomaten), *kaeng hang lay* (Schweinefleisch mit Curry, Ingwer und Erdnüssen) und *khaep mu* (knusprig gebratener Speck).
✚ 202 B1 ✉ 185/3 Thanon Wualai
☎ 5320 2993-5 🕐 tägl. 7–22 Uhr

Wohin zum ...

Rainforest €€

Das große Restaurant mit Garten und Karpfenteich liegt am südlichen Stadtrand etwas abseits der Straße nach Hang Dong. Hier werden Speisen der mittel- und nordthailändischen Küche serviert.

✚ 202 bei B1
✉ 181 Thanon Chiang Mai-Hot, Tambon Nong Khwai
☎ 5344 1908 ⏰ tägl. 10–23 Uhr

LAMPANG

Riverside Bar/Restaurant €€

Im Restaurant am Ufer des Flusses Yom werden exzellente Thai-Gerichte serviert. Die Atmosphäre des Hauses wird vor allem von der Nähe zum Fluss geprägt. Die Spezialität des Hauses sind Meerestiere, aber auch andere Speisen der Thai-Küche. Besonders zu empfehlen ist gebratenes Hühnerfleisch mit Cashewnüssen. An den meisten Abenden ist Thai-Musik live zu hören.

✚ 196 B4 ✉ 328 Thanon Tipchang
☎ 5431 5286 ⏰ 11–24 Uhr

MAE HONG SON

Bai Fern €€

Eine hervorragende Auswahl thailändischer und chinesischer Gerichte wird in diesem schönen alten Holzhaus serviert. Die Atmosphäre ist freundlich, das schöne Ambiente wird durch die Wanddekoration noch verstärkt. Das Restaurant, eines der empfehlenswertesten der Stadt, besitzt eine schöne, von Kerzen beleuchtete Terrasse.

✚ 196 A5 ✉ Thanon Khunlum Praphat
☎ 5361 1374 ⏰ tägl. 7–22 Uhr

Golden Teak Restaurant €€

Das Restaurant gehört zum anspruchsvollen Hotelkomplex Imperial Tara (▶ 105). Auf der Speisekarte stehen auch thailändische Gerichte – aber wenn Sie sich nach einem europäischen Essen sehnen, sind Sie hier genau richtig; das europäische Frühstück ist besonders gut.

✚ 196 A5
✉ 149 Moo 8, Tambon Pang Moo
☎ 5361 1021-5 ⏰ tägl. 7–24 Uhr

GOLDENES DREIECK/SOP RUAK

Border View €€

Thailändische und chinesische Speisen werden auch auf einer schönen Terrasse mit Blick auf den Mekong gereicht. Das Restaurant liegt im Herzen des Goldenen Dreiecks. Die Köche verstehen sich außerdem auf europäische Gerichte.

✚ 196 C5 ✉ 222 Golden Triangle
☎ 5378 4001 ⏰ tägl. 7–24 Uhr

CHIANG RAI

Mae Ui Khiaw €€

In der Nähe des Stadtzentrums findet man das Restaurant mit der besten nordthailändischen Küche. Klassische Gerichte werden angeboten, u. a. scharf gewürzte Tomaten, Schweinefleisch mit Curry oder Ingwercurry, verschiedene Dips mit Chili. Die Atmosphäre ist angenehm, die Bedienung freundlich und die Küche authentisch.

✚ 196 B5 ✉ 1064/1 Thanon Sanambin
☎ 5375 3173 ⏰ tägl. 7–21 Uhr

Haw Naliga €

Das Restaurant liegt beim zentralen Uhrturm von Chiang Rai. Es ist auch spät in der Nacht noch gut besucht (und schließt erst in den frühen Morgenstunden). Besonders an kalten Abenden ist ein wärmendes Gericht zu empfehlen: Schweinefleisch mit eingelegtem Kohl und gekochten Eiern (khao kaa moo).

✚ 196 B5
✉ 402/1–2 Thanon Banprakhan
⏰ tägl. ab 7 Uhr

Yoongthong €€

Das anspruchsvolle Restaurant des Hotels Wangcome bietet eine große Auswahl aus der chinesischen und thailändischen Küche. Die thailändische Speisekarte ist umfangreich; sie umfasst Gerichte der zentralen, nördlichen und südlichen Regionen. Auch die chinesische Speisekarte ist zu empfehlen, wie die zahlreichen chinesischen Gäste bezeugen.

✚ 196 B5
✉ 869/90 Thanon Pemavibhata
☎ 5371 2973 ⏰ tägl. 7–1 Uhr

Der Norden

Wohin zum... Einkaufen?

Die schönsten Einkaufsmöglichkeiten findet man in der Provinzhauptstadt Chiang Mai, die auch als Einkaufsmetropole der Region gilt.

CHIANG MAI

Der **Nachtmarkt** (Thanon Chang Khlan, tägl. 18–23 Uhr; ▶ 93) ist ein Einkaufsparadies.

Für einen Einkaufsausflug außerhalb der Stadt sind das Dorf **Baw Sang** und die **Straße nach Sankhamphaeng** zu empfehlen, wo man zahlreiche Ausstellungsräume, Werkstätten und Exportzentren findet, die Produkte in hoher Qualität anbieten. Besonders beachtenswert sind die berühmten Schirme aus Bor Sang.

Südlich von Chiang Mai liegt an der Route 108 das kunsthandwerkliche Zentrum **Hang Dong**, in dem Holzschnitzereien und Rattanmöbel hergestellt werden.

Südlich des Tores Tha Pae liegt das alte Silberschmiedeviertel mit der Hauptstraße **Thanon Wua Lai**. Die Straße ist von den Läden der Silberschmiede gesäumt.

Der **Markt Warorot**, im Mittelpunkt des lebhaften Geschäftsviertels der Stadt gelegen, ist der örtliche Hauptmarkt. Dort findet man Lebensmittel aus der Region, exotische Früchte und importierte Waren.

Unter der Schirmherrschaft König Bhumibols steht das **Hill Tribe Products Promotion Centre** (21/7 Thanon Suthep, Wat Suan Dok, Tel. 5327 7743), in dem Erzeugnisse der Bergstämme, wie z. B. Kleidungsstücke, Taschen, Schmuck, Decken und Körbe, angeboten werden.

Die besten Kaufhäuser der Stadt sind **Robinson Airport** (2 Thanon Mahidon, Tel. 5320 3640) und **Central** (99/4 Moo 2, Thanon Huay Keo, Tel. 5322 4999); beide warten mit einem großen Warenangebot auf.

Wohin zum... Ausgehen?

NACHTLEBEN IN CHIANG MAI

Ein echt englisches Pub empfiehlt sich für einen abendlichen Drink: **The Pub** (189 Thanon Huay Keo, Tel. 5321 1550). Das junge thailändische Publikum bevorzugt Lokale im Art-déco-Stil wie **Fine Thanks Pub** (119 Thanon Nimmanhaemin, Tel. 5321 3605). Ähnlich im Stil und ein Muss für Liebhaber jazziger Livemusik ist **The Good View** (13 Thanon Charoenrat, Tel. 5324 1866). Das beliebte und sehr empfehlenswerte Lokal liegt am Fluss.

The Peak (Thanon Chang Khlan, Tel. 5382 0776) bietet eine andere Art der Unterhaltung. Eine künstliche Klippe fordert Unerschrockene zu einer Bergbesteigung heraus. Um das Gebilde gruppieren sich Bars und Restaurants.

Bubbles Disco (46–48 Thanon Charoen Prathet, Tel. 5327 0099) zieht allabendlich thailändische und ausländische Gäste an. Unentwegten Nachtschwärmern ist das elegante **Gi Gi's** (68/2 Chiang Mai-Lamphun Road, Tel. 5330 2340) zu empfehlen.

TREKKING

Eine **Trekkingtour** zu einem Bergdorf ist die Hauptattraktion einer Reise nach Nordthailand. Teilnehmer einer solchen Tour sollten sich auf tägliche Fußmärsche von 3 bis 5 Stunden Dauer einstellen. In Chiang Mai gibt es zahlreiche Tourenveranstalter, u. a. **Golden Tour North** (17/3 Thanon Charoen Prathet, Tel. 5327 0131) und **The Trekking Collective** (25/1 Thanon Ratchawithi, Tel. 5341 9079).

Ostküste

Erste Orientierung 110
In fünf Tagen 112
Nicht verpassen! 114
Nach Lust und Laune! 120
Wohin zum … 122

Ostküste

Erste Orientierung

Die Ostküste bildet eine Halbinsel im Golf von Thailand und wird auf östlicher Seite von Kambodscha begrenzt. Dieser Landesteil ist vielfältig und reizvoll. Die vor der zerklüfteten Küste liegenden Inseln sind im Vergleich mit den südlichen Urlaubsgebieten touristisch weniger erschlossen. Dabei liegt die Region näher an Bangkok, ihre Inseln bestechen durch blendend weiße Strände, einen eingeschränkten Straßenverkehr und eine allgemein friedlichere Atmosphäre.

Hier sind sehr vielfältige Landschaften zu entdecken: die felsige Fischerinsel Ko Si Chang und die von Wäldern bedeckten Naturschutzgebiete auf Ko Chang und Ko Samet. Die Strände der Festlandküste haben wenig Anziehendes; sie leiden unter der Ölverschmutzung durch Industrieanlagen. Bei Zeitmangel empfiehlt sich eine Zugfahrt entlang der Küste mit Halt in Pattaya und Überfahrt nach Ko Si Chang.

Ein Aufenthalt an der Ostküste bedeutet reine Entspannung, obgleich sie auch für Aktivurlauber einiges zu bieten hat: Tauchen, Trekking im Regenwald und Wassersport im internationalen Seebad Pattaya. Im Binnenland verborgen liegen Chanthaburi, die Hauptstadt des Edelsteinhandels, und der Khao Yai National Park, der an zwei weitere Naturschutzgebiete (Thap Lan und Pang Sida) angrenzt. Markierte Wanderwege führen durch den Nationalpark.

Links: Fischerboote im Dorf Bang Bao, Ko Chang

Erste Orientierung

★ Nicht verpassen!
1. Ko Chang ➤ 114
2. Ko Samet ➤ 117

Nach Lust und Laune!
3. Chanthaburi ➤ 120
4. Pattaya ➤ 120
5. Ko Si Chang ➤ 121
6. Khao Yai National Park ➤ 121

Speedboat-Fahrten sind nur eine der zahlreichen Wassersportmöglichkeiten in Pattaya

Seite 109: Rauschende Palmwipfel säumen die Strände der Ostküste

Ostküste

Die Nationalparkinseln Ko Chang und Ko Samet verführen zur Entspannung: In Chanthaburi können Sie weltberühmte Nudeln kosten und dem emsigen Treiben des Edelsteinhandels zuschauen.

Die Ostküste in fünf Tagen

Erster Tag

Vormittags
Ausgangspunkt Ihrer Tour ist ❶ **Ko Chang** (unten; ➤ 114ff). Frühmorgens wandern Sie vom Strand Hat Sai Kao durch dichten Regenwald zum **Khlong-Phu-Wasserfall**, dessen Wasserbecken zu einem Bad in malerischer Umgebung verlocken. Kehren Sie zum Strand zurück, und suchen Sie sich eines der vielen Restaurants für ein mittägliches Fischgericht aus.

Nachmittags und abends
Bei einem Strandspaziergang am **Hat Sai Kao** kann man geruhsam durch weißen Sand stapfen. Ruhen Sie sich anschließend in einer Hängematte aus, oder genießen Sie eine Massage unter Palmen. Strandbarbecues veranstaltet das Restaurant der Mac-Bungalows am Hat Sai Kao. Wählen Sie aus dem fangfrischen, eisgekühlten Angebot vielleicht einen Barrakuda oder Riesengarnelen, dazu eine Marinade, nach Wunsch mit Limonensaft, Chili oder Knoblauch, und einen Bananencocktail mit Rum.

Zweiter Tag

Nehmen Sie an einer Urwaldwanderung mit Führung teil, die Sie in das Hinterland von **Ko Chang** (➤ 114ff) führt. Man kann die Insel an einem Tag zu Fuß durchqueren. Schnorchel- oder Tauchgänge sind auch möglich.

Dritter Tag

Vormittags
Eine Fähre bringt Sie zum Festland. Per *songthaeo* fahren Sie nach ❸ **Chanthaburi** (► 120). Besichtigen Sie die katholische Kathedrale (rechts), und beobachten Sie die Saphir- und Rubinhändler in der Thanon Si Chan und Thanon Trok Kachang.

Nachmittags
Per Bus und Fähre reisen Sie zur kleinen Insel ❷ **Ko Samet** (► 117ff), deren weißsandige Strände von Palmen umrahmt werden.

Vierter Tag

Vormittags
Entspannen Sie sich an einem der östlichen **Strände von Ko Samet**. Die Strände sind umso stiller, je weiter man nach Süden kommt. Am Strand von Ao Nuan gibt es ein angenehmes Restaurant gleichen Namens. Dort werden gute thailändische und vegetarische Gerichte serviert.

Nachmittags
Wandern Sie an der felsigen Küste entlang, an der einige schöne Strände zu finden sind. Auf der **westlichen Seite** der Insel kann man den Besucherströmen entkommen (die Insel ist nur wenige Kilometer breit). Verzichten Sie aber auf unsichere Kletterpartien über die Klippe zum Meer!

Fünfter Tag

Vormittags und nachmittags
Die Küsten von Ko Mak, Ko Kham und Ko Kut eignen sich gut für **Angel- und Schnorchelausflüge** (oben; ► 119).

Abends
Zum Abendessen können Sie zwischen den zahlreichen Restaurants am **Hat Sai Kao** (► 117) wählen.

Ko Chang

Leuchtend bunt bemalte Fischerboote bringen Passagiere vom Festland nach Ko Chang, von dessen Anlegestelle hölzerne *songthaeos* auf der gewundenen Straße steil bergauf knattern. Die Insel, deren bergiges Land von Urwald bedeckt ist, besitzt schäumende Wasserfälle und reißende Flüsse. Fischerhütten und lange, feinsandige Strände säumen die Küste. Auf Wanderwegen ist ein unberührtes Hinterland zu entdecken.

Fischrestaurants im Dorf Bang Bao

Strandaktivitäten
- Probieren Sie eine **Thai-Massage** am Strand aus.
- Genießen Sie ein **Abendessen** bei Kerzenlicht am Strand.
- Trinken Sie einen **Cocktail** unter einem bunt beleuchteten Baum.
- Träumen Sie in einer **Hängematte** auf dem Balkon Ihres Strandbungalows.
- Unternehmen Sie einen **Schnorchelausflug** zu einer der Nachbarinseln.

Ko Chang, die »Elefanteninsel«, erhielt ihren Namen, weil ihre Form an einen schlafenden Elefanten erinnert. Sie ist die größte von 52 Inseln, aus denen sich der National Marine Park zusammensetzt. Sie misst 30 Kilometer in der Länge und 8 Kilometer in der Breite. Nach Ko Phuket (▶ 164f) ist sie die zweitgrößte Insel Thailands und konnte dennoch eine gewisse Unberührtheit bewahren. Erst seit wenigen Jahren gibt es eine ausgebaute Ringstraße und elektrischen Strom. Obgleich in den vergangenen Jahren kleine Hotelanlagen entstanden sind, sind die Unterkünfte noch überwiegend einfach und anspruchslos. Die touristische Erschließung beschränkt sich auf die Westküste.

Ko Chang bedeutet »Elefanteninsel«

Hübsche Strandbungalows am Hat Sai Kao

Hat Sai Kao

Hat Sai Kao bedeutet »weißer Sandstrand« und bezeichnet einen 5 Kilometer langen Strandabschnitt mit feinem, pulverigem Sand, der im Hintergrund von Bäumen und Palmen begrenzt und von Flüssen durchschnitten wird. Es ist der schönste und lebhafteste Strand der Insel. Die Bandbreite der Unterkünfte reicht von Hütten, auf deren Balkonen Hängematten befestigt werden, bis zu Hotels der gehobenen Kategorie (mit Swimmingpool). Trotz gelegentlicher Pfannkuchenstände oder Internetcafés ist der überwiegende Eindruck der einer erfreulichen Ursprünglichkeit. Beim Schwimmen im Meer sollte man sich nicht zu weit hinauswagen; es gibt starke Strömungen.

Wanderungen mit Führung in das Inselinnere werden von **Rock Sand Bungalows** am Hat Sai Kao angeboten. Sie führen durch Dschungel, Mangrovenwälder und über Flussläufe hinweg.

Weitere Sehenswürdigkeiten

Zum Strand **Hat Khlong Phrao** gelangt man (Fahrtdauer ca. 15 Minuten) per *songthaeo*. Er ist kaum erschlossen und fast immer menschenleer. Der Weg vom Hat Sai Kao führt durch dichten Regenwald. Im Binnenland liegt der **Khlong-Phu-Wasserfall** (etwa 2 Kilometer an der Hauptstraße entlang). Felsen bilden ein Wasserbecken, in dem man schwimmen kann.

Anreise

Boote fahren stündlich (in der Nebensaison alle zwei Stunden) nach Ko Chang. Die Fahrer der *songthaeos* warten die Ankunft der Boote ab. Am Hat Sai Kao fahren sie etwa 15 Minuten nach dem Anlegen der Boote ab. Es gibt keine festen Haltestellen; lassen Sie einfach an der gewünschten Stelle halten.

Ostküste

Etwa 2 Kilometer südlich liegt der Strand **Hat Kai Bae**, wo man Unterkunft in Bungalows findet. Der Strand ist schmal und verschwindet bei Flut vollständig. Zur Inselgruppe gehören **Ko Mak** (400 Einwohner), **Ko Kham** und **Ko Kut** mit begrenzten Übernachtungsmöglichkeiten. Keine der Inseln ist während der Regenzeit zugänglich. Von November bis April fahren jedoch täglich Boote von Laem Ngop ab (am Fahrkartenschalter erfährt man Einzelheiten). Tauch- und Schnorchelausflüge an den Küsten der drei Inseln kann man bei **Island Hopper** (Tel. 1219 3867) buchen. Der Veranstalter organisiert Halbtagstouren und stellt Ausrüstungen zur Verfügung.

KLEINE PAUSE

In den meisten **Bungalows** am Hat Sai Kao gibt es Restaurants mit thailändischer und europäischer Küche. Viele von ihnen bieten abendliche Strandbarbecues an. Tagsüber findet man an den Stränden rund um die Insel Restaurants und Bars, in denen man Fischgerichte, Pizza, Thai-Speisen und Getränke bekommt.

Ganz oben: Fischer im Dorf Bang Bao

Oben: Garnelen trocknen auf einem Holzsteg

199 D3

KO CHANG: INSIDER-INFO

Top-Tipps: Die Insel gehört zu den wenigen Gegenden Thailands, in denen die **Malaria** noch verbreitet ist. Unterziehen Sie sich vor der Reise einer Malariaprophylaxe, und nehmen Sie Mückenschutzmittel mit.

- Will man von den Abfahrtszeiten eines Bootsbetreibers unabhängig sein, empfiehlt es sich nicht, bei der Hinfahrt bereits eine **Rückfahrkarte** zu kaufen, die außerdem nur geringfügig billiger ist.
- Nehmen Sie genügend Geld mit. Auf der Insel gibt es **keine Banken**; Reiseschecks werden zu einem ungünstigen Kurs gewechselt.
- In der **Hochsaison**, an **Wochenenden** und **Feiertagen** kann die Insel überfüllt sein, und die gehobenen Unterkünfte sind möglicherweise ausgebucht.

Ko Samet

Weißsandige Strände, sanfte bewaldete Hügel und ein wunderbar trockenes Klima zeichnen Ko Samet aus. Die kleine Insel ist kaum 6 Kilometer lang. Die zerklüftete westliche Küste ist mit der von Sandstränden gesäumten Ostküste durch Wanderpfade verbunden.

Schmetterlinge von der Größe kleiner Vögel sind ein häufiger Anblick auf Ko Samet

Obgleich Ko Samet schon seit 20 Jahren für den Tourismus erschlossen ist, gibt es sehr wenig Straßenverkehr. Eine Autofähre verkehrt zwischen **Ban Phe** und der Insel (von November bis Februar jede Stunde von 8 bis 17 Uhr, in den übrigen Monaten alle zwei Stunden; eine Fahrt dauert 30 bis 40 Minuten). Seit 1981 ist Ko Samet ein Naturschutzgebiet. Dennoch wurden der touristischen Erschließung in manchen Gegenden keine ausreichenden Grenzen gesetzt. Eine moderate Eintrittsgebühr zum Nationalpark ist bei der Ankunft im Besucherinformationszentrum zu zahlen.

Hat Sai Kao

Der Hauptstrand, auch Diamantenstrand genannt, liegt in nordöstlicher Richtung, ist 30 Meter breit und vor dem Hintergrund rauschender Palmen mit gestreiften Liegestühlen, Sonnenschirmen, Bambusstühlen und -tischen übersät. Die touristische Entwicklung verläuft jedoch maßvoll. Bungalows wurden in einiger Entfernung vom Strand auf Pfählen errichtet. Händler balancieren Körbe mit Früchten, andere schleifen Tabletts voller Modeschmuck durch den Sand. Am Abend finden am bunt erleuchteten Strand Grillpartys statt.

Der weiße Sand des Hat Sai Kao funkelt wie Diamanten in der Sonne

Andere Strände

Die lang gestreckte Bucht des Hat Sai Kao wird durch einen Felsvorsprung vom kleineren, südlich gelegenen Strand **Ao Hin Kok** getrennt. Am Ufer steht eine Figurengruppe, *Prinz und Meerjungfrau* – Gestalten einer epischen Liebesdichtung von Sunthon Phu (1786–1855), dem bedeutendsten Dichter Thailands.

Prinz und Meerjungfrau, Ao Hin Kok

Südlich von Ao Hin Kok erstrecken sich entlang der östlichen Küste kleinere und kaum besuchte Strände, an denen man entspannt hausgemachte Thai-Gerichte genießen kann. Am nächstfolgenden Hauptstrand, **Ao Wong Duan**, herrscht ein geschäftiges Treiben: Urlauber, für jede neue Erfahrung offen, lassen sich Zöpfchen flechten oder Tätowierungen mit Henna aufbringen, während andere sich beim Jetskiing versuchen.

Am weitesten südlich liegt **Ao Kiu**. Der Strand ist von Wald begrenzt und strahlt eine friedliche Stimmung aus. Der einzige Strand der Westküste ist **Ao Phrao** (»Paradiesbucht«). Dort haben sich einige Bungalows und Restaurants etabliert, obwohl der Strand nicht gerade überlaufen ist. Die übrige westliche Küste ist mehr oder weniger unzugänglich.

Kreuz und quer über die Insel

Von der nordöstlichen Spitze des Hat Sai Kao können Sie zu einer langen Wanderung entlang der Küste starten, über Felsen klettern, auf sandigen Pfaden durch den Wald wandern und an Stränden und stillen Buchten entlangspazieren. Vom Hat Sai Kao sind es 3 Kilometer bis **Ao Thian** (»Kerzenlichtbucht«). Der entlegene und ruhige Ort ist ein schönes Wanderziel. Sie dürfen auch andere Wege einschlagen, denn es ist kaum möglich, sich zu verlaufen. Früher oder später kommen Sie immer zum Meer. Wenn man sich von Ao Thian oder Ao Wong Duan

Ko Samet lockt mit zahlreichen schönen Stränden

✚ 199 D3
TAT
✉ Rayong ☎ 3865 5420

Ko Samet

KO SAMET: INSIDER-INFO

Top-Tipps: Will man von den Abfahrtszeiten eines Bootsbetreibers unabhängig sein, empfiehlt es sich nicht, auf dem Festland bereits eine **Rückfahrkarte** zu kaufen, die außerdem nur geringfügig billiger ist.

- An den Küsten von Ko Kudi, Ko Mum und Ko Thalu können Sie **Schnorchel- und Angelausflüge** unternehmen, die von verschiedenen Bungalowbetreibern angeboten werden. Bei Tagesausflügen werden Ausrüstungen zur Verfügung gestellt.
- An der Anlegestelle der Insel werden die **Fahrtpreise der** *songthaeos* auf Schildern bekannt gegeben. Für Gruppen sind die Preise günstiger.
- In der **Hochsaison**, an **Wochenenden** und **Feiertagen** kann die Insel überfüllt sein, und die gehobenen Unterkünfte sind dann ausgebucht. Es ist daher ratsam, zu anderen Zeiten zu reisen oder Zimmer im Voraus reservieren zu lassen.
- An den Stränden ist **Campen** gestattet.
- **Trinkwasser** wird vom Festland auf die Insel gebracht; verwenden Sie es sparsam.

in westliche Richtung aufmacht, erreicht man eine windzerzauste Küste. Folgt man dem Wanderweg zur östlichen Küste zurück, verändert sich die Szenerie, und man kann Schmetterlinge von der Größe kleiner Vögel sehen.

KLEINE PAUSE

Meeresfrüchte nehmen auf den Speisekarten der meisten Restaurants einen großen Raum ein. An allen **Stränden** findet man Restaurants. Die Bungalows besitzen häufig eigene Speiselokale. Überall gibt es gute thailändische und europäische Gerichte.

Nach Lust und Laune!

Für Kinder
- **Zopfflechten** und **Henna-Tattoos** am Strand von Ao Wong Duan auf Ko Samet
- Im Themenpark **Mini Siam** (nördlich der Kreuzung Thanon Pattaya/Thanon Sukhumvit) in Pattaya sind 200 der bedeutendsten Bauwerke und Denkmäler des Landes en miniature zu sehen.
- Auf einer mehrstündigen **Nachtsafari** im **Khao Yai National Park** (► 121) kann man sich an Elefanten und Rotwild heranpirschen.

🛈 Chanthaburi
Die hübsche Stadt ist Handelszentrum einer Schmucksteinindustrie. Bereits im 15. Jahrhundert kamen Edelsteinsucher aus den Nachbarländern in der Hoffnung auf reiche Ausbeute hierher. Die größte Bevölkerungsgruppe setzt sich jedoch aus vietnamesischen Katholiken zusammen, deren Vorfahren im 18. Jahrhundert als Glaubensflüchtlinge nach Chanthaburi kamen.

Die einzige bemerkenswerte Sehenswürdigkeit der Stadt ist die **katholische Kathedrale** (vom Busbahnhof gelangt man über die Thanon Saritidet zum Ufer des Flusses Chanthaburi, dessen Lauf man nach rechts bis zu einer Fußgängerbrücke folgt). Die Kathedrale wurde 1880 von Franzosen errichtet, die Truppen und Missionare im Ort stationiert hatten. Am westlichen Flussufer dehnt sich der Bezirk des **Schmucksteinhandels** aus. Nördlich befindet sich ein **Markt**, auf dem fremdartige Früchte verkauft werden, z. B. die große, stachelige *durian* oder die kleinere *rambutan* (rot und stachelig), die in den umliegenden Plantagen heranreifen. Alljährlich feiert die Provinz (zu der auch Trat und Rayong gehören) im Mai/Juni ein Obsternefest mit Umzügen und Wettkämpfen.

✚ 199 D3
TAT
✉ Rayong ☎ 3865 5420

🛈 Pattaya
Um das große internationale Seebad kommt man nicht herum. Viele Besucher lassen sich vom schillernden, geräuschvollen Nachtleben der Stadt anlocken, obwohl heute auch Familien und andere Ruhesuchende auf ihre Kosten kommen können. Pattaya ist in den Ruf einer Hauptstadt des Sexgewerbes gekommen, der noch aus der Zeit des Vietnamkrieges rührt, als die Stadt den amerikanischen GIs zum Erholungsurlaub diente.

Daneben gibt es aber auch einen internationalen Flughafen mit guten Inlandsverbindungen, erstklassige Hotels und hervorragende Wassersportmöglichkeiten. An der palmengesäumten Promenade des **Stadtstrandes** und den umliegenden Straßen locken Kaufhäuser, Fastfoodketten und Sexbars.

Der südlich gelegene Strand von **Jomtien** ist schöner, die Wasserqualität ist besser, und Windsurfer finden gute Gegebenheiten vor.

✚ 198 C4
TAT
✉ 382/1 Thanon Mu 10, Chaihat, Pattaya
☎ 3842 7667

Blumengeschmücktes Denkmal für König Taksin, Chanthaburi

Nach Lust und Laune! 121

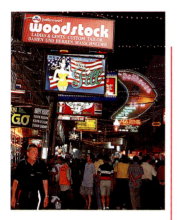

Amüsiermeile in Pattaya

5 Ko Si Chang

Von Bangkok kann man per Bus und Fähre in zwei Stunden nach Ko Si Chang reisen. Fahren fahren stündlich zwischen 6 und 20 Uhr von Si Racha ab. Die Insel ist kein stiller Rückzugsort (vor allem nicht an Wochenenden und Feiertagen), aber im Vergleich mit anderen Ferieninseln wirkt sie weniger kommerziell.

Der **Vimanmek Teak Palace** (▶ 52f), einstige Sommerresidenz Ramas V., wurde im 19. Jahrhundert auf Ko Si Chang errichtet und 1910 nach Bangkok verlegt. Einige Gebäude sind an ihrem ursprünglichen Standort zurückgeblieben und werden heute zum Teil restauriert.

Der Hauptstrand **Hat Sai Kao** ist sandig und zum Schwimmen geeignet; die übrigen Strände sind zumeist steinig. An der westlichen Küste steht der Tempel **Tham Chakraprong** hoch auf einer Klippe. Wer den steilen Aufstieg bewältigt, kann einen prachtvollen Weitblick genießen. Der nahe gelegene Strand **Hat Khao Khat** ist ein bevorzugter Aussichtspunkt.

🔲 198 C4

6 Khao Yai National Park

Der älteste Nationalpark Thailands ist zugleich das am meisten geschätzte und bedeutendste Naturschutzgebiet

Kambodscha
Eine Reise von Ban Hat Lek über die kambodschanische Grenze ist langwierig und beschwerlich, da sie mit einem häufigen Wechsel der Transportmittel verbunden ist. Der Grenzübergang ist erst seit 1998 sporadisch für Touristen freigegeben. Es ist ratsam, sich an die kambodschanische Botschaft in Bangkok zu wenden (185 Thanon Ratchadamri Lumphini, Tel. 2254 6630) oder andere Reisende zu befragen.

des Landes. Das Gebiet weist mehrere Höhenlagen auf. Zahlreiche Tier- und Pflanzenarten sind darin beheimatet, u. a. einige Hundert Elefanten und eine Anzahl der vom Aussterben bedrohten Tiger. Rauschende Wasserfälle und Flüsse bilden die Lebensgrundlage für Eisvögel und Orchideen.
Für einen erlebnisreichen Besuch empfiehlt es sich, mindestens eine Nacht im Naturpark zu verbringen und einen Führer zu engagieren (Auskünfte erteilt das TAT-Büro). Unterkünfte stehen in Form von Zelten oder Holzhütten zur Verfügung. Während der Monsunregenzeit (▶ 188) kann der Park zeitweise geschlossen sein.

🔲 199 D5
TAT
✉ 2102 Thanon Mitaphap, Khorat
☎ 4421 3666

Forestry Department
☎ 2579 0529 teuer

Wohin zum … Übernachten?

Preise
Für ein Doppelzimmer gelten folgende Preise:
€ unter 1000 Baht   €€ 1000–4000 Baht   €€€ über 4000 Baht

KO CHANG

Cookie €
Von den Veranden der Bungalows genießt man zumeist einen unverstellten Blick. Sie liegen in drei Reihen hintereinander. Alle Unterkünfte sind mit eigenen Bädern ausgestattet, einige auch mit Klimaanlage. Im Restaurant werden thailändische und europäische Speisen serviert.
✚ 199 D3 ✉ Hat Sai Kao
☎ 1861 4327

Khlong Phrao Resort €€
80 komfortable Hütten und kleine Häuser sind um eine Lagune gruppiert und gewähren eine entspannende Abgeschiedenheit. Einige Räume sind klimatisiert. Alle teureren Häuser sind mit Klimaanlage, Satellitenfernsehen und warmem Wasser ausgestattet. Das Resort organisiert Tauch- und Schnorchelausflüge zum nahe gelegenen Korallenriff.
✚ 199 D3
✉ Hat Khlong Phrao
☎ 3959 7216; Fax 3959 7106

Mac Bungalows €
Die Strohdachhütten sind entweder mit Klimaanlagen oder Ventilatoren ausgestattet. Von den Veranden blickt man aufs Meer. Bei einem Strandbarbecue kann man fangfrische Meeresfrüchte genießen.
✚ 199 D3 ✉ Hat Sai Kao
☎ 1219 3056

KO SAMET

Samet Ville Resort €€
Alle Bungalows des Resorts überblicken die schöne Bucht von Ao Wai. Auf Wunsch halten die Fähren von Ban Phe direkt in der Bucht.
✚ 199 D3 ✉ Ao Wai
☎ 3865 1681; Fax 2246 3196

Vongdeuan Resort €
Das Hotel an der Bucht von Ao Wong Duan bietet angenehme Bungalows mit Klimaanlage und großen Balkonen. Preiswertere Räume werden mit Ventilatoren angeboten.
✚ 199 D3
✉ Ao Wong Duan
☎ 3865 1777; Fax 3865 1819

PATTAYA

Grand Jomtien Palace €€
Wie die meisten gehobenen Unterkünfte in Pattaya ist auch dieses Hotel groß und protzig, strahlt aber eine freundliche Atmosphäre aus. Am Strand von Jomtien liegt es in angenehmer Entfernung zum Nachtleben der Stadt und eignet sich daher gut für Familien. Zum Hotel gehören einige der besten Restaurants.
✚ 198 C4
✉ 356/1 Thanon Jomtien Beach
☎ 3823 1405; Fax 3823 1404;
rsvn_ptty@grandjomtienpalacehotel.com;
www.grandjomtienpalacehotel.com

Royal Cliff Beach Resort €€€
Das Resort, das zu den ältesten und besten Hotels von Pattaya gehört, besteht eigentlich aus vier Hotels. Das Royal Cliff Beach Hotel mit 545 Zimmern ist vornehmlich am Pauschaltourismus orientiert. Das preisgünstige Hotel Royal Cliff Terrace hat eine familiäre Atmosphäre. Das Hotel Royal Cliff Grand richtet sich an Geschäftsreisende, und das Royal Wing schließlich bietet reinen Luxus. Es gibt acht exzellente Restaurants, drei Swimmingpools, Tennisplätze und weitere Sporteinrichtungen.
✚ 198 C4 ✉ 353 Thanon Phra Tamnuk
☎ 3825 0421; Fax 3825 0511;
info@royalcliff.com; www.royalcliff.com

Wohin zum …
Essen und Trinken?

Preise
Die Preise gelten pro Person für ein Drei-Gänge-Menü ohne Getränke und Service:
€ unter 200 Baht   €€ 200–500 Baht   €€€ über 500 Baht

Auf Ko Chang besitzen die meisten Bungalows eigene Restaurants mit guter Küche. Viele bieten neben thailändischen auch internationale Speisen an. Am Hat Sai Kao auf Ko Samet gibt es mehrere große Fischrestaurants. In Pattaya stammt das Speisenangebot aus aller Herren Länder. Das Seebad ist in drei Bezirke geteilt; im Norden findet man gute Hotelrestaurants, im Zentrum kleine freundliche Bars und Gaststätten und im Süden ausgezeichnete Fischrestaurants.

PATTAYA

Lobster Pot €€€
Im alteingesessenen Fischrestaurant auf einem Pier in der Bucht von Pattaya werden die besten Meeresfrüchte der Stadt serviert. Die Atmosphäre ist freundlich und die Speisekarte umfangreich, u. a. werden hervorragende Hummer, aber auch zarte Steaks, Ofenkartoffeln und sehr empfehlenswerte Thai-Klassiker angeboten.

✚ 198 C4
✉ 288 Walking Street, South Pattaya
☎ 3842 6083
🕓 tägl. 10–1 Uhr

Pan Pan San Domenico €€€
Das Restaurant b etet italienische Gerichte von höchstem Niveau. Der Weg zum etwas außerhalb zwischen Südstadt und Jomtien-Strand gelegenen Restaurant lohnt sich unbedingt. Eine ungewöhnliche Vielfalt an Nudelgerichten mit unterschiedlichsten Soßen wird durch delikate Desserts und duftende, frisch aufgebrühte Kaffees vervollständigt.

✚ 198 C4
✉ Thanon Thappraya, South Pattaya
☎ 3825 1874
🕓 tägl. 11–14.30, 18–24 Uhr

PIC Kitchen €€
Im Lauf der Jahre hat sich das Restaurant, das in einer ruhigen Straße im Stadtzentrum liegt, zu einer Institution entwickelt. In mehreren eleganten Teakhäusern werden sehr gute Thai-Gerichte an traditionellen niedrigen Holztischen serviert. Die Geschmacksgewohnheiten der ausländischen Gäste werden sorgsam berücksichtigt: Wenn Sie ein Essen mit dem Zusatz *mai phet* (nicht scharf) bestellen, wird Ihr Wunsch zuverlässig beachtet. 200 Thai- und europäische Gerichte stehen zur Auswahl. Die Atmosphäre ist kultiviert und entspannt.

✚ 198 C4 ✉ Soi 5, Pattaya Beach Road
☎ 3842 8374
🕓 tägl. 11–15, 17.30–24 Uhr

Ruen Thai €€
Im südlichen Stadtzentrum liegen mehrere Holzpavillons, umgeben von Springbrunnen, Wasserfällen und Fischteichen. Das Restaurant ist bei ausländischen Gästen beliebt. Allabendlich (20–24 Uhr) werden klassische thailändische Tänze aufgeführt. Die Thai-Gerichte sind von hoher Qualität. Alle Klassiker stehen zur Wahl, z. B. Hühnerfleisch mit Cashewnüssen und getrockneten Paprikaschoten und scharf gewürzte Garnelensuppe (*tom yam gung*). Es gibt Einrichtungen für Kinder.

✚ 198 C4
✉ 485/3 Thanon Pattaya 2nd
☎ 3842 5911
🕓 tägl. rund um die Uhr

Ostküste

Wohin zum … Einkaufen?

In Pattaya sind die Einkaufsmöglichkeiten überall vielfältig, sie konzentrieren sich aber besonders in den großen, klimatisierten Einkaufspassagen. Die Straßenstände an der Pattaya Beach Road bieten zumeist nur überteuerte Imitate an. Auf Ko Chang und Ko Samet kann man nur in kleinen Geschäften einkaufen.

NORDPATTAYA

Im **Central Festival Centre** (Pattaya 2nd Road) gibt es einige ansprechende Geschäfte, darunter sehr gute Kunsthandwerksläden. In der größten Einkaufspassage der Stadt, **The Royal Garden Shopping Plaza** (beim Marriott-Hotel), findet man eine Drogerie der britischen Bootskette und im obersten Stockwerk einen Ableger des amerikanischen Museums **Ripley's Believe It Or Not!** (▶ unten). Im Erdgeschoss ist ein tanzender Springbrunnen sehenswert.

SÜDPATTAYA

Die Südstadt ist der Haupteinkaufsbezirk mit zahlreichen Fachgeschäften für Kunsthandwerk, Seide, Schmuck und Edelsteine. Exquisite Holzschnitzereien sind in der **Lukmai Gallery** (234/4 Walking Street, Tel. 3842 0334) zu kaufen. Erzeugnisse der traditionellen thailändischen Bildhauerei sind im **Good Luck Shop** (Windy Plaza, Soi 13, Beach Road) zu sehen, u. a. schöne Backgammon- und Schachspiele aus Holz. **The Indian Shop** (194/1–2 Pattaya 2nd Road) bietet eine große Vielfalt an Lederwaren an.

In Pattaya haben sich einige **Porträtmaler** angesiedelt. Empfehlenswert ist **NL Gallery** (593 South Pattaya Road, Tel. 3871 0975).

Wohin zum … Ausgehen?

NACHTLEBEN

Auf **Ko Chang** und **Ko Samet** beschränken sich abendliche Unterhaltungsangebote auf **Videofilme**, die in den Restaurants einiger Bungalows gezeigt werden.

Mit über 400 Bierbars ist **Pattaya** die Hauptstadt des nächtlichen Vergnügens. Vom Sexgewerbe abgesehen, bietet die Stadt auch andere Möglichkeiten der Unterhaltung. Zum Unterhaltungskomplex des **Pattaya Palladium** (78/33 Pattaya 2nd Road, Tel. 3842 4933) gehört die größte Disko Thailands. Einen Abend mit Jazz und Cocktails kann man im **Mojo Night Club** (414 Thanon Thappraya, Jomtien, Tel. 1268 6836) verbringen. Transvestitenshows mit Weltruf bietet **Alcazar** (78/14 Pattaya 2nd Road, Tel. 3842 8746).

FÜR DIE GANZE FAMILIE

In der **Gokart-Bahn** von Pattaya (248/2 Thanon Thepprasit, Tel. 3842 3062) kann man einen vergnüglichen Nachmittag verbringen. Es gibt Fahrzeuge für Kinder und Erwachsene.

The Elephant Village (östlich von Pattaya, bei Thanon Sukhumvit, Tel. 3842 9175) zeigt täglich Elefantenshows.

Im Museum **Ripley's Believe It Or Not!** (Pattaya 2nd Road, Tel. 3871 0294) kann man über Kuriositäten staunen.

Etwa 30 Kilometer nordöstlich von Pattaya liegt die **Si Racha Tiger Farm** (341 Moo 3, Nongkham, Si Racha, Provinz Chonburi, Tel. 3829 6556) mit der weltweit größten Zahl von Zootigern.

Der Süden

Erste Orientierung 126
In sieben Tagen 128
Nicht verpassen! 130
Nach Lust und Laune! 138
Wohin zum ... 142

Der Süden

Erste Orientierung

Die Golfküste erstreckt sich über eine Länge von 750 Kilometern am Golf von Thailand. Sie ist der Inbegriff eines tropischen Urlaubsparadieses. Eine Bahnstrecke folgt der Küstenlinie und führt nach Surat Thani, von wo man zum Archipel von Ko Samui weiterreisen oder in den tieferen Süden bis nach Malaysia fahren kann. Dort beginnt der malaiische Einfluss in Gestalt von Moscheen bemerkbar zu werden.

Oben: Hotel am Strand von Chaweng Noi, Ko Samui

Vorhergehende Seite: Der Große Buddha ist ein Wahrzeichen von Ko Samui

Rechts: Flötenverkäufer am Strand von Lamai, Ko Samui

Tropische Inseln und feinsandige Strände machen den Reiz des thailändischen Südens aus. Nur wenige Fahrtstunden von Bangkok entfernt, liegt die königliche Sommerresidenzstadt Hua Hin, der bevorzugte Urlaubsort König Bhumibols und seiner Familie. Lässt man die Hochhäuser der internationalen Hotelketten hinter sich, betritt man ein sehr andersartiges Refugium, den Khao Sam Roi Yot National Park.

Die Inseln des Archipels von Ko Samui sind Reisenden in aller Welt ein Begriff. Sie sind zum größten Teil unbewohnt, wenn auch nicht unberührt. Bestehen die Hauptanziehungspunkte auch in den ausgezeichneten Wassersportmöglichkeiten und den frischen Fischspezialitäten, konnte die Inselgruppe doch eine zauberhafte Ursprünglichkeit bewahren. Gäste, die per Flugzeug oder Fähre anreisen, werden von türkisblauem Wasser, weißem Sand und Palmen empfangen. Nicht nur Träume von stillem Strandleben werden erfüllt; die historischen Baudenkmäler von Phetchaburi und die hinduistischen Schreine, buddhistischen Tempel, Moscheen und Kirchen von Nakhon Si Thammarat vermitteln vielfältige kulturelle Eindrücke.

Die City Pillar Hall ist eines von vielen historischen Gebäuden in Songkhla

Nicht verpassen!

1. Hua Hin ➤ 130
2. Khao Sam Roi Yot National Park ➤ 132
3. Archipel von Ko Samui ➤ 134

Nach Lust und Laune!

4. Phetchaburi ➤ 138
5. Nakhon Si Thammarat ➤ 139
6. Vogelschutzgebiet Thale Noi ➤ 140
7. Songkhla ➤ 140
8. Malaysia ➤ 141

Die Golfküste gilt nicht nur ausländischen Gästen als Urlaubsparadies. Genießen Sie den eleganten Kolonialstil eines Luxushotels, und entdecken Sie die Tierwelt eines Naturschutzparks.

Der Süden in sieben Tagen

Erster Tag

Vormittags
Fahren Sie früh per Zug oder Bus von Bangkok nach ❹ **Phetchaburi** (links; ➤ 138f). Eine Busfahrt dauert 2½ Stunden, eine Zugfahrt vom Hauptbahnhof Hua Lamphong nimmt drei Stunden in Anspruch.

Nachmittags
Bei einem mehrstündigen Spaziergang können Sie die Sakralbauten der Stadt erkunden und anschließend per Bus in 1½ Stunden nach ❶ **Hua Hin** (➤ 130f) fahren. Eine Zugfahrt empfiehlt sich nicht, da die Züge entweder spätabends oder frühmorgens eintreffen. Gönnen Sie sich den Luxus eines Aufenthalts im liebevoll restaurierten Hotel Sofitel Central, ehemals Railway Hotel (unten; ➤ 142).

Abends
In der Elephant Bar des Sofitel Central lässt sich ein Cocktail stilvoll genießen. Im schönen Hotelgarten wandern Sie an Bäumen, die zu Tierformen beschnitten sind, einem Labyrinth und einem Schachspiel mit mannshohen Figuren vorüber zum Strand. Besuchen Sie das Seaside Restaurant (31–4 Thanon Naretdamri).

Zweiter Tag

Vormittags/nachmittags
Nach einer einstündigen Fahrt in südlicher Richtung, für die Sie einen Geländewagen mieten können, erreichen Sie den ❷ **Khao Sam Roi Yot National Park** (oben; ► 132f und Tour ► 184). Je früher Sie aufbrechen, desto größer ist die Chance Wildtiere zu beobachten, die sich in der Morgen- und Abenddämmerung sehen lassen.

Abends
Kehren Sie nach **Hua Hin** zurück, und unternehmen Sie dort noch einen Strandspaziergang. Nach Einbruch der Dunkelheit beginnt der Nachtmarkt, der sich durch eine freundliche, geruhsame Atmosphäre auszeichnet und auf welchem man gute kleine Fischgerichte bekommt. Gehaltvollere Speisen werden im exzellenten französischen Restaurant Brasserie de Paris (Thanon Naretdamri; ► 144) oder im Railway Restaurant (► 145) des Sofitel Central serviert.

Dritter bis siebter Tag

Von Bangkok verkehren täglich zahlreiche Flüge zum ❸ **Archipel von Ko Samui**. Ein Flug dauert eine Stunde und 20 Minuten. Als Alternative bietet sich eine Zugfahrt im Schlafwagen nach Surat Thani an, von wo man nach einer kurzen Busfahrt die Fähre nach Ko Samui erreicht. Jede der drei Hauptinseln – **Ko Samui** (► 134), **Ko Phangan** (► 134) und **Ko Tao** (► 136) – besitzt ihren eigenen Charakter und Charme. Die Wassersportangebote sind ebenso vielfältig. Von Ko Samui kann man zu einem Tagesausflug zum **Ang Thong National Marine Park** (► 134) aufbrechen. Charterboote legen täglich um 8.30 Uhr ab und fahren um 17 Uhr zurück.

Hua Hin

Bei Nacht strahlen die Lichter der königlichen Marineschiffe und der Fischerboote in der Bucht der Stadt und enthüllen die beiden Seiten ihres Charakters – eine charmante Mischung aus Fischerdorf und königlicher Residenzstadt. Hua Hin ist der älteste Badeort des Landes: Altmodische Sonnenschirme und Liegestühle zieren noch heute den weitläufigen Strand.

Ein Aufenthalt in Hua Hin sollte am Beginn oder am Ende einer Thailandreise stehen – einerseits vermittelt die Stadt eine Einführung in das Land, andererseits bildet sie einen angenehmen Schlusspunkt einer Reise. An Wochenenden können die sehr empfehlenswerten Hotels der gehobenen Kategorie ausgebucht sein.

In den 1920er-Jahren förderten der Bau der Eisenbahnlinie von Bangkok nach Malaysia, des königlichen Sommerpalastes **Klai Klangwon** (➤ 131) und des Railway Hotel (heute Sofitel Central; ➤ 142) die Entwicklung der Stadt zu einem eleganten Seebad.

Der Strand der 5 Kilometer langen Bucht ist grobsandig, aber gepflegt. Ein altmodischer Pier und ein Felsvorsprung mit einem Tempel verleihen der Bucht einen unverkennbaren Reiz. Seit einigen Jahren ist Hua Hin ein beliebtes Ziel von Wochenendausflüglern aus Bangkok.

Oben: Das Railway Hotel ist ein Schmuckstück

Unten: Thai-Massage am Strand

KLEINE PAUSE

Frische Meeresfrüchte oder Fisch gibt es u. a. in den Restaurants **Saeng Thai** (➤ 145) und **Suan Guang** (➤ 145).

✚ 198 B3
TAT
✉ Thanon Damnern Kasem/Highway 4 ☎ 3253 2433

Die königliche Sommerresidenz

Der Palast Klai Klangwon, dessen Bau 1926 abgeschlossen war, liegt 2 Kilometer nördlich von Hua Hin am Meer. Er dient dem derzeitigen Königspaar als Sommerwohnsitz und ist für die Öffentlichkeit nicht zugänglich. Die Einheimischen erkennen die Anwesenheit der hochverehrten königlichen Familie an kleinen Veränderungen in den Sicherheits- und Verkehrsbestimmungen. Der Name des Palastes bedeutet »fern der Sorgen«. Das Sanssouci Thailands bewahrte seine Bewohner jedoch nicht immer vor schlechten Nachrichten. Rama VII., in dessen Auftrag der Palast erbaut wurde, erfuhr während eines Aufenthalts im Palast von dem Militärputsch, der 1932 das Ende der absoluten Monarchie einleitete.

Pferde, Badegäste und Strandverkäufer in Hua Hin

HUA HIN: INSIDER-INFO

Top-Tipps: Bestellt man an einem der **Strandstände** etwas zu essen, muss man sich auf eine Stunde Wartezeit gefasst machen. Die Speisen müssen vom Standverkäufer per Handy aus einer häuslichen Küche geordert werden. Wenn sie endlich eintreffen, sind sie aber auch köstlich!
• In den frühen Morgen- und Abendstunden laden die **Fischer** ihren Fang am Pier aus. Die fangfrischen Meerestiere locken zahlreiche einheimische Käufer an.

② Khao Sam Roi Yot National Park

Das einsame Naturschutzgebiet an der Küste besteht aus Marschen, Mangroven und Schlickflächen, die zahlreichen Vogelarten als Brutplätze dienen. Menschenleere, goldgelbe Strände werden von Bergkiefernwäldern begrenzt. Im Nationalpark sind Fischerfamilien ansässig. Der Name des Schutzgebietes bedeutet »Berg mit 300 Gipfeln«. Schroffe Karstfelsen erheben sich bis zu einer Höhe von 650 Metern. Mehrere Hundert Wasser- und Zugvogelarten, darunter Reiher und Adler, sind neben Reptilien und Säugetieren, wie z. B. Makaken und Großwild, im Naturpark beheimatet. Ein Fernglas sollte griffbereit sein.

Der Nationalpark liegt 60 Kilometer südlich von Hua Hin (► 130f) entfernt und ist ein lohnendes Ziel für einen Tagesausflug. Zur Anreise empfiehlt sich statt öffentlicher Verkehrsmittel ein Mietwagen, mit dem Sie auch durch das Schutzgebiet fahren können (die Hauptsehenswürdigkeiten liegen weit voneinander entfernt). Mit dem Auto können Sie einer Rundfahrt folgen, die von Hua Hin ausgeht und Sie an einem Tag zu den Hauptattraktionen führt (► 184).

Hat Laem Sala ist ein schmaler Strand mit Besucherzentrum, Bungalows und Camping-

✚ 198 B3

Ein Brillenlangur auf Beobachtungsposten

Berge und Marschen bestimmen das Bild der friedlichen Landschaft

Khao Sam Roi Yot National Park

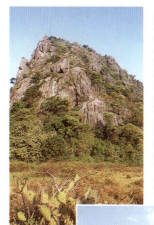

plätzen. Er ist nur per Boot vom östlich des Dorfes Bang Pu gelegenen Strand oder auf einer 20-minütigen Wanderung über Land zu erreichen. Vom Hat Laem Sala erreicht man in 30 Minuten den königlichen Pavillon **Tham Phraya Nakhon**, der zu Ehren Ramas V. (▶ unten) errichtet wurde. Am südlichen Rand des Gebietes findet man die **Parkzentrale**. Von dort gehen oft verwilderte und schwer begehbare Wanderwege aus. Die Wahrscheinlichkeit, während der Anfahrt von der Straße aus Vertreter der zahlreichen Affenarten zu beobachten, ist groß. Vom Gipfel des **Khao Daeng** eröffnet sich ein weiter Rundblick. Der Zugang zum Berg liegt 50 Meter von der Zentrale entfernt.

Oben: Karstfelsen verleihen dem Nationalpark sein charakteristisches Gepräge

Rechts: Aussicht vom Khao Daeng

KLEINE PAUSE

Das Strandrestaurant **Hat Sam Phraya** ist empfehlenswert. Es werden hauptsächlich Fischgerichte angeboten.

KHAO SAM ROI YOT NATIONAL PARK: INSIDER-INFO

Top-Tipps: Zur Mittagszeit kann man manchmal den einheimischen Fischern zuschauen, die mit ihren Booten bei **Bang Pu** anlegen und ihren Fang aus den Netzen klauben.
- Der frühe Morgen oder Abend ist die günstigste Zeit, um **Wildtiere** zu beobachten.
- Am Parkeingang erhält man eine Broschüre, die zwar auf Thai geschrieben ist, aber einen einfachen **Lageplan** in englischer Sprache enthält.
- Die Gefahr, von **Malaria-Mücken** gestochen zu werden, ist gering. Dennoch ist zu empfehlen, ein Mückenschutzmittel mitzunehmen.

Geheimtipp: Der märchenhafte königliche Pavillon **Tham Phraya Nakhon** wurde 1890 zu Ehren König Ramas V. errichtet. Die eindrucksvolle Tropfsteinhöhle wurde nach ihrem Entdecker, dem Herrscher Phraya Nakhon, benannt. Sie ist per Boot und auf einer 30-minütigen Wanderung zu erreichen.

3 Archipel von Ko Samui

Unter den insgesamt 80 Inseln des Archipels gibt es drei, die Weltruf genießen: Ko Samui ist eine internationale Ferieninsel, auf Ko Phangan feiert man die größte Strandparty der Welt, und Ko Tao ist ein Paradies für Tauchsportler. Türkisfarbenes Wasser, dichte Palmenwälder und weiße Strände vervollständigen das Idealbild eines tropischen Eilandes. Auf der Überfahrt sieht man die Küste von Ko Samui am Horizont auftauchen und mag sich wie ein Entdeckungsreisender fühlen, der als Erster eine fremde Insel erblickt.

Ko Samui

Es heißt, dass auf Ko Samui mehr **Kokospalmen** pro Quadratmeter wachsen als irgendwo sonst auf der Welt. Unbestritten ist jedoch, dass die internationale Strandszene der Insel weltbekannt ist. Die schönen weit geschwungenen Strände Chaweng und Lamai sind zu Recht am beliebtesten. Der Ort **Ban Chaweng** hat ein kosmopolitisches Flair, das von mexikanischen Restaurants, irischen Pubs und großen internationalen Hotels geprägt ist. Am Nachbarstrand **Hat Lamai** geht es weniger laut und bunt zu. Auf einem Hügel an der Nordküste thront die 12 Meter hohe Statue des **Großen Buddha**, die in ihrer goldenen Makellosigkeit surreal wirkt. Am benachbarten Big Buddha Beach fahren Boote von altersschwachen, aus Baumstämmen gezimmerten Stegen nach Ko Phangan hinüber.

Links: Ein grimmiger Yak (Dämon) bewacht den Großen Buddha

Unten: Strand am Hat Lamai auf Ko Samui

Ko Phangan

Die junge, wilde Schwesterinsel von Ko Samui zeichnet sich durch unbefestigte Straßen, einfache Unterkünfte und ein bun-

Ang Thong National Marine Park

Von Ko Samui werden organisierte Tagestouren zum Ang Thong National Marine Park angeboten, der 41 unbewohnte Inseln des Archipels umfasst. Kalksteinhöhlen und Korallenriffe sind zu entdecken. Mit etwas Glück lernt man die Tiere der Inseln (Wildschweine, Echsen, Schwarzlanguren, Leoparden und Delphine) kennen. **Ko Wua Talap** (»Schlafende Kuh«) ist die größte der Naturparkinseln und Sitz des Parkhauptquartiers. Der Rundblick vom Aussichtspunkt der Insel ist überwältigend. Ein Vulkansee auf **Ko Mae Ko** gab dem Schutzgebiet seinen Namen: *Ang Thong* bedeutet »goldener Topf«. Die Insel selbst diente dem Hollywoodfilm *The Beach* (mit Leonardo DiCaprio) als Kulisse.

Archipel von Ko Samui

tes Nachtleben aus. Junge Rucksacktouristen kommen während des ganzen Jahres in Scharen auf die Insel, die besonders an den berühmten **Vollmondpartys** von Vergnügungssüchtigen überlaufen wird.

Die hübsche kleine Bucht des **Hat Rin Nok** (»Strand des Sonnenaufgangs«) ist Sammelpunkt der Aktivitäten, bewahrt aber zugleich eine freundliche und intime Atmosphäre. Am Ostufer einer kleinen Landzunge im Süden der Insel heben sich die **Paradise Bungalows** von den übrigen touristischen Einrichtungen ab: An einem preiswerten Strandbüfett kann man aus dem Fang des Tages Fische, Garnelen oder Tintenfische wählen und ein Glas Wein dazu genießen. Zum Restaurant gehört eine Cocktailbar. Bei Nacht ist der Strand von Tanzwütigen bevölkert, und Techno-Musik dröhnt aus den Bars und Clubs.

Auf der ruhigeren Westseite fungiert der **Hat Rin Nai** (»Strand des Sonnenuntergangs«) als eine Art Überlaufventil; die Unterkünfte sind preiswerter und einfacher. Wenn die Sonne ins Meer taucht, sind die **Coral Bungalows** die beste Adresse für einen Cocktail.

Oben: Der Große Buddha beim Dorf Ban Plai Laem, Ko Samui

Rechts: Luxusresorts sind ein gewohnter Anblick am Chaweng Beach von Ko Samui

Der Süden

Unterkünfte der gehobenen Kategorie findet man in der Bucht **Ao Chaloaklam** an der Nordküste, die als bevorzugtes Ferienziel der Thai gilt.

Vom Hat Rin kann man zum Dorf **Ban Tai** spazieren. Dort sieht man, wie auch an anderen Orten der Insel, Einheimische beim Fußballspielen, Schwimmen und Motorradbasteln, ganz so, als hätte nie eines Touristen Fuß die Insel betreten. Folgt man dem Weg weiter, erreicht man den Hafen von **Thong Sala** und den wenige Kilometer landeinwärts gelegenen **Pang Waterfall National Park**. Wer den 250 Meter langen Wanderweg zur oberen Terrasse des Wasserfalls erklommen hat, kann einen herrlichen Weitblick in südlicher und westlicher Richtung genießen.

Ko Tao

Die kleine »Schildkröteninsel« Ko Tao bietet Interessierten die preiswertesten Tauchschulen der Region und eine friedliche und angenehm karge Alternative zu den lauten Vergnügungen der beiden Schwesterinseln. Das Dorf **Mae Hat** ist das touristische Zentrum und dient den meisten Tauchschulen als Basis. Die nördlich und südlich gelegenen Unterkünfte sind in 10 Minuten zu Fuß zu erreichen.

Hat Sai Ree, nördlich von Mae Hat gelegen, ist der längste Sandstrand der Insel und bietet die meisten Unterkünfte. In der südlichen Bucht **Ao Chalok Ban Kao** sind mehrere Tauchschulen ansässig; sie haben im Allgemeinen ein hohes Niveau. Besonders empfehlenswert sind **Big Blue** und **Buddha View**. Das Tauchen im außerordentlich klaren Wasser ist zu allen Jahres-

Nach Ko Phangan zieht es junge Aktivurlauber

✚ 198 C2
TAT
✉ Na Thon, Ko Samui ☎ 7742 0504

Tauchschule Big Blue
✉ Big Blue Resort, Hat Sai Ree
☎ 7745 6179
🛏 Unterkunft nur für Taucher frei

Tauchschule Buddha View
✉ Buddha View Dive Resort, Ao Chalok Ban Kao
☎ 7745 6074/5;
buddha@samart.co.th

Die fünf schönsten Tauchgründe vor Ko Tao

Von den etwa 25 Tauchgründen vor Ko Tao sind die folgenden hervorzuheben:
- **White Rock** (Hin Khao) – grandiose Korallen und große Artenvielfalt
- **Ko Nang Yuan** – für Anfänger empfohlen
- **Shark Island** – Korallen, Große Segelflosser, Papageifische
- **Sail Rock** – Unterwasser-Kamin, farbenprächtige Fische
- **Southwest Pinnacle** – Szenerie, Sicht und Artenvielfalt sind einzigartig.

Faszinierende Unterwasserwelt vor Ko Tao

zeiten möglich. Bei heftigem Regen kann die Sicht allerdings eingeschränkt sein.

KLEINE PAUSE

Auf **Ko Samui** bietet das Restaurant **Ali Baba** (➤ 145) in Ban Chaweng indische Gerichte an. Thailändische und kalifornische Gerichte und gute Weine kann man im **Betelnut** (➤ 145) probieren. Auf **Ko Phangan** ist das beliebte **Sala Thai** (➤ 147) mit thailändischer und internationaler Küche zu empfehlen.

ARCHIPEL VON KO SAMUI: INSIDER-INFO

Top-Tipps: Hat Rin Nok auf Ko Phangan ist Schauplatz der **Vollmondpartys**, die Tausende von jungen Partygängern anlocken. Wer sich davon nicht angelockt fühlt, sollte sich fern halten, da sich die Veranstaltungen über die ganze Insel ausdehnen und Musik und Menschenmengen überwältigend werden können.

- Nach den Partys wird **Ko Tao** von müden Partygästen überflutet, Unterkünfte werden rar, und die Atmosphäre verändert sich.
- Die **Hochsaison** des gesamten Archipels dauert von Dezember bis März. In dieser Zeit schnellen die Preise nach oben, und Unterkünfte sind schwerer zu bekommen.
- Juni bis Oktober ist die Zeit des **Südwestmonsuns**.
- Weder auf Ko Samui noch auf Ko Phangan ist es ratsam, ein **Auto oder Motorrad** zu mieten. Die gut ausgebaute Ringstraße von Ko Samui wird gern als Rennbahn zweckentfremdet, was jedes Jahr zu mehreren tödlichen Verkehrsunfällen führt. Die Straße von Ko Phangan ist eine haarsträubende Berg-und-Tal-Bahn.

Geheimtipp: Touristen können die Schönheit des **Binnenlandes** bei einer Trekkingtour im Dschungel erleben und Wildtiere beobachten.

Nach Lust und Laune!

Palast Ramas IV. auf einer Anhöhe bei Phetchaburi

❹ Phetchaburi

In der Stadt, die vom Fluss Phet durchflossen wird, haben verschiedene Kulturepochen ihre Spuren hinterlassen. Im 7. Jahrhundert gehörte sie zum Reich der Mon, ab dem 11. Jahrhundert zum Khmer-Reich, im 17. Jahrhundert wurde sie zu einer Handelsstadt.

Heute ist Phetchaburi das Zentrum einer Zuckerindustrie, die ihre Rohstoffe aus den umliegenden Palmenplantagen bezieht.

Ein Tagesausflug von Hua Hin (▶ 130ff) oder Bangkok (organisierte Touren beinhalten auch einen Besuch des Schwimmenden Marktes von Damnoen Saduak; ▶ 70f) ist die beste Möglichkeit, nach Phetchaburi zu reisen.

Bei einem mehrstündigen Spaziergang lassen sich die Hauptsehenswürdigkeiten der Stadt bequem erreichen. Am nordöstlichen Stadtrand stehen drei Tempel eng beieinander: **Wat Yai Suwannaram**, **Wat Borom** und **Wat Trailok**. Der restaurierte **Wat Yai Suwannaram** aus dem 17. Jahrhundert weist verschiedenartige Buddhafiguren, eine Ordinationshalle (*bot*) mit interessanten Wandmalereien und eine auf Pfählen ruhende Bibliothek auf.

In südlicher Richtung befindet sich der **Wat Kamphaeng Laeng**. Er wurde im 13. Jahrhundert im Khmer-Stil errichtet und diente zur Verehrung hinduistischer Gottheiten. Der bedeutendste Tempel ist der **Wat Mahathat**, dessen Buddhareliquien vom König gespendet wurden. Eine Drahtseilbahn führt zum Hügel **Khao Wang** (»Bergschloss«) hinauf. Auf der Anhöhe ließ König Rama IV. im 19. Jahrhundert den prächtigen Sommerpalast **Phra Nakhon Khiri** errichten, der verschiedene Baustile in sich vereint. Heute ist darin ein Museum untergebracht.

Ebenfalls am westlichen Stadtrand liegen zwei Tempelhöhlen, **Khao**

Nach Lust und Laune!

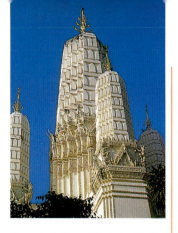

Prangs des im Khmer-Stil erbauten Wat Mahathat, Phetchaburi

Königliche Refugien
- Der Palast **Klai Klangwon** in Hua Hin (► 131) dient der Königsfamilie als Sommerresidenz.
- Der königliche Pavillon **Tham Phraya Nakhon** im Khao Sam Roi Yot National Park (► 133) liegt in einer Höhle verborgen.
- In seinen hoch gelegenen Sommerpalast **Khao Wang** bei Phetchaburi (► 138) zog sich Rama IV. zurück.
- Auf dem Hügel **Khao Dang Kuan** in Songkhla (► 141) thront ein Pavillon Ramas V.

Banda-It und **Khao Luang**, lange Zeit ein bevorzugter Picknickplatz der königlichen Familie.
✚ 198 B4
TAT
✉ Cha-am ☎ 3247 1005

Phra Nakhon Khiri
🕘 Mi–So 9–16 Uhr 💰 preiswert

Drahtseilbahn zum Khao Wang
🕘 tägl. 8–16 Uhr 💰 preiswert

5 Nakhon Si Thammarat
Der Archipel von Ko Samui zieht manche Besucher derart in seinen Bann, dass sie der Stadt am Fluss Khlong Na Wang keine Beachtung schenken. Nakhon Si Thammarat ist das religiöse und kulturelle Zentrum des Südens. Tempel, Schreine, Moscheen und Kirchen spiegeln die Geschichte der Stadt wider, die zeitweilig von indischen und arabischen Einflüssen geprägt wurde. Zum bedeutenden **Wat Mahathat** gehört das **Viharn-Kien-Museum** mit einem Tempelschatz aus 50 000 Spendengaben. Im **Nationalmuseum** ist eine Statue des Vishnu aus dem 9. Jahrhundert zu sehen.

Das **Schattenspiel** (*nang thalung*) ist eine kulturelle Tradition Südthailands. Die lebensgroßen Figuren (*nang yai*) verkörpern Gestalten des Epos *Ramakien*. Im öffentlichen Atelier des **Suchart House** kann man Suchart Subsin bei der Herstellung der Figuren zuschauen. Sie werden

Vergoldete Buddhastatuen in der Galerie des Wat Phra Mahathat, Nakhon Si Thammarat

aus Büffel- oder Kuhleder angefertigt. Bei Aufführungen, die heute nur noch zu besonderen Anlässen stattfinden, werden ihre Schatten auf eine große Leinwand geworfen. Figuren, die alle einen jeweils eigenen Charakter haben, sind auch als Souvenirs erhältlich.

🞣 198 B1

TAT
✉ Sanam Na Muang
☎ 7534 6515/6

Nationalmuseum
✉ Thanon Ratchadamnoen
☎ 7532 4480 🕒 Mi–So 9–16 Uhr
💲 preiswert

Suchart House
✉ 110/18 Thanon Si Thammasok, Soi 3
☎ 7534 6394 💲 preiswert

Viharn Kien Museum
✉ Thanon Ratchadamnoen
🕒 tägl. 8.30–12, 13–16 Uhr

6 Vogelschutzgebiet Thale Noi

Das Schutzgebiet Thale Noi (»Kleiner See«) ist von sumpfigem Marschland geprägt, das Hunderten von Wasservogelarten als Brutgebiet dient. Zugvögel suchen zwischen Dezember und April hier ihre Rastplätze auf. In dem landschaftlich reizvollen Gebiet kann man zweistündige Fahrten in einem Langboot (vom Ausgangsort Phatthalung) unternehmen und sich dabei durch eine surreal wirkende Seenlandschaft treiben lassen.

🞣 199 E2

TAT
✉ Ratchadamnoen Road ☎ 7534 6515

Sonnenuntergang im Vogelreservat Thale Noi

Für Kinder
- Strandvergnügungen in Hua Hin (► 130f)
- Der Park des Hotels **Sofitel Central** (► 142) in Hua Hin ist eine Märchenwelt mit Bäumen in Gestalt tanzender Elefanten, einem Riesenschachspiel und einem Labyrinth.
- **Wanderung und Bootsfahrt** zum königlichen Pavillon **Tham Phraya Nakhon** (► 133)
- Im Khao Sam Roi Yot National Park (► 132f) sind **Affen** und andere **Wildtiere** zu beobachten.
- Westlich des Dorfes Bophut auf Ko Samui gibt es eine **Gokart-Bahn** (Samui Kart Club, tägl. 9–21 Uhr; Eintritt mittel).

7 Songkhla

Die Provinzhauptstadt liegt auf einer schmalen Landzunge zwischen dem Golf von Thailand und dem See Thale Sap Songkhla. Einige der historischen Baudenkmäler stammen aus der Zeit der Na-Songkhla-Dynastie.

In einem prachtvollen chinesischen Stadtpalast (1878) ist das **Nationalmuseum** untergebracht. Die Exponate, darunter landwirtschaftliche Geräte und chinesisches Mobiliar, illustrieren die Geschichte der Provinz.

Nach Lust und Laune! 141

Ruhender Buddha im Nationalmuseum von Songkhla

Der **Wat Matchimawat,** in herrlichen Gärten gelegen, wird von farbenprächtigen Yaks bewacht. Am nordöstlichen Stadtrand erhebt sich der **Khao Dang Kuan**, von dessen Gipfel sich ein prachtvoller Weitblick eröffnet. Im Süden liegt das muslimische Fischerdorf **Khao Saen**, wo jeden Nachmittag (außer Freitag) ein Fischmarkt abgehalten wird und wo man die bunt bemalten Korlae-Boote der Fischer bewundern kann.

🕂 199 E2
Nationalmuseum
✉ Thanon Jana
🕘 Mi–So 9–12, 13–16 Uhr
💰 preiswert

❽ Malaysia

Für eine Reise in das südliche Nachbarland empfiehlt sich eine Zugfahrt von Padang Besar: Man erreicht in vier Stunden Butterworth.

Die malaiische Grenze liegt nur 50 Kilometer von Songkhla entfernt. Von Bangkok führt eine Bahnstrecke an der Golfküste entlang in zwei Stunden nach Sungai Kolok, das wenige Kilometer vor der Grenze liegt und einen wichtigen Verkehrsknotenpunkt des Landes darstellt. Auf thailändischer Seite gelangt man per Taxi zur Golok-Brücke und von dort mit einem zweiten Taxi über die Grenze nach Rantau Panjang. Die Grenzorte selbst sind wenig einladend.

Als Alternative bietet sich eine Fahrt in einem komfortablen, klimatisierten Bus von Hat Yai, Phuket, Krabi oder Bangkok an. Reisende aus dem westlichen Ausland dürfen sich in der Regel 30 Tage ohne Visum in Malaysia aufhalten (die Zahlung einer Visum- oder Einreisegebühr, wie manche Busunternehmen sie fordern, ist daher nicht notwendig).

Korlae-Boote

Die Holzboote der muslimischen Fischer entstehen in vier Monaten reiner Handarbeit. In Ban Pasay Yawo (2 Kilometer nördlich von Saiburi) oder Pattani kann man den Bootsbauern, die die Schiffsrümpfe mit ornamentreichen Malereien verzieren, bei der Arbeit zusehen. Die Ornamente werden seit Jahrhunderten unverändert überliefert und bestehen aus mythologischen Motiven und Fabeltieren wie Löwen, Vögeln und Seeschlangen. Lediglich die ursprünglichen Segel der Boote wurden mittlerweile durch Motoren ersetzt.

Wohin zum ... Übernachten?

Preise
Für ein Doppelzimmer gelten folgende Preise:
€ unter 1000 Baht   €€ 1000–4000 Baht   €€€ über 4000 Baht

An der Golfküste Thailands, insbesondere in und um Hua Hin, haben sich vor allem Wellness-Resorts angesiedelt, die ihren Gästen eine unvergleichliche Ruhe und Entspannung bieten. Die touristische Entwicklung der Ferieninsel Ko Samui geht zwar in einem rasanten Tempo voran, dennoch findet man noch viele preiswerte Bungalows mit komfortablen Zimmern.

HUA HIN

Anantara Resort and Spa €€€

In diesem palastartigen Resort verschmelzen die landestypische Architektur, gepflegte Parks und moderner Komfort zu einem harmonischen Ganzen. Alle Zimmer sind mit Rattan- und Teakmöbeln ausgestattet und haben jeweils eigene Terrassen mit Meerblick. Das Restaurant Baan Thalia bietet entsprechend der gesundheitsbewussten Ausrichtung des Hauses ausgewogene und köstliche Speisen an.

✚ 198 B3
✉ 43/1 Phetkasem Beach Road
☎ 3252 0250; Fax 3252 0259;
www.anantara.com

Chiva Som International Health Resort €€€

Das Resort wurde von der Zeitschrift *Traveller* zum »World's Best Destination Spa 2000« gewählt. Der Name dieses unvergleichlichen Wellness-Resorts bedeutet »Zufluchtsstätte des Lebens«. Hier findet der verwöhnungsbedürftige Gast alles, was zu seiner Erholung beitragen kann. Der an den Strand grenzende Park ist 3 Hektar groß; die Swimmingpools sind nicht nur zum Schwimmen geeignet, sondern auch ein wohltuender Anblick. 57 Luxuszimmer und -suiten stehen zur Verfügung.

✚ 198 B3
✉ 73/4 Thanon Phetkasem
☎ 3253 6536; Fax 3251 1154;
www.chivasom.net

Hilton Hua Hin €€€

Das gigantische Luxushotel (ehemals Meliá Hua Hin) beherrscht das Bild des Strandes. Die 296 Zimmer und Suiten bieten einen überwältigenden Meerblick und sind mit Satellitenfernsehen, Video und Minibar ausgestattet. Squash- und Fitnessräume, Disko, Kinderspielplatz und Swimmingpool sind nur einige der Einrichtungen. Das Hotel liegt in angenehmer Nähe der berühmten Fischrestaurants der Stadt. Im hoteleigenen Restaurant werden exzellente Gerichte serviert.

✚ 198 B3
✉ 33 Thanon Naretdamri
☎ 3251 2888; Fax 3251 1135;
www.hilton.com

Sofitel Central €€€

Das herrschaftliche alte Hotel mit kolonialem Flair wurde 1923 eröffnet und war mit allem erdenklichen Luxus der damaligen Zeit ausgestattet. In dem liebevoll restaurierten Haus mit hohen Decken und geschnitzten Balustraden sind die 1920er-Jahre noch lebendig. Im Park gibt es einen märchenhaften Tierfigurengarten. Es gibt drei Swimmingpools, einen Krocket- und mehrere Tennisplätze. Die exzellenten Restaurants sind ebenfalls zu Recht berühmt (u. a. Railway Restaurant; ▶ 145).

✚ 198 B3
✉ 1 Thanon Damnoen Kasem
☎ 3251 2021; Fax 3251 1014;
www.sofitel.com

Wohin zum ...

KHAO SAM ROI YOT PARK

Dolphin Bay Resort €

Das kleine Resort bietet die komfortabelsten Unterkünfte in größtmöglicher Nähe zum Nationalpark. Es liegt 35 Kilometer südlich von Hua Hin an der hübschen Bucht Phu Noi. Zehn Bungalows und 24 Zimmer im Haupthaus stehen zur Verfügung. Es gibt zwei Swimmingpools und eine schöne Aussicht aufs Meer. Alle Zimmer sind mit Klimaanlage, Satellitenfernsehen und Minibar ausgestattet. Die Speisekarten der Restaurants sind thailändisch und europäisch.

✈ 198 B3
✉ 223 Moo 4, Phu Noi Beach
☎ 3255 9333; Fax 3255 9334;
www.dolphinthailand.com

ARCHIPEL VON KO SAMUI

Central Samui Beach Resort €€€

Der ansprechende, moderne Kolonialstil des Resorts fügt sich harmonisch in die tropische Umgebung ein. Der Flughafen ist in 15 Minuten zu erreichen. 208 schön proportionierte Zimmer und Suiten sind mit Kabelfernsehen und Minibar ausgestattet. Das »Centara Spa« hat die besten Wellness-Angebote der Insel. Ein großer Swimmingpool, Tennisplätze, Fitnessraum und Jacuzzi vervollständigen das Angebot. Mit einem kurzen Spaziergang sind die besten Bars und Restaurants am Strand Chaweng zu erreichen.

✈ 198 C2
✉ 38/2 Moo 3, Borpud, Chaweng Beach
☎ 7723 0500; Fax 7742 2385;
www.centralhotelsresorts.com/samuibeach

Coral Cove Chalets €€

Zwischen den Stränden Chaweng und Lamai liegt die Bungalowanlage von Kokospalmen umgeben an einer kleinen Bucht, die für Schnorchelausflüge gut geeignet ist; es gibt mehrere Korallenriffe zu entdecken. Die landestypisch gestalteten Bungalows bieten einen weiten Meerblick.

✈ 198 C2
✉ 210 Coral Cove Beach, Lamai
☎ 7742 2173;
Fax 7742 2496;
www.coralcovechalet.com

Imperial Boat House €€€

Das Resort ist eines von Thailands einzigartigen Schmuckstücken. Es besteht aus 34 schön gestalteten Hausbooten aus Teakholz und einem bootsförmigen Swimmingpool und liegt an einem unverdorbenen Strandabschnitt des Hat Choeng Mon im Nordosten von Ko Samui. Die alten Hausboote, die ursprünglich zum Transport von Reisfrachten dienten, wurden in Luxussuiten umgewandelt. Weiterhin gibt es im Hotel mit 176 luxuriösen Zimmern (Satellitenfernsehen und Minibar). Die All Scuba Adventures Diving School ist dem Resort angeschlossen und bietet Kurse mit verschiedenen Schwierigkeitsstufen an. Das vietnamesische Restaurant ist erstklassig, daneben gibt es japanische und thailändische Restaurants.

✈ 198 C2
✉ 83 Moo 5, Hat Choeng Mon
☎ 7742 5041; Fax 7742 5460;
www.imperialboathouse.com

Natural Wing Resort €€

Bei der touristischen Erschließung von Ko Samui wird der Naturschutz in vielen Fällen missachtet. Auf das Hotel Natural Wing am Hat Bang Po im Nordwesten von Ko Samui trifft dieser Vorwurf nicht zu. Mehrere Villen schmiegen sich unaufdringlich an eine Anhöhe. Unterkünfte in Baumhäusern stehen ebenfalls zur Verfügung. Ein Spa und ein Restaurant mit Speisen der thailändischen, vietnamesischen und japanischen Küche vervollständigen den Komfort des exzellenten Resorts.

✈ 198 C2
✉ 11/5 Moo 6, Hat Bang Po
☎ 7742 0871; Fax 7742 1368;
www.naturalwing.com

Pavilion Resort €€

Das erstklassige Haus am Hat Lamai liegt in einiger Entfernung vom geräuschvollen Abschnitt des Strandes. Das Personal ist hilfsbereit und

144 Der Süden

freundlich. Der schöne, große Swimmingpool ist ebenso erstklassig. Unterkünfte findet man im Haupthaus und in 36 Hütten, die im Thai-Stil gebaut sind. Alle Zimmer sind mit Klimaanlage, Minibar und Balkon ausgestattet. Das Restaurant Blue Marlin liegt auf der Strandseite und bietet exzellente Fischgerichte und klassische Thai-Speisen an.

☐ 198 C2 ☒ 124/24 Moo 3, Hat Lamai
☎ 7742 4420; Fax 7742 4029;
www.pavilionsamui.com

CHA-AM

Cha-am ist ein beliebter Ausgangsort für eine Besichtigungsfahrt nach Phetchaburi.

Regent Cha-am €€€

Das große Resort liegt wenige Kilometer südlich von Cha-am an der Straße nach Hua Hin (Bangkok ist 185 Kilometer entfernt). Ein gepflegter, 16 Hektar großer Park umgibt das Anwesen, dessen 700 Zimmer sich auf die drei einzelnen Hotels Regent Cha-am, Regency Wing und Regent Chalet verteilen. Ein unverdorbener ruhiger Strand liegt vor der Hotelanlage. Alle Zimmer bieten eine Aussicht auf einen von drei Swimmingpools, den Park oder das Meer. Zu den Einrichtungen gehören ein Fitnessraum, Sauna, Squashräume, Tennisplätze und ein Jacuzzi.

☐ 198 B4 ☒ 849/21 Thanon Phetkasem
☎ 3245 1240-9; Fax 3247 1491-2;
www.regent-chaam.com

Scandy Resort €

Das freundliche Resort liegt im Zentrum von Cha-am am Meer. Die Zimmer und die Betten sind gleichermaßen geräumig. In der exzellenten thailändisch-skandinavischen Küche werden köstliche Gerichte zubereitet. Ein Swimmingpool ist vorhanden. Das Hotel organisiert Tauchausflüge nach Ko Tao, einer Insel der Ko-Samui-Gruppe.

☐ 198 B4
☒ 274/32–33 Thanon Ruamchit
☎ 3247 1926; Fax 3247 1926;
www.scandy-resort.in.th

Wohin zum ...
Essen und Trinken?

Preise
Die Preise gelten pro Person für ein Drei-Gänge-Menü ohne Getränke und Service:
€ unter 200 Baht   €€ 200–500 Baht   €€€ über 500 Baht

HUA HIN

Brasserie de Paris €

Das exzellente französische Restaurant besitzt eine Terrasse mit Meerblick. Meeresfrüchte sind die Spezialität des Hauses; besonders empfehlenswert sind neben anderen klassisch französischen Hauptgerichten, Desserts und Appetithappen die Jakobsmuscheln *Coquille Saint-Jacques*. Die französische Leitung garantiert das hohe Niveau. Angeboten wird auch eine große Auswahl französischer Weine. Von der Terrasse hat man einen Blick auf die bunte Fischereiflotte von Hua Hin.

☐ 198 B3 ☒ 3 Thanon Narettdamri
☎ 3253 0637
⏰ tägl. 11.30–14.30, 18–23 Uhr

Capo's Al Fresco €

Das Steakhaus liegt dem City Beach Resort gegenüber. Auf der Terrasse im zweiten Stock sitzt man abends besonders schön. Auf der Speisekarte findet man die Namen von Hollywoodstars der 1950er- und 1960er-Jahre, nach denen viele Gerichte benannt sind. Besonders zu empfehlen sind die Spare Ribs »James Dean« mit süßer Marinade. Eine Vielfalt von Fleischgerichten wird auf einem Holzkohlegrill zubereitet. Liebhaber von echtem italienischem Eis aus eigener Herstellung finden eine riesige Auswahl.

Railway Restaurant €€€

Vor einigen Jahren wurde das Railway Hotel (heute Sofitel Central; ▶ 142) aufwändig restauriert; dabei entstand das prachtvolle Railway Restaurant. Es ist im Stil des Bahnhofs von Hua Hin mit alten Bahnhofsuhren und anderen Erinnerungsstücken dekoriert. Neben Thai-Klassikern wird ein vielfältiges Spezialitätenbüfett aus der französischen, italienischen und chinesischen Küche angeboten.

✚ 198 B3
☒ Sofitel Central Hotel, 1 Thanon Damnoen Kasem
☎ 3251 2031 ⏰ tägl. 6.30–23.30 Uhr

Saeng Thai €€

Die Fischereiflotte von Hua Hin entlädt ihre tägliche Fracht direkt am Pier vor dem beliebten Fischrestaurant, dem ältesten Restaurant der Stadt. Auf die Frische der Ware, die die Anziehungskraft des großen Restaurants unter freiem Himmel ausmacht, ist ebenso Verlass wie auf die freundliche Bedienung. Die Gerüche des Fischmarktes vermischen sich hier mit der Salzluft des Meeres.

✚ 198 B3
☒ Thanon Narettdamri (am Pier)
☎ 3251 2144
⏰ tägl. 11–22.30 Uhr

Suan Guang €€

Alteingesessen und beliebt ist auch das Restaurant Suan Guang. Aus gutem Grund wird es von Thais gern aufgesucht – die Speisen sind hervorragend. Auf der Speisekarte stehen auch einige sehr scharfe Currygerichte aus der südthailändischen Küche. Als Zugabe wird klassische Thai-Musik live gespielt.

✚ 198 B3
☒ 43/1 Phetkasem Beach Road
☎ 3252 0250
⏰ tägl. 11–23 Uhr

ARCHIPEL VON KO SAMUI

Ali Baba €€

Die Speisekarte des Restaurants ist hauptsächlich indisch, aber auch einige Thai- und europäische Klassiker werden angeboten. Mit Recht gilt es als das beste indische Restaurant auf Ko Samui. In einem echten indischen Ofen entstehen köstliche Tikka- und Tandoori-Gerichte. Die indischen Fischgerichte sind ebenfalls empfehlenswert. Eine große Auswahl an Kaffeespezialitäten rundet das Angebot ab.

✚ 198 C2
☒ Chaweng Beach Road (gegenüber Samui Hot Club), Chaweng
☎ 7723 0253
⏰ tägl. 9–24 Uhr

Betelnut €€€

In der Küche des besten privat geführten Restaurants der Insel entsteht eine Fusion aus thailändischen und kalifornischen Klassikern. Gründer des Hauses ist der Kalifornier Jeffrey Lord. Die Speisekarte wird laufend verändert und steckt voller erfreulicher Überraschungen, wie z. B. Ribeye-Steak mit Kartoffelchips und grüner Currypfeffersauce. Köstliche Desserts wie Käsekuchen mit Amaretto und einer Kruste aus Cashewnüssen und Zimt stehen zur Auswahl. Es wird empfohlen, einen Tisch reservieren zu lassen.

✚ 198 C2
☒ 46/27 Chaweng Boulevard, Central Chaweng
☎ 7741 3370
⏰ tägl. 18–24 Uhr

Captain's Choice €€€

Das Strandrestaurant gehört zur Hotelanlage Imperial Boat House (▶ 143) und zu den besten Restaurants auf Ko Samui. Die Mittagskarte besteht aus leichten Speisen, abends gibt es köstliche Spezialitäten wie Garnelen, Tintenfische, Krabben und Langusten. Gelegentlich wird Haifischfleisch angeboten. Ein Wein aus dem umfangreichen Angebot vervollständigt das Menü.

Der Süden

➕ 198 C2
🏠 Imperial Boat House, 83 Moo 5, Hat Choeng Mon
☎ 7742 5041
🕐 tägl. 11–22 Uhr

Happy Elephant €€

Die Ahnung von Gemütlichkeit und Freundlichkeit, die der Name verspricht, bestätigt sich im Restaurant. Es liegt beim Bophut Beach auf Ko Samui und bietet sehr gute Thai-Spezialitäten. Fisch und Meeresfrüchte überwiegen auf der Speisekarte, aber auch Pizza, Pasta und Burger werden angeboten. Es gibt eine große Auswahl an Fruchtsäften.

➕ 198 C2
🏠 78/1 Moo 1, Bophut Beach
☎ 7724 5347
🕐 tägl. rund um die Uhr

One Korean BBQ €€

In den letzten Jahren hat sich die koreanische Sitte des geselligen Grillabends in Thailand erlaubt verbreitet, wobei es den Thais gelungen ist, eine eigene Note hinzuzufügen. Die thailändische Variante zeichnet sich durch großzügigere Beigaben von Chili, verschiedene Dips und vielfältige Gemüsebeilagen aus. In großer Gesellschaft ist das Vergnügen an einem Grillabend am größten. Ein Koreaner betreibt dieses Restaurant, das im Haus des Baan-Thai-Restaurants zu finden ist. Zu den Fleischgerichten ist besonders die exzellente scharfe Knoblauchsauce (*kim chi*) des Hauses zu empfehlen.

➕ 198 C2
🏠 Baan Thai Restaurant (2. Stock), Chaweng Beach Road
☎ 7723 1123 🕐 tägl. 12–23 Uhr

Oriental Gallery €€

Das Restaurant, das zu den besten auf Ko Samui zählt, pflegt eine klassische thailändische Küche, bietet aber auch einige europäische Lieblingsgerichte wie Pizza, Pasta und Steaks an. Die vegetarischen Speisen und Fischgerichte sind unübertrefflich. Der Speisesaal ist mit thailändischen und birmanischen Lackarbeiten, Gemälden und Skulpturen geschmückt. Draußen speist man in einem üppigen tropischen Garten.

➕ 198 C2
🏠 Chaweng
☎ 7742 2200
🕐 tägl. 14–23 Uhr

Osteria Pizza and Pasta €€

In der Osteria werden gute italienische Pizza- und Pastagerichte serviert. Die Auswahl an Antipasti ist vielfältig; so werden z. B. verschiedene *bruschette* angeboten. Besonders zu empfehlen ist auch die *pizza calzone*. Dazu stehen italienische und französische Weine zur Auswahl.

➕ 198 C2
🏠 Osteria Plaza, Chaweng Beach Road
☎ 7723 0057
🕐 tägl. 18–23 Uhr

Pakarang €€

Das Restaurant liegt in ruhiger und schöner Umgebung abseits des turbulenten Strandes von Chaweng. Der Speisesaal ist mit Landschaftsbildern von Ko Samui verziert, draußen sitzt man unter rankenden Bougainvilleen. Auf Wunsch lässt sich der Chefkoch dazu herab, den thailändischen Gerichten etwas von ihrer Schärfe zu nehmen. Hauptsächlich werden Currys zubereitet. Zu den köstlichen Speisen passt ein Cocktail aus der umfangreichen Getränkekarte.

➕ 198 C2 🏠 9 Moo 2, Tambon Bophut
☎ 7742 2223
🕐 tägl. 11.30–15, 17.30–23.30 Uhr

Poppies €€

Im Restaurant kann man unter verschiedenen Lokalitäten wählen: Ein schöner Teakpavillon steht in einem tropischen Garten, an der Strandseite gibt es ein Zelt. Die Gerichte stammen hauptsächlich aus der mittelthailändischen Küche. Dienstags, donnerstags und freitags spielt ein Gitarrist klassische Musik, Samstagnacht wird klassischer thailändischer Tanz gezeigt.

➕ 198 C2
🏠 South Chaweng Beach Road
☎ 7742 2419
🕐 tägl. 7–23 Uhr

Wohin zum ... Einkaufen?

An der Golfküste sind Einkaufsgelegenheiten dünn gesät. Insbesondere Hua Hin hat in dieser Hinsicht nicht viel zu bieten. Auf Ko Samui ist die Auswahl interessanter; es gibt einige Schmuckgeschäfte. Vorsicht ist jedoch beim Kauf von Edelsteinen ohne Fassung geboten.

KO SAMUI

In der Gegend der Strände **Chaweng** und **Lamai** reihen sich **Supermärkte** aneinander, die den täglichen Bedarf decken. Eine gute Adresse für Badebekleidung ist **Life's A Beach** (Chaweng Beach Road, Tel. 7742 2630).

Im **Ko Samui Hemp Store** (South Chaweng Beach Road, Tel. 7742

Sala-Thai €€

Die Auswahl an Restaurants am Hat Lamai auf Ko Samui ist eingeschränkt. Das Sala Thai zählt zu den empfehlenswerten Restaurants. Die Speisen sind thailändisch und international. Zu den Spezialitäten des Hauses gehören Hühnerfleisch in Kokosmilch (*tom kha gai*) und gegrillte Garnelen (*kung pao*).

✠ 198 C2
✉ Lamai Beach Road (gegenüber der Full Moon Bar)
☎ 7723 3180
🕐 tägl. 16–23.30 Uhr

PHETCHABURI

Rabieng Rim Nam €

In zentraler Lage an der Chomrut-Brücke findet man das beliebte Restaurant, in dem man aus über 100 thailändischen und englischen Gerichten wählen kann. Eine regionale Spezialität ist *khanom jin thawt man* (Reisnudeln mit scharfem Fisch). Zum Restaurant gehört ein Guesthouse, das Reisenden als nützliche Informationsquelle dienen kann und außerdem einen Internetanschluss bereithält.

✠ 198 B4
✉ 1 Thanon Chisa In
☎ 3242 5707
🕐 tägl. 7–23.30 Uhr

NAKHON SI THAMMARAT

Krua Nakhon €

Das große, freundliche Freiluft-Restaurant wird seinem Namen (»Nakhon-Küche«) gerecht, da es leckere regionale Spezialitäten anbietet. Die kunsthandwerklichen Dekorationen stammen aus Südthailand, ein hoher Banyan-Baum spendet Schatten. Besonders zu empfehlen sind u. a. Reissalat (*khao yam*) und scharfes Fischcurry (*kaeng tai plaa*). Nebenan wird im Hao Coffee Shop ein exzellenter Kaffee serviert, der im Restaurant bestellt werden kann.

✠ 198 B1
✉ Bovorn Bazaar
🕐 tägl. 7–15 Uhr

Wang Inn Kitchen €

Das gemütliche Restaurant befindet sich unter demselben Dach wie das Nakhon Garden Inn. Das Frühstück ist exzellent und die Auswahl an thailändischen und europäischen Gerichten groß. Ebenso vielfältig ist die Auswahl an Eisbechern.

✠ 198 B1 ✉ 1/4 Thanon Pak Nakhon
☎ 7534 4831
🕐 tägl. 7–23 Uhr

SONGKHLA

The Seafood Restaurant €

In einer Stadt am Meer und in der Nähe eines Binnensees ist exzellente Fischrestaurants, unter denen das Seafood Restaurant das beste ist, eigentlich auch zu erwarten. Eine große Vielfalt fangfrischer Süß- und Salzwasserfische sowie Krustentiere steht zur Auswahl. Ungewöhnlich ist ein Gericht mit Krabbeneiern in Ananascurrysauce (*kaeng sapparot sai khai meng daa thalae*).

✠ 199 E2 ✉ Het Samila
🕐 tägl. 11.30–14.30, 17–20.30 Uhr

148 Der Süden

2057) wird eine große Auswahl an Erzeugnissen aus Hanf angeboten, die von den Bergstämmen Nordthailands stammen. **Oriental Gallery Arts and Antiques** (Chaweng Beach Road, Tel. 7742 2200) handelt mit hochwertigen Möbeln und kunsthandwerklichen Stücken aus Teakholz und organisiert den nationalen und internationalen Versand.

Der beste Schneider der Insel ist **Joop! Tailors** (Hat Choeng Mon, Tel. 7741 4011, und Chaweng Beach, Tel. 7741 3237). Ein Kleid oder Anzug wird innerhalb von 24 Stunden fertig gestellt.

Wer ein gutes Buch sucht, kann im **Nathon Book Store** (Thanon Na Amphoe, Nathon, Tel. 7742 0218) fündig werden. Es gibt eine große Auswahl (angeblich 30 000) englischsprachiger Bücher aus zweiter Hand. Zu empfehlen ist ein weiterer Secondhand-Buchladen, **AP Silver** (14/1 Chaweng Beach Road, Tel. 7742 2283), mit einer guten Auswahl an Sonderangeboten.

Wohin zum … Ausgehen?

Das Nachtleben an der Golfküste Thailands konzentriert sich zumeist auf Ko Samui und Ko Phangan. In Hua Hin gibt es etliche Bierkneipen (zwischen Thanon Naretdamri und Thanon Phunsuk).

GOLF

Der älteste Golfplatz Thailands befindet sich in **Hua Hin**: Der **Royal Hua Hin Golf Course** (Tel. 3251 2475) ist ein 18-Loch-Platz von 1924. Mehrere hochwertige Golfplätze sind in der Folgezeit entstanden, sodass Hua Hin und der Nachbarort Cha-am zu den beliebtesten Zielen von Golfurlaubern geworden sind. Die Gebühren der meisten Plätze liegen bei 25 US-$ (werktags) und 50 US-$ (an Wochenenden). Auf den meisten Plätzen werden Caddies benötigt, die ca. 6 US-$ plus 4–8 US-$ Trinkgeld erhalten. Für ein Elektroauto bezahlt man ca. 25 US-$ (inkl. Caddie).

NACHTLEBEN

Ko Samui

In der **Green Mango Disco** (Soi Green Mango, Chaweng Beach) wird es erst nach Mitternacht richtig lebendig. Der **Reggae Pub**, ebenfalls am Chaweng Beach, hat sich über die Jahre bewährt; eine riesige Freilichttanzfläche vibriert im Rhythmus des Reggae und der neuesten Sounds. Entspannter geht es im **Upstairs Bar and Lounge** zu (Oriental Gallery, Chaweng Beach Road, Tel. 7742 2200). Die Happyhour beginnt um 22.30 Uhr und dauert bis Mitternacht.

Am **Big Buddha Beach** lohnt es sich, das **Secret Garden Festival** (22/1 Moo 4, Ban Bangrak, Tel. 7742 5419) zu besuchen. Es findet von Dezember bis April jeden Sonntag zwischen 14 und 22 Uhr statt. Was als improvisierte Jamsession unter Freunden begann, hat sich zu einem Szeneereignis entwickelt, bei dem gelegentlich auch internationale Stars hereinschauen.

Die bekannteste Disko am **Hat Lamai** ist **Bauhaus**, ein gewaltiger Unterhaltungskomplex mit gigantischen Bildschirmen, auf denen Sportereignisse aus aller Welt gezeigt werden. Gelegentlich finden Transvestitenshows und Wettkämpfe im Thai-Boxen statt.

Ko Phangan

Jeden Monat wiederholt sich in der Vollmondnacht eine Großveranstaltung auf der kleinen Schwesterinsel von Ko Samui. Die **Vollmondpartys** am Hat Rin (▶ 135) haben sich zu einem weltberühmten Treffpunkt der Raveszene entwickelt.

Südwestküste

Erste Orientierung 150
In sieben Tagen 152
Nicht verpassen! 154
Nach Lust und Laune! 164
Wohin zum … 168

Erste Orientierung

Die Andamanensee liegt auf der westlichen Seite der schmalen südlichen Halbinsel Thailands, deren Küste mit ihren weißsandigen Buchten, zahlreichen vorgelagerten Inseln und steilen Karstfelsen von atemberaubender Schönheit ist. Die nördlichste Insel der Region ist Ko Phuket; die Küstenlinie verläuft südlich bis zur malaiischen Grenze.

Ko Phuket ist die bekannteste Ferieninsel; sie besitzt einen internationalen Flughafen mit guten Inlandsverbindungen. Idyllischer, aber ebenso beliebt ist Ko Phi Phi. Der Thale Ban National Park ist eine Oase der Ruhe und Einsamkeit. Leuchtend bunte hölzerne Langboote fahren zu den vorgelagerten Inseln hinüber. Unter der Wasseroberfläche verbirgt sich eine exotische Meereswelt, die für Taucher und Schnorchler faszinierende Eindrücke bereithält. Auch oberhalb nehmen die Attraktionen kein Ende. Die Küstenlinie von Krabi ist ähnlich spektakulär wie die von Ao Phang Nga; es gibt Kaffee- und Cashewnussplantagen, tropische Regenwälder und Mangroven.

Eine artenreiche Pflanzen- und Tierwelt wird im Khao Sok National Park geschützt, einer Dschungelwelt und Heimat der größten bekannten Blumenart, des wilden Lotus (*Rafflesia kerri meyer*).

Die Küste der Andamanensee wird zwischen Mai und Oktober vom Südwestmonsun heftiger getroffen als die östliche Golfküste vom Nordostmonsun. Auf einer Reise durch diese Region sollte man sich der geruhsamen Lebensweise anpassen und viel Zeit mitbringen.

Ko Surin National Park

Khao Lak, Ko Similan und Ko Surin
5

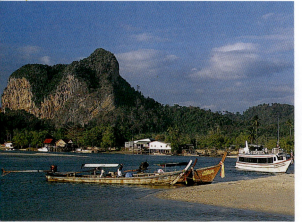

Links: Senkrecht aufragende Karstfelsen an der Küste von Krabi

Vorhergehende Seite: Charakteristisches Bild des Hat Thram Phra Nang

Erste Orientierung

★ Nicht verpassen!
1. **Khao Sok National Park** ► 154
2. **Ao Phang Nga** ► 156
3. **Krabi** ► 159
4. **Ko Phi Phi** ► 162

Nach Lust und Laune!
5. Khao Lak, Ko Similan und Ko Surin ► 164
6. Ko Phuket ► 164
7. Ko Jam ► 165
8. Ko Lanta Yai ► 166
9. Provinz Trang ► 166
10. Ko Tarutao ► 167
11. Thale Ban National Park ► 167

Rechts: Die wildromantische Küste von Ko Lanta Yai

Südwestküste

Der Reiseweg verläuft von Norden nach Süden. Das »Inselhüpfen« wird von einer Dschungeltour, einer Bootsfahrt vor einer bizarren Küstenlandschaft und einer Geländewagenfahrt unterbrochen und schließt mit erholsamen Strandtagen ab.

Die Südwestküste in sieben Tagen

Erster Tag

Vormittags
Ein Flug von Bangkok nach ❻ **Ko Phuket** (➤ 164f) dauert 1½ Stunden (verzichten Sie auf langwierige Zug- und Busfahrten). Flüge von Bangkok und vor allem Pattaya (➤ 120) sind preiswert. Von Ko Samui, Chiang Mai, Hat Yai und Surat Thani aus wird Ko Phuket ebenfalls angeflogen. Probieren Sie mittags eines der dortigen Nudel- und Curryrestaurants aus, z. B. Thai Naan (➤ 171).

Nachmittags/abends
Verbringen Sie den restlichen Tag am bekanntesten Strand der Insel, **Ao Patong** (➤ 164), und übernachten Sie in einem der Luxusresorts (z. B. Le Meridien; rechts; ➤ 169).

Zweiter Tag

Vormittags
Im Mietwagen oder Bus fahren Sie über Takua Pa zum ❼ **Khao Sok National Park** (links; ➤ 154f). Planen Sie vier Stunden für die Fahrt ein.

Nachmittags/abends
Entspannen Sie sich in einer Hängematte unter einem Baumhaus, und lauschen Sie den Stimmen des Dschungels. Nehmen Sie an einer Nachtsafari (➤ 155) teil.

Dritter Tag

Brechen Sie nun zu einer Tour mit Führung auf, die Sie tief in das Innere des Khao Sok National Park (➤ 155) hineinführt. Der **Chieo-Lan-Stausee** ist in eine imposante Landschaft aus Kalksteinfelsen, Flüssen und Höhlen eingebettet. Unterkunft findet man auf einem Wohnfloß.

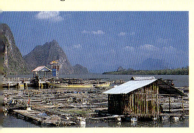

Vierter Tag

Vormittags
Im Mietwagen oder Bus fahren Sie zur Bucht ❷ **Ao Phang Nga** (links; ➤ 156ff), deren Karstfelsen kleine Inseln im Meer bilden. Bei einer Busfahrt steigt man in Takua Pa um.

Nachmittags
Touren führen durch die Bucht **Ao Phang Nga**. Der Veranstalter Sayan Tours bietet Fahrten mit Fischessen und Übernachtungen in einem schwimmenden Dorf an (➤ 156). Die Touren starten um 14 Uhr am Busbahnhof.

Fünfter Tag

Vormittags
Im Mietwagen oder Bus fahren Sie in ca. 1½ Stunden nach ❸ **Krabi** (unten; ➤ 159ff). Unternehmen Sie eine Tagestour durch die **Provinz Krabi** (➤ 181). Besichtigen Sie dabei den Waldtempel **Wat Tham Sua** (➤ 161), und legen Sie im Restaurant Poda (➤ 161) eine Pause ein.

Nachmittags und abends
Langboote fahren zu den schönen Stränden von **Laem Phra Nang** (➤ 160). Gegen Abend können Sie nach Krabi zurückkehren und auf dem Nachtmarkt zu Abend essen. Hervorragende italienische Menüs gibt es bei Viva (➤ 170).

Sechster und siebter Tag

Von Krabi fahren Schiffe nach ❹ **Ko Phi Phi** (➤ 162f). Verbringen Sie zwei erholsame Tage an den zauberhaften Stränden, oder halten Sie bei einer Bootsfahrt (in den meisten Reisebüros zu buchen) nach Schwarzspitzen-Riffhaien Ausschau, die eine Länge von 2 Metern erreichen können und vor den Felsen und Riffen umherziehen.

Khao Sok National Park

Das Naturschutzgebiet ist eines der ältesten Ökosysteme der Erde. In Nebel gehüllte Karstfelsen ragen wie Türme aus dem urweltlichen Dschungel empor, der von einem Netz von Flüssen durchzogen ist. Elefanten, Bären und Tiger leben verborgen in den dichten Wäldern. Affen, Echsen, Wildschweine, Rotwild und Leuchtkäfer bekommt man häufiger zu Gesicht. Die Rufe der Gibbons dringen vom Dach des Dschungels herab, das Zirpen der Zikaden ist immer und überall zu hören.

Bleibende Eindrücke gewinnt man, indem man sich einfach dem Naturerlebnis überlässt. Wanderwege führen vom Besucherzentrum zu Wasserfällen, über dicke Luftwurzeln hinweg, an Schirmpalmen und gigantischen Bambusstämmen vorüber. Die zumeist scheuen Großsäugetiere wird man kaum zu Gesicht bekommen, dafür aber tanzende Schmetterlinge, riesenhafte Libellen und Bäume, an denen die Rambutanfrucht wächst. Schon wegen ihrer Größe überwältigend ist die *Rafflesia*, die größte Blume der Welt, mit einem Durchmesser von einem Meter und 7 Kilogramm Gewicht. Der wilde Lotus blüht nur im Januar und Februar.

Links: Schilderwald am Eingang zum Naturpark

Unten: Eine Bambusfloßfahrt ist eine von vielen Möglichkeiten, einen Fluss zu erkunden

198 A1 40 km östlich von Takua Pa Besucherzentrum tägl. 8–16 Uhr teuer

Khao Sok National Park

KHAO SOK NATIONAL PARK: INSIDER-INFO

Top-Tipps: Der **Kilometerstein 109** ist Haltepunkt für Busse, die zum Naturpark fahren. Es genügt auch, dem Fahrer Khao Sok als gewünschtes Ziel anzugeben.
- Die **Regenzeit** (Juni bis September) ist von äußerst heftigen Niederschlägen geprägt. Wanderwege können unpassierbar werden. Die Chance, Wildtiere zu sehen, nimmt jedoch zu.
- Von einem schlechten **Satellitentelefon** abgesehen, gibt es im Naturpark keine Verbindung zur Außenwelt. Elektrischer Strom steht sporadisch zur Verfügung.
- Das Buch **Waterfalls and Gibbon Calls** von Thom Henley ist im Besucherzentrum zu kaufen. Anschauliche Illustrationen und eingängige Texte bieten Hintergrundinformationen zum Naturpark und können als Orientierungshilfe dienen.

Geheimtipp: Die Kalksteinfelsen, die den **Chieo-Lan-Stausee** umgeben, erreichen eine Höhe von bis zu 960 Metern – sie sind dreimal so hoch wie die Felsen der Bucht von Phang Nga (▶ 156ff). Touren mit Führung sind in der Regel mit einer Übernachtung auf einem Wohnfloß am Seeufer verbunden (Unterkünfte können auch vom Besucherzentrum vermittelt werden). Ein besonders schöner Anblick ist der Stausee am frühen Morgen, wenn sich Nashornvögel, Adler, Gibbons und Elefanten am Ufer versammeln.

Die **Übernachtungsmöglichkeiten** im Park bestehen aus einfachen, aber romantischen Holzhütten auf Pfählen, die einen weiten Rundblick gewähren. Tagsüber entspannt man sich in einer Hängematte, nachts bei Kerzenlicht. In allen Guesthouses stehen englischsprachige Führer bereit, die **Tages- oder Nachtsafaris** begleiten. Programme werden nach Wunsch organisiert, z. B. Elefantenreiten, Kanufahren oder »Tubing« (dabei gleitet man auf einem Schwimmring einen Fluss hinunter; nur in der Regenzeit). Besonders empfehlenswert ist eine **Fahrt über den Stausee** mit Höhlenbesichtigung und Übernachtung.

Unten: Blick auf eine der ältesten Naturlandschaften der Erde

KLEINE PAUSE

Alle Hütten besitzen Restaurants, in denen traditionelle Thai-Speisen und einfache europäische Gerichte angeboten werden.

2 Ao Phang Nga

An der weiten Bucht ragen über 100 Kalksteinfelsen wie Türme aus dem Meer. Langboote führen Passagiere durch Mangroven und an senkrecht aufragenden Felswänden vorüber zu weißsandigen Stränden, halb im Meer versunkenen Höhlen mit tropfenden Stalaktiten, einem schwimmenden muslimischen Dorf und der Insel, die im James-Bond-Film *Der Mann mit dem goldenen Colt* eine wichtige Rolle spielte.

Ausgangspunkt für **Touren** durch das Naturschutzgebiet ist der Busbahnhof der unscheinbaren Stadt Phang Nga. Der etablierte Veranstalter **Sayan Tours** bietet einen freundlichen und effizienten Service. Halbtagsausflüge zu ausgewählten Inseln und Höhlen starten morgens oder nachmittags (d. h. zu weniger überlaufenen Tageszeiten); auf einem ganztägigen Ausflug gibt es mehr zu sehen, und im Programm ist eine Badepause enthalten.

Eine geruhsame Tour mit Übernachtung verbindet das Programm eines Halbtagsausflugs mit einem Aufenthalt in einer schlichten Unterkunft im schwimmenden muslimischen Dorf auf **Ko Panyi** und einem abendlichen Fischessen. Dabei sind Einbli-

Vor dem Hintergrund eines hochragenden Felsens wirkt das Motorschiff winzig

Das schwimmende Dorf auf Ko Panyi ist auf Pfählen verankert

cke in die Lebensweise der Dorfgemeinschaft möglich. Ein längerer Aufenthalt in der Stadt Phang Nga lohnt sich ohnehin kaum.

Das muslimische Dorf auf der Panyi-Insel hat 2000 Einwohner. Die schönsten Eindrücke gewinnt man erst am Abend, wenn die Fischrestaurants und Souvenirläden schließen und die Tagestouristen sich verflüchtigen. Durchwandern Sie das schwimmende Labyrinth aus korrodiertem Eisen und modrigem Holz, in dem sich Kinder, Hühner und Katzen mit schlafwandlerischer Sicherheit bewegen, ohne ins Wasser zu fallen. Aus dem Wasser ragende Pfähle dienen zur Vertäuung der wettergegerbten hölzernen Langboote. Fünfmal am Tag werden die muslimischen Einwohner zum Gebet in die grüngoldene Moschee gerufen.

Von Phang Nga ist es nur eine kurze Fahrstrecke zum Pier, von wo bunt bemalte **Langboote** an hohen, mangrovenbewachsenen Ufern vorüber durch das stille, grüne Wasser gleiten. Auf einem Ausflug mit einer gecharterten Segelyacht passiert man die große Tropfsteingrotte **Tham Lod**, die »Hundeinsel« **Khao Marju** und die Felsenhöhle **Khao Khien**, deren Malereien 1000 bis 3000 Jahre alt sein sollen. Schlusspunkt der Tour ist die **James-Bond-Insel** an der Bucht von Ko Phing Kan, deren kleiner weißsandiger Strand mit zahllosen Souvenirläden übersät ist.

Kleine Fischersiedlungen kauern am Ufer

Blick von der James-Bond-Insel auf das »Nagel-Eiland« Ko Khao Tapu

Souvenirläden auf der James-Bond-Insel

KLEINE PAUSE
Zum Programm einer Tagestour durch das Naturschutzgebiet gehört ein Mittagessen in einem **Fischrestaurant**. Wer möchte, kann auch über Nacht bleiben.

✚ 199 D2 ✉ Sayan Tours, 209 Phang Nga Bus Terminal, Phang Nga
☎ 7643 0348/1979 0858 💵 mittel

AO PHANG NGA: INSIDER-INFO

Top-Tipps: Organisierte **Rundfahrten** um die Bucht werden auch von Ko Phuket aus angeboten. In Phang Nga starten Touren mit kleineren Reisegruppen.
• Im **muslimischen Dorf** ist Alkoholgenuss nicht üblich; man legt Wert auf korrekte Kleidung.
• Beim Veranstalter Sayan Tours ist ein **Informationsblatt** erhältlich, aus dem die Route und die im Programm enthaltenen Sehenswürdigkeiten ersichtlich sind. Nach dem Abendessen stellt sich der Leiter von Sayan Tours gern für Fragen zur Verfügung.

3 Krabi

Der Name Krabi bezeichnet sowohl die kleine Fischerstadt als auch die schöne umliegende Küstenregion. Die Stadt ist ein beliebter Ausgangspunkt für Fahrten zu weißen Stränden an smaragdgrünem Meer. Die Hauptattraktionen der Region liegen vor der Küste. Viele der tiefen Buchten, vor denen Korallenriffe wachsen, sind nur per Boot zu erreichen. Im Hintergrund türmen sich Karstfelsen auf, an deren steilen Wänden sich Bergsteiger aus aller Welt erproben.

Die Fischerstadt liegt in einer friedlichen Landschaft am Krabi-Fluss, an dem man auf einer von Bäumen gesäumten Uferpromenade entlangwandern kann. Die überwiegend muslimischen Einwohner gaben den vorgelagerten Inseln bildhafte Namen, z. B. Ko Maeo und Ko Nu (»Katze und Maus«) oder »Hühnchen«. Krabi ist eine Hauptstadt der Gastronomie. Auf dem belebten **Nachtmarkt** rollen Köche am Straßenrand Teig aus und brutzeln frische Meeresfrüchte. Eine erstaunliche Vielfalt internationaler Speisen wird aufgetischt – neben thailändischen Currys und griechischen Salaten auch amerikanische Burger und mexikanische Spezialitäten.

Unterhalb einer Kalksteinklippe liegt ein 15 Meter langer **Ruhender Buddha**. Etwas abseits des Highway 404 ist er leicht zu verfehlen; er befindet sich 7 Kilometer von Krabi entfernt nahe dem entsprechenden Kilometerstein. Die Buddhafigur gehört zum **Wat Sai Thai**, in dem nur noch wenige Mönche leben.

18 Kilometer nordwestlich von Krabi liegt **Hat Nopphrat Thara** (»Strand des Neunjuwelenstromes«). Der schöne, von Kiefern begrenzte Strand ist Teil eines Naturschutzgebietes gleichen Namens. Ein Kanal fließt durch das Areal hindurch ins Meer. Der

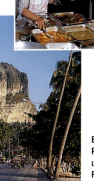

Auf dem Nachtmarkt von Krabi gibt es Currys in Hülle und Fülle

Ebenso viele Restaurants und Läden wie Palmen säumen die Strandstraße von Ao Nang

Wechsel der Gezeiten ist stark ausgeprägt; bei Ebbe ist das Schwimmen in der Bucht unmöglich, doch die Einsamkeit des Strandes lädt jederzeit zu einem Spaziergang oder Picknick ein. An der weiten Bucht des Hat Noppharat Thara gibt es Angebote für **Boots- und Schnorchelausflüge** zu den kleinen vorgelagerten Inseln Poda und »Hühnchen«.

Südlich der Bucht **Ao Nang**, einem touristischen Anziehungspunkt, liegt die kleine Landspitze **Laem Phra Nang**, die nur per Langboot von Krabi aus zu erreichen ist. Das Gebiet ist bei **Bergsteigern** beliebt, die sich von den anspruchsvollen Felswänden herausfordern lassen. Stellen für Anfänger sind ebenfalls vorhanden, aber auch das Zuschauen allein kann spannend sein. Kajaktouren führen durch Mangroven; Schnorcheln und Tauchen ist vor den nahe gelegenen Inseln möglich. Alle genannten Sportaktivitäten werden an den Stränden angeboten.

Es gibt drei Strände: **Ao Phra Nang** wird von **East Rai Lai** und **West Rai Lai** flankiert, dazwischen liegen Bungalowanlagen. Der östliche Strand besteht eher aus Felsen und Mangroven und ist zum Sonnenbaden nicht geeignet; die dortigen Unterkünfte sind preisgünstiger. Am westlichen Strand gibt es

Unten: Bergsteiger am Kap Laem Phra Nang

✚ 199 D2
TAT
✉ Utrakit Road ☎ 7561 1381

Krabi

Angebote für Schnorchler, Taucher, Kajakfahrer und Bergsteiger. Auf dem Weg zu den Stränden passiert man den »Tigerhöhlentempel« **Wat Tham Sua** im Nordosten von Krabi. Es ist einer der bedeutendsten Waldtempel Südthailands. Nonnen und Mönche leben in Meditationshütten, die in Waldhöhlen verborgen liegen. In der ersten Höhle kann man den Nonnen beim Herstellen von Armreifen zusehen. Steile Stufen führen zu einer kleineren Höhle, in der ein riesiger **Fußabdruck eines Buddha** verehrt wird. Beim Schrein der chinesischen Göttin der Gnade führen Stufen fast vertikal zu einer Anhöhe hinauf, von der man weit über die Küste blicken kann. Der Aufstieg dauert etwa eine Stunde.

Weitere Stufen führen zu den Meditationshütten und einem Tempel mit einem **Großen Buddha**, der einen Spiegel in seiner Handfläche trägt. Ein markierter Spazierweg führt schließlich durch ein Waldstück, dessen ältester Baum 1000 Jahre alt sein soll. Von der Utrakit Road fahren *songthaeos* zum Tempel; es empfiehlt sich jedoch, einen Geländewagen oder ein Motorrad zu leihen.

Oben: Blick vom Hat Thram Phra Nang (Laem Phra Nang)

Oben rechts: Langboot vor dem Strand East Rai Lai

KLEINE PAUSE

Von der Bucht Ao Nang folgen Sie der Straße bis zu einer Abzweigung, die landeinwärts in einen unbefestigten Weg einmündet. Sie gelangen zum rustikalen **Restaurant Poda** (tägl. 10.30–16, 18–22 Uhr; mittel). Thai- und europäische Speisen werden angeboten, auf der Abendkarte findet man Fischgerichte und Speisen aus der internationalen Küche.

KRABI: INSIDER-INFO

Top-Tipps: Auf Straßenschildern wird die Bucht **Ao Nang** manchmal mit dem Namen **Ao Phra Nang** bezeichnet und ist leicht mit dem Strand dieses Namens am Kap Laem Phra Nang zu verwechseln.

• Zwischen Mai und Oktober sind die meisten **Unterkünfte** an der Bucht Ao Nang geschlossen. Von der Flut angeschwemmtes Geröll bedeckt dann den Strand. Empfehlenswerter sind zu der Zeit die Strände der Landspitze **Laem Phra Nang**.

Muss nicht sein! Zahlreiche Schilder weisen auf den Fossilienfriedhof von **Su-San Hoi** hin, der auch im Rahmen organisierter Ausflüge von Krabi aus zu besuchen ist. In Felsblöcken sind 75 Millionen Jahre alte Fossilien von Mollusken eingeschlossen, die für geologisch Interessierte sehenswert sein können.

4 Ko Phi Phi

Die paradiesische Insel Ko Phi Phi bezaubert durch zwei tief geschwungene Buchten, die nur wenige Hundert Meter voneinander entfernt liegen. Einige Tausend Einwohner leben auf der Insel, deren einzigartige Gestalt von schroffen Felsen und wucherndem Dschungel gebildet wird. Feinsandige weiße Strände, die im Schutz von angrenzenden Palmen- und Kiefernwäldern liegen, fallen sanft zum flachen aquamarinblauen Meer ab. Die Insel steht unter Naturschutz.

Fähren legen am Inselhafen an und entladen unzählige Passagiere und kleinere Wasserfahrzeuge wie Kanus und Speed-Boote; auf der Insel gibt es keinen Straßenverkehr. Nahe beim hölzernen Pier ruht ein **Fischerdorf** auf baufälligen Stelzen im Wasser.

Die beiden Hauptstrände sind durch einen schmalen, dicht bewachsenen Landstreifen voneinander getrennt. An der Bucht **Ao Lo Dalam** wird touristischen Bedürfnissen wie Windsurfen, Tretbootfahren und Picknicken Rechnung getragen. An der Bucht **Ao Ton Sai** kann man Fischern zusehen, die ihre altersschwachen Boote zur Reinigung auf den Strand ziehen. Durch den Sand schlängeln sich die Taue der Holzboote. Bei Ebbe waten die Fischer durch das

Links: Yachten und Langboote liegen an der Bucht Ao Ton Sai vor Anker

Unten: Blick auf die Zwillingsstrände vom beliebten Aussichtspunkt der Insel

Ko Phi Phi

knöcheltiefe Wasser und halten Ausschau nach Seegurken und Krabben, die in den Wasserlachen zwischen den Uferfelsen zurückbleiben.

Ein beliebter Ausflug vor Sonnenuntergang (Hinweise im TAT-Büro) führt über einen Pfad oder eine steile Treppe zum höchsten **Aussichtspunkt** der Insel. Von dort kann man den Blick über die beiden Buchten und die mit dichter Vegetation bedeckten Berge schweifen lassen. Am Ziel der halbstündigen Wanderung wartet ein Laden mit Erfrischungen. Ein weiterer Fußweg führt zu den Stränden von Ao Lanti und Ao Lo Bakao.

Auf der östlichen Seite der Bucht Ton Sai wird der schneeweiße Sand von Felsen begrenzt

KLEINE PAUSE

In der **Jungle Beach Bar** (11.30–2 Uhr) werden Kokoscocktails und andere alkoholfreie Getränke in einem phantasievollen und gepflegten Dschungelambiente serviert. Man gelangt dorthin, indem man sich vom Hauptpier nach links wendet und den Hinweisschildern folgt. Das französische Restaurant **Le Grand Bleu** (137 M7 Ao Ton Sai, Tel. 1893 5096; legrandbleu@hotmail.com; mittel) besticht durch ein schönes Holzinterieur. Es befindet sich am linken Rand der Hauptstraße (vom Hauptpier rechts). Ein Menü setzt sich z. B. aus *salade niçoise*, Steak in Pfeffersauce und *crème brûlée* zusammen.

🟫 199 D2
TAT
✉ Krabi (➤ 159)

KO PHI PHI: INSIDER-INFO

Top-Tipps: In der **Hochsaison** wirkt Ko Phi Phi auf Rucksacktouristen wie ein Magnet; der Urlauberstrom ist so groß, dass die kleine Insel ihn kaum fassen kann.

• Die Website **www.phi-phi.com** wurde von Kennern zusammengestellt, die seit zwölf Jahren auf der Insel leben. Auf der Website findet man u. a. eine detaillierte Karte sowie die Abfahrtszeiten der Fähren und kann einen Newsletter abonnieren.

Nach Lust und Laune!

5 Khao Lak, Ko Similan und Ko Surin

Das Dorf **Khao Lak** liegt im Khao Lak National Park und wird von etwa 30 Fischerfamilien bewohnt. Beim Schnorcheln, Tauchen und Trekking dringt man tief in die faszinierende Szenerie des Nationalparks ein. Das Dorf ist Ausgangspunkt für Fahrten zu den Inselgruppen **Similan** (sieben Inseln) und **Surin** (fünf Inseln), die von weltberühmten Tauchgründen umgeben sind. Ausgedehnte Korallenriffe wimmeln von farbenprächtigen Meeresbewohnern. Auf den abgelegenen Inseln gibt es keine Unterkünfte, sodass nur Tagesausflüge oder Übernachtungen auf dem Boot möglich sind. In der Monsunregenzeit (zwischen Mai und Oktober) sind die Inseln praktisch unzugänglich. Dreitägige Touren werden z. B. von **Sea Dragon** in Khao Lak organisiert (Tel. 1229 2418). Zum Angebot gehören Überfahrten, Unterkunft, Verpflegung und Ausrüstung.

✢ 198 A1

Für Kinder

- **Schnorcheln** – Tagestouren nach Ko Phi Phi werden von Seatran Travel angeboten. Der Holiday Diving Club (Tel. 7634 1235; teuer) am Strand Patong auf Ko Phuket bietet Touren inkl. Verpflegung und Ausrüstung an.
- **Fantasea** auf Phuket (am Hat Kamala, Tel. 7638 5100, www.phuket-fantasea.com, Mi–Mo 17.30–22.30 Uhr; teuer) – spektakuläre Nachtshows mit modernen Licht- und Soundeffekten, traditionellem Thai-Tanz und Büfett
- **Phuket Butterfly Garden and Aquarium** (Yaowarat Road im Norden von Phuket Town, tägl. 9–17.30 Uhr; teuer) – schillernde Schmetterlinge und Korallenfische
- **Whale-Watching** (Informationen beim Besucherzentrum, Tel. 7478 1285) – Tagesausflüge (Preis: mittel) starten von Ko Tarutao; auch Delphine sind zu sehen
- **Bootsausflug** zur Bucht Phang Nga (► 156)

6 Ko Phuket

Um 900 n. Chr. diente die Insel indischen und arabischen Seefahrern als Ankerplatz. Heute ist die »Perle der Andamanensee« für ihre exquisite Gastronomie, Wassersportmöglichkeiten und Tauchgründe berühmt. Die größte Insel Thailands ist zugleich die wohlhabendste Region des Landes. Alles hat Format: die weit geschwungenen Strände, die riesigen Luxushotels und die hohen Berge, an deren Hängen sich Straßen entlangwinden. Das Zentrum der touristischen Entwicklung ist der Strand **Ao Patong**, der auch Sitz der meisten Tauchschulen, Geschäfte, Fischrestaurants und Bars ist. An den Nachbarstränden **Ao Karon** und **Ao Kata** geht es ruhiger zu. Alle Strände an dieser Seite der Insel sind von Hotelgroßbauten geprägt. Am kleinen, ruhigen Strand Kamala kann man aber noch immer Was-

Der einsame Strand bei Khao Lak ist Teil eines Nationalparks

serbüffel sehen, die zur Abkuhlung an den Strand kommen. Hat Mai Khao ist Teil eines Nationalparks an der nördlichen Küste. Die Siedlungen der »Seezigeuner« (▶ rechts) liegen vornehmlich an der Süd- und Ostküste der Insel.

Das Bild der Altstadt von Phuket Town ist von sinoportugiesischen Stadtvillen und Geschäftshäusern des 19. Jahrhunderts, hochwertigen Antiquitätenläden und taoistischen Tempeln geprägt. Der Eintritt zum taoistischen **Schrein des Klaren Lichts** ist frei.

Ko Phuket ist durch die Sarasin-Brücke mit dem Festland verbunden, was zu einem regen Autoverkehr geführt hat. Zur Monsunzeit kann es starke Unterwasserströmungen und hohen Wellengang geben; Schwimmer werden durch rote Fähnchen auf die Gefahr hingewiesen.

✚ 199 D2
TAT
✉ 73–75 Phuket Road ☎ 7621 2213
⏰ tägl. 8.30–16.30 Uhr

❼ Ko Jam

Die entlegene Fischerinsel zeichnet sich eigentlich nur durch Mangroven und Cashewnussplantagen aus. Der nördliche Inselteil ist von undurchdringlichen Wäldern bewachsen. Eine Hand voll schlichter Bungalowunterkünfte ist vorhanden. Langboote wer-

Kulturelle Verbindungen

An der thailändischen Westküste verlief einstmals eine Handelsroute von Indien nach China und Malaysia. Im 16. Jahrhundert ließen sich portugiesische Kaufleute auf Phuket nieder. Die Geschichte hat in der Region Spuren hinterlassen, die vor allem auf Phuket noch sichtbar sind – chinesische Läden und Tempel, portugiesische Kolonialbauten, muslimische Moscheen. Die kulinarischen Gebräuche weisen chinesische, malaiische und indische Einflüsse auf. Die Bewohner des ländlichen Binnenlandes haben thailändische und malaiische Wurzeln; im tiefen Süden wird eine Sprache gesprochen, die dem Malaiischen und Indonesischen eng verwandt ist. Im 1. Jahrtausend besiedelten »Seezigeuner« (*chao le*) aus Indonesien die Insel. Kleine Gesellschaften ihrer Nachkommen leben noch heute an der Küste der Andamanensee; sie unterscheiden sich äußerlich durch eine dunklere Hautfarbe und rote Haare von den Thai. Ihrer alten Tradition folgend, tauchen sie an der Küste wie vor 1000 Jahren nach Perlen, Muscheln und Fischen.

Südwestküste

den ausgesandt, um den Fähren von Krabi und Ko Lanta entgegenzufahren; die Insel ist eine wahre Oase der Ruhe.
🞤 199 D2

⑧ Ko Lanta Yai

Das Landschaftsbild der entlegenen, friedlichen Insel ist wildromantisch. Mit einer Länge von 25 Kilometern ist sie die größte Insel der Ko-Lanta-Gruppe. Reisende, die der »Krabi-Tour« (► 181) folgen, können ihre Autofahrt nach Ko Lanta Yai (etwa 100 Kilometer) fortsetzen. Autofähren fahren von Krabi zur Insel hinüber.

> **Fünf Inselrefugien**
> Ko Jam (► 165)
> Ko Similan (► 164)
> Ko Surin (► 164)
> Ko Lanta Yai (► 166)
> Ko Tarutao (► 167)

⑨ Provinz Trang

Die Provinzhauptstadt Trang (»Stadt der Wellen«), einst ein bedeutender Knotenpunkt der Handelsschifffahrt, besitzt heute eine blühende Kautschukindustrie. Chinesische Einflüsse erkennt man an den zahllosen Nudelrestaurants und am alljährlich im September/Oktober gefeierten **Vegetarierfest**.

Die Küste der Provinz weist mehrere vorgelagerte Inseln, weiße Sandstrände und hochragende Kalksteinfelsen auf. **Hat Jao Mai** erstreckt sich über 5 Kilometer und gehört zu einem Naturpark gleichen Namens. Auf den vorgelagerten Inseln **Ko Hai**, **Ko Muk** und **Ko Kradan** findet man einladende Strände und ausgezeichnete Bedingungen zum Schnorcheln vor. Am ebenso schönen **Hat Pak Meng** sind außerdem Karsthöhlen zu erforschen.
🞤 199 E2
TAT
✉ Sanon Na Muang, Nakhon Si Thammarat
☎ 7534 6515

Fischerboote auf Ko Lanta Yai, mit glücksbringenden Bändern verziert

Eine Straßenbrücke befindet sich zurzeit im Bau. Die Fähren legen an einem verfallenen Dorf an, in dessen Nachbarschaft sich touristische Einrichtungen und hölzerne Pfahlrestaurants befinden. Der kaum erschlossene südliche Teil der Insel wird von Kautschukbäumen, Garnelenzuchtfarmen und Reisfeldern eingenommen. In der Monsunregenzeit ist Ko Lanta Yai praktisch ausgestorben; die weiten, offenen Strände werden von Stürmen gepeitscht, und die meisten Unterkünfte sind dann geschlossen.
🞤 199 D2
TAT
✉ Utrakit Road, Krabi ☎ 7561 1381

Nach Lust und Laune! 167

🔟 Ko Tarutao

Der Tarutao National Marine Park umfasst 51 zumeist unbewohnte Inseln. Einsame Strände, Karsthöhlen und Mangroven sind zu entdecken. Mehr als 100 Vogelarten, darunter Adler und Reiher, sind im Naturpark beheimatet. Wildschweine, Makaken und Schwarzlanguren (eine Affenart) bevölkern das Regenwaldgebiet. An den Stränden legen vier Spezies von Meeresschildkröten ihre Eier ab. Das Meer ist Lebensraum von Delphinen, Walen und zahlreichen Fischen. Übernachtungen sind auf den Inseln Ko Tarutao, Ko Adang und Ko Lipe möglich. Der Nationalpark ist von November bis April für Besucher geöffnet und in der Monsunzeit geschlossen (genaue Öffnungszeiten, die von Jahr zu Jahr variieren, können im Besucherzentrum erfragt werden).

➕ 199 E2 ✉ Fähren von Pak Bara
Besucherzentrum
✉ Pak Bara ☎ 7478 1285
💰 preiswert (Spenden willkommen)

🔟 Thale Ban National Park

Das Regenwaldgebiet nahe der malaiischen Grenze ist die Heimat seltener Vogelarten, die ihren Lebensraum mit Bären und Leoparden teilen. Wanderungen mit Führung (teuer) können in der Zentrale gebucht werden; sie

Der Thale Ban National Park liegt abseits der üblichen Touristenwege

Malaysia

Viele Reisende, die bis zum südlichen Ende des thailändischen »Rüssels« vordringen, spüren die Anziehungskraft, die von Malaysia (➤ 141) und Singapur ausgeht. Die Verkehrswege sind gut ausgebaut, der Grenzübergang ist unkompliziert, sodass zahlreiche Besucher lediglich zur Erneuerung ihres Visums in das Nachbarland reisen. Eine angenehme Bahnfahrt im Schlafwagen, die an Feiertagen und Wochenenden im Voraus gebucht werden sollte, führt von Padang Besar über die Grenze. Am Grenzübergang müssen Sie den Zug mit Ihrem Gepäck zur Einreisekontrolle für kurze Zeit verlassen.

führen durch dicht bewachsene Täler zu einem Liliensee und stufenförmigen Wasserfällen (zum Schwimmen geeignet). Von Kalkfelsen genießt man einen weiten Rundblick. Für einen Besuch empfiehlt sich die Zeit zwischen Dezember und März, da in der Monsunzeit heftige Niederschläge an der Tagesordnung sind.

➕ 199 E1 ✉ 40 km nordöstlich von Satun, 90 km südlich von Hat Yai

Zentrale des Thale Ban National Park
☎ 0747 7073

Royal Forest Department Bangkok
☎ 2561 4292

Wohin zum ... Übernachten?

Preise
Für ein Doppelzimmer gelten folgende Preise:
€ unter 1000 Baht
€€ 1000–4000 Baht
€€€ über 4000 Baht

KRABI

Krabi Meritime €€
Das große Hotel am Krabi-Fluss bietet einige beeindruckende Ausblicke auf eine reizvolle Landschaft mit Kalkfelsen und Mangroven, durch deren Nähe es sich von anderen Hotels abhebt. Langbootfahrten in die Mangrovenwälder können arrangiert werden. Alle Zimmer sind mit Satellitenfernsehen, Klimaanlage und Minibar ausgestattet, außerdem gibt es einen großen Swimmingpool.

✚ 199 D2
✉ 1 Tungfah Road, Muang Krabi
☎ 7562 0028; Fax 7561 2992;
meritime@krabi-hotels.com;
www.krabi-hotels.com

Laughing Gecko €
In der Kategorie der preiswerten Strandbungalows fällt der Familienbetrieb besonders angenehm auf. Zur Unterhaltung werden Lagerfeuerabende angeboten. Die Bungalowunterkünfte liegen am schönen Strand Hat Noppharat Thara.

✚ 199 D2
✉ 1 km nordwestlich von Ao Nang
☎ 7563 1196

Rayavadee €€€
Das Resort ist die einzige Unterkunft an der Bucht Ao Phra Nang, also an einem der schönsten Strände der Erde. Die umliegenden Kalksteinklippen trennen das Resort von der Außenwelt. Es ist nur per Boot oder auf zwei beschwerlichen Fußpfaden zu erreichen. Rund 100 Luxuspavillons und Villen liegen inmitten einer großen Kokosplantage. Es gibt eine Video- und CD-Bibliothek und einen spektakulären Swimmingpool. Gepflegte Entspannung bietet ein Spa.

✚ 199 D2
✉ 214 Moo 2, Tambon Ao Nang
☎ 7562 0740; Fax 7562 0630;
rayavadee@rayavadee.com;
www.rayavadee.com

KO PHI PHI

Phi Phi Island Cabana €€€
Bei der Einfahrt in den Hafen von Ko Phi Phi fällt das Resort ins Auge. Es befindet sich in wunderschöner Lage im Urwaldstreifen zwischen den beiden Buchten der Insel, Ao Ton Sai und Ao Lo Dalam. Die komfortablen Bungalows bieten einen herrlichen Meerblick und sind für Ruhesuchende bestens geeignet. Außerdem gibt es ein Hotel mit klimatisierten Zimmern, einen Nachtclub, einen Billardclub und einen Swimmingpool.

✚ 199 D2
✉ Ao Ton Sai
☎ 7561 1496; Fax 7561 2132;
info@phiphicabana-hotel.com;
www.phiphicabana-hotel.com

Phi Phi Palm Beach €€€
Das Resort umfasst 80 Bungalows, die in einiger Entfernung von der unruhigen Ton-Sai-Bucht liegen. Die Bungalows sind für maximal drei Personen ausgerichtet; für Familien stehen jeweils zwei durch eine Verbindungstür gekoppelte Bungalows zur Verfügung. Alle Unterkünfte bieten eine Aussicht auf die Inseln Ko Yung (»Moskitoinsel«) und Ko Mai Phai (»Bambusinsel«). Zu den sonstigen Angeboten gehören ein Jacuzzi unter freiem Himmel, Tennisplätze, Sauna, Möglichkeiten zum Windsurfen und der einzige Süßwasser-Swimmingpool der Insel.

✚ 199 D2
✉ Laem Tong Beach
☎ 7561 2334; Fax 7621 5090;
resort@phiphi-palmbeach.com;
www.phiphi-palmbeach.com

Wohin zum ...

KO PHUKET

Amanpuri Resort €€€

Das exklusivste, abgelegenste und ruhigste Resort von Ko Phuket wird seinem Namen »Ort des Friedens« gerecht. Es gibt 40 schöne Pavillons und 30 unterschiedlich große Villen in klassischem Thai-Stil. Villengäste werden von eigenen Hausmädchen und Köchen vorzüglich betreut.
Weiterhin gibt es eine Bibliothek mit über 1000 Bänden und eine hoteleigene Flotte von etwa 20 Booten, die den Gästen für Ausflüge zur Verfügung stehen.

🛈 199 D2
✉ 118/1 Moo 3, Cherngtalay, Pansea Beach
☎ 7632 4333; Fax 7632 4100;
www.amanresorts.com

Chedi Resort €€€

108 luxuriöse Häuschen liegen von der Außenwelt abgeschirmt nahe dem Strand Pansea. Der umliegende Landschaftspark ist von überwältigender Schönheit. Jedes Häuschen verfügt über eine Veranda und ein Sonnendeck. Die Interieurs bestechen durch geflochtene Palmwedel, Teakholzböden, Naturstoffe, riesige Betten, Satellitenfernsehen und Klimaanlagen (in allen Zimmern). Ein besonderes Glanzstück ist der Swimmingpool. Weitere Angebote sind ein Spa, Tennisplätze, Wassersportmöglichkeiten und fünf Golfplätze (in einiger Entfernung).

🛈 199 D2
✉ 118 Moo 3, Choeng Thalay, Pansea Beach
☎ 7632 4017/20; Fax 7632 4252;
www.phuket.com

Diamond Cliff Resort €€€

Dieses elegante Resort mit Spa erstreckt sich über ein ausgedehntes Gelände. Alle Zimmer bieten einen Blick auf das glasklare Wasser der Bucht und sind mit Satellitenfernsehen ausgestattet. Zwei Restaurants stehen zur Auswahl. Gäste können an einem Kochkurs teilnehmen, der in der thailändischen Kunst des Obst- und Gemüseschnitzens einführt.

🛈 199 D2
✉ 284 Prabaramee Road, Patong Beach
☎ 7634 0501-6; Fax 7634 0507;
www.diamondcliff.com

Dusit Laguna Resort €€€

Das Resort ist Teil einer Hotelkette, zu der auch die Hotelanlagen Sheraton Grande Laguna Beach, Banyan Tree, Allamanda und Laguna Beach Resort gehören. Ist man in einem der fünf Resorts zu Gast, hat man Zugang zu den Einrichtungen aller übrigen Hotelanlagen. Im Dusit Laguna Resort werden alle erdenklichen Annehmlichkeiten geboten. Alle 226 Zimmer haben einen eigenen Balkon. Ein Swimmingpool mit Wasserrutsche, ein Golf- und mehrere Tennisplätze sind vorhanden.

🛈 199 D2
✉ 390 Thanon Sri Sunthorn, Thalang
☎ 7632 4324; Fax 7632 4174;
www.dusit.com

Felix Karon Phuket €€€

Das Hotel hat 121 Zimmer und liegt in der Nähe des beliebten Einkaufs- und Vergnügungsviertels an der Bucht Ao Karon. Die Zimmer sind mit Satellitenfernsehen, Minibar und hoteleigenen Videokanälen ausgestattet. Das Hotel ist bei Familien wegen der vielfältigen Angebote für kleine Gäste besonders beliebt. Für die Eltern gibt es ein Fitnesscenter und zwei Swimmingpools. Das Restaurant View Point ist für seine gute südthailändische Küche berühmt.

🛈 199 D2
✉ 4/8 Thanon Patak, Ao Karon
☎ 7639 6666-75; Fax 7639 6853;
www.felixphuket.com

Marina Phuket €€

Mehrere Häuschen in thailändischem Stil liegen in einer atemberaubend schönen Naturlandschaft mit Kokospalmen und einem Garten. Obstbäume, Farne, Palmen und Orchideen tragen zu einer entspannenden Atmosphäre bei. Alle Zimmer sind mit Gegenständen des thailändischen Kunsthandwerks ansprechend gestaltet und blicken entweder aufs Meer oder auf den Dschun-

170 Südwestküste

gel. Das Restaurant Sala Thai zählt zu den besten der Insel (▶ 171).

✚ 199 D2
🏠 119 Thanon Patak, Ao Karon
☎ 7633 0625; Fax 7633 0516;
www.marinaphuket.com

Le Royal Meridien Phuket Yacht Club €€€

Der exklusive Yachtclub von Ko Phuket liegt an der Bucht Ao Nai Harn, die zum Schwimmen gut geeignet ist. Ein Aufenthalt lohnt sich besonders Anfang Dezember zur jährlichen King's Cup Regatta. Das exquisite Hotel liegt am nördlichen Ende der Bucht und bietet neben Bilderbuchausblicken jeden nur vorstellbaren Luxus. Alle Zimmer blicken auf die Bucht und sind mit Minibar und Spielfilmkanälen ausgestattet. Zu den Angeboten gehören Yachttouren, ein Fitnesscenter, Tennisplätze und das Spa »Le Royal«.

✚ 199 D2
🏠 23/3 Thanon Viset, Ao Nai Harn
☎ 7638 1156-63; Fax 7638 1164;
www.phuket-yachtclub.com

Wohin zum ...
Essen und Trinken?

Preise
Die Preise gelten pro Person für ein Drei-Gänge-Menü ohne Getränke und Service:
€ unter 200 Baht   €€ 200–500 Baht   €€€ über 500 Baht

KRABI

Reuan Mai €–€€

Das ansprechende Gartenrestaurant bereitet ausgezeichnete Speisen aus der süd- und mittelthailändischen Küche zu. Es liegt 1,5 Kilometer nördlich der Stadt – ein Umweg, der sich lohnt. Die Auswahl an Meeresfrüchten ist groß und exquisit.

✚ 199 D2
🏠 Thanon Maharat
🕐 tägl. 11.30–14.30, 18–22.30 Uhr

Tamarind Tree €

Das Restaurant gehört zum beliebten Guesthouse KR Mansion. Die thailändischen und europäischen Gerichte sind von gleich bleibend guter Qualität; der Schwerpunkt liegt auf vollwertigen Speisen mit Zutaten aus biodynamischem Anbau. Auf dem Dach gibt es eine Bar, von der man am Abend einen schönen Blick auf die Berge genießt.

✚ 199 D2 🏠 KR Mansion, Thanon Chao Fa
☎ 7561 2761; Fax 7561 2545
🕐 tägl. 7–23 Uhr

Viva €

Das Restaurant unter italienischer Leitung bietet hausgemachtes Ciabatta-Brot, eine umwerfende Auswahl von 40 Varianten der echten sizilianischen Pizza, frische Spinatnudeln und importierte italienische Käsesorten. Sitzplätze findet man drinnen oder unter freiem Himmel.

✚ 199 D2 🏠 Thanon 29 Pruksa Uthit
☎ 7563 0517
🕐 tägl. 12–23.30 Uhr

KO PHI PHI

Amico Resto €€

Aus der besten italienischen Küche der Insel kommen Pizza und Pasta und Meeresfrüchte. Besonders zu empfehlen ist die *calzone* mit Meeresfrüchten.

✚ 199 D2 🏠 Ao Ton Sai
🕐 tägl. 11.30–22 Uhr

Andaman Seafood €€

Einiges aus der großen Auswahl an Meeresfrüchten stammt aus der Region. Exzellente Calamari und Riesengarnelen sowie Steaks von Schwertfisch und Hai (falls verfügbar) werden serviert.

✚ 199 D2 🏠 Ton Sai Village
🕐 tägl. 11–15, 17.30–24 Uhr

Wohin zum ...

KO PHUKET

Krajok Si €€

Das Restaurant befindet sich in einem Geschäftshaus des 19. Jahrhunderts im Herzen von Phuket Town. Sein Name bedeutet »farbiges Glas«. Zahlreiche Antiquitäten verleihen dem Innern eine gemütliche Atmosphäre. Zu den Spezialitäten des Hauses gehören eine köstliche Mousse aus Meeresfrüchten (*haw mok thaleh*) und ein Mangosalat.

✠ 199 D2
⌂ 26 Thanon Takua Pa, Phuket Town
☎ 7621 7903
⊙ Di–So 18–24 Uhr

Mom Tri's Boathouse €€€

Romantische Ausblicke auf die Bucht Ao Kata von der Terrasse machen das Strandrestaurant zu einem besonders einladenden Ort. Das Restaurant, in dem Thai- und europäische Speisen serviert werden, zählt zu den besten der Insel. Im Weinkeller lagern 350 erstklassige Weine.

✠ 199 D2
⌂ Boathouse Inn, 2/2 Patak Road, Ao Kata
☎ 7633 0015 ⊙ tägl. 7–22.30 Uhr

Old Siam €€

Restaurantgäste können zwischen einem schönen alten Teakholzhaus und einer Dachterrasse mit Meerblick wählen, auf der ein besonderes Erlebnis wird. Die Speisen entstammen der mittelthailändischen Küche. Jeden Mittwoch und Sonntag wird thailändischer Tanz aufgeführt, am späten Abend wird Thai-Musik gespielt.

✠ 199 D2
⌂ Karon Beach Road beim Hotel Thavorn Palm Beach
☎ 7639 6116
⊙ tägl. 12–15, 18–23 Uhr

The Regatta €€€

Das exquisite italienische Restaurant findet man in Le Royal Meridien Phuket Yacht Club (▶ 170). Die Speisen tendieren zur einfachen Hausmannskost. Nudelgerichte und Meeresfrüchte sind besonders köstlich. Der Chefkoch sorgt für eine regelmäßige Erweiterung der Speisekarte. Im Restaurant kann man einen romantischen Abend verbringen, den Sonnenuntergang an der Bucht Ao Nai Harn erwarten und dabei an einem Cocktail nippen.

✠ 199 D2
⌂ Le Royal Meridien Phuket Yacht Club, Ao Nai Harn
☎ 7638 1156
⊙ tägl. 19–23 Uhr

Sala Thai €€€

Das Hotel Marina Phuket besitzt zwei hervorragende Restaurants. Sala Thai gehört zu den berühmtesten Restaurants der Insel und beeindruckt durch eine bemerkenswerte Adaptation der traditionellen Thai-Architektur sowie herrliche Ausblicke auf den Dschungel. Bei Nacht können Gäste ein Abendessen mit Musikbegleitung genießen. Fliesenböden, Holzschnitzereien und schöne Wälder bilden luftige Tanzsäle unter freiem Himmel.

Im zweiten Hotelrestaurant On the Rock werden Meeresfrüchte und südthailändische Speisen in luxuriösem Ambiente serviert.

✠ 199 D2
⌂ 119 Thanon Patak, Ao Karon
☎ 7633 0625; Fax 7633 0516;
info@marinaphuket.com;
www.marinaphuket.com

Thai Naan €€

Das Restaurant befindet sich in einem Teakholzbau, der als der größte Südthailands gilt. Das Mittagsbüfett ist spektakulär. Neben zahlreichen Thai-Gerichten werden rund 20 verschiedene Arten von *dim sum* angeboten. Die »königliche« Thai-Küche zeichnet sich durch mundgerecht zugeschnittene Zutaten aus. Daneben werden traditionelle Inselklassiker angeboten. Eine regionale Spezialität ist auch das Srivichai-Dinner.

✠ 199 D2
⌂ 16 Thanon Vichitsongkhram, Phuket Town
☎ 7622 6164
⊙ tägl. 11.30–14, 19–23 Uhr

Wohin zum ... Einkaufen?

PHUKET TOWN

Antiquitäten und Kunsthandwerk

Die meisten Antiquitäten- und Kunsthandwerksläden findet man in den Straßen Yaowarat, Thalang und Ratsada im alten sinoportugiesischen Stadtzentrum. Bei **Ban Boran Textiles** (51 Thanon Yaowarat, Tel. 7621 2473) werden prachtvolle Kleidungsstücke zur Schau gestellt. **88 Ancient Art Gallery** (88 Thanon Yaowarat, Tel. 7625 8043) bietet eine Auswahl von chinesischen Vasen, Buddhafiguren aus Kambodscha und Myanmar und eine Vielfalt an Keramikwaren an. **The Loft** (36 Thanon Thalang, Tel. 7625 8160) erstreckt sich über versetzte Ebenen in einem restaurierten historischen Handelshaus. Auf der oberen Ebene wird mit zeitgenössischer Thai-Kunst, auf der unteren Ebene mit asiatischen Antiquitäten gehandelt. Bei **Touch Wood Antique Furniture** (12–14 Thanon Ratsada, Tel. 7625 6407) gibt es Kolonialstilantiquitäten aus Myanmar und Thailand zu kaufen.

Perlen

Auf Ko Phuket gibt es gute Bezugsquellen für hochwertige Perlen, insbesondere das **Pearl Centre** (83 Thanon Ranong, Soi Phutorn, Phuket Town, Tel. 7621 1707), wo man auch Sonderangebote findet.

UM PHUKET TOWN

Baanboonpitak (30 Thanon Prachanukroh, Patong Beach, Tel. 7634 1789) bietet Möbel in traditionellem Stil aus Thailand und Myanmar an. Bei **Siam Arts** (382/5 Thanon Srisunthorn, Cherngtalay, Thalang, Tel. 7632 5207) findet man Teakmöbel, Holzschnitzereien und Antiquitäten. In beiden Geschäften kümmert man sich um den Versand von Möbeln.

Wohin zum ... Ausgehen?

NACHTLEBEN

Ko Phuket

The Shark Club (1984 Thanon Ratuthit, Patong Beach, Tel. 7634 0525) ist die größte Disko der Insel. In der **Banana Discotheque** (96 Thanon Thawiwong, Patong Beach, Tel. 7634 0301) gibt es einen Pub und Livemusik. Im **Otawa** (100/7 Kalim Beach Road, Patong Beach, Tel. 7634 4254) ist nachts meistens das Raw Jazz Quartet zu hören. **Simon Cabaret** (100/6–8 Moo 4, Patong-Karon Road, Patong, Tel. 7634 2114) zeigt Transvestitenshows.

Ko Phi Phi

Carlito's Bar in der Ton Sai Bay bietet Themenabende. Im **Reggae Pub** (Main Street, Ton Sai Village) werden Wettkämpfe im *Muay Thai* ausgetragen.

AKTIVITÄTEN IM FREIEN

Die Kalkfelsen der Küste von Krabi stellen **Bergsteiger** vor vielfältige Herausforderungen von unterschiedlichem Schwierigkeitsgrad. Man kann sogar professionelle Lehrer engagieren.

An der Bucht Ao Phang Nga findet man ein ideales Gebiet für **Kajakfahrten**. Mit einem Kanu können enge Felsspalten durchfahren werden, die für größere Boote unpassierbar sind. Dabei hat der Kanute mitunter tiefe Felsüberhänge zu bewältigen, bei denen er sich flach aufs Boot legen muss.

Die **Fischfanggreviere** von Ko Phuket genießen Weltruf. Vollständig ausgerüstete Fischerboote oder kleinere Boote stehen zum Chartern bereit.

Spaziergänge & Touren

1 Chinatown in Bangkok 174
2 Dörfer bei Chiang Mai 177
3 Krabi 181
4 Khao Sam Roi Yot National Park 184

174 Spaziergänge & Touren

1 CHINATOWN IN BANGKOK

Spaziergang

LÄNGE: 2,5 Kilometer (Hinweg)
DAUER: 3 Stunden mit Reflexzonenmassage, Cocktailpause und Abendessen
START/ZIEL: Express-Boot-Anlegestelle Tha Ratchawong/Thanon Chakraphet ✚ 200 C2

Der Spaziergang durch die schmalen Gassen der Chinatown, zwischen der Thanon Charoen Krung und dem Fluss gelegen, führt zu exotischen Geschäften, verborgenen Tempeln, Goldschmiedeateliers und holzverkleideten Apotheken. Gedränge, Gerüche und mancher Anblick im Handelsviertel sind für empfindliche Gemüter zunächst schwer zu ertragen. Man sollte nachmittags aufbrechen; am Abend empfiehlt sich ein Besuch im rotierenden Restaurant des Hotels Grand Chinese Princess. Mit einem Hauch von Indien endet der Spaziergang. Beachten Sie: An Wochenenden sind viele Läden geschlossen, am Abend wird der Betrieb der Express-Boote eingestellt.

1–2

Ein Express-Boot bringt Sie zur Anlegestelle Tha Ratchawong. Von dort gehen Sie die Straße gleichen Namens hinauf. Ein Straßenschild mit der Aufschrift »**Soi Wanit 1**« weist

Kleine Pause

Ein **rotierendes Restaurant** (17–1 Uhr; teuer) mit Clublounge befindet sich im 25. Stock des Hotels **Grand Chinese Princess** (215 Thanon Yaowarat). Von dort blickt man bei einem Cocktail über die Stadt. Die von Flutlicht beleuchteten *wats* am Flussufer und die Lichter des Siam Square sind gut zu unterscheiden. Eine volle Umdrehung nimmt drei Stunden in Anspruch, sodass sich ein ausgiebiges Abendessen im Restaurant empfiehlt; es werden Thai-Speisen, Sushi und internationale Gerichte serviert.

Sie nach rechts. Die kleine Gasse im Herzen der Chinatown ist auch unter dem Namen **Sampeng Lane** bekannt. Sie ist kaum breit genug, dass man zu zweit nebeneinander gehen kann, dennoch werden hoch beladene Lastkarren und Motorräder wagemutig hindurchgeschleust. Die Sampeng Lane, einst

Händler in der Chinatown servieren Delikatessen, die zugleich vertraut und fremd wirken

Sehenswürdigkeiten
Wat Mangkon Kamalawat
✚ 200 C2 ◫ Thanon Charoen Krung 🚇 frei

Sikh-Tempel
✚ 200 B2 ◫ bei Thanon Chakraphet 🚇 frei

1 Chinatown in Bangkok

die Hauptstraße der Opiumhöhlen und Spielhäuser, hat sich zu einer touristischen Meile gewandelt; von chinesischer Seide bis hin zu Computerspielen ist alles zu kaufen.

2–3

Sie kommen am 100 Jahre alten **Goldgeschäft Tang To Kang** vorüber und biegen nach links in die **Soi 16** ein. Zu beiden Seiten der Gasse türmen sich Säcke mit Reismehlkeksen, Tee und getrockneten Pilzen; an Ständen werden regionale Delikatessen wie getrocknete Fische, gerupfte Enten, Schweineköpfe und Seepferdchen verkauft.

Überqueren Sie die Hauptstraße Thanon Yaowarat, und biegen Sie nach links in die Thanon Charoen Krung ein; auf der rechten

Gemeinsam ist man stark

Es kann geradezu lebensbedrohlich sein, in der Chinatown eine Straße zu überqueren. Die Fahrer der Autos, Busse, Motorräder und *tuk-tuks* scheinen auch an Fußgängerüberwegen nur widerwillig anzuhalten. Es empfiehlt sich, wie die Einheimischen nur in Gruppen über die Straße zu gehen.

Spaziergänge & Touren

Seite liegt der **Wat Mangkon Kamalawat** (»Drachenblumentempel«), in dem sich Elemente des Buddhismus, Konfuzianismus und Taoismus verbinden.

Der Tempel ist in der Regel mit Gläubigen gefüllt, die große Bündel von Weihrauchstäbchen in den Händen halten oder Geldscheine an einen leuchtend bunten Opferbaum heften; man sieht Mönche, die Amulette verkaufen oder Heilmittel aus der Tempelapotheke verteilen.

3–4

Beim Verlassen des Tempels wenden Sie sich nach rechts, dann geht es links in die Seitenstraße. An der Thanon Mangkon liegt der »**alte Markt**« Talaad Kao. Im oberen Geschoss des modernen Einkaufskomplexes können Sie eine Reflexzonen- oder eine Kopf- und Nackenmassage ausprobieren.

4–5

Folgen Sie nun der Hauptstraße Thanon Yaowarat. Vor der rechts abzweigenden Thanon Boriphat befindet sich der »**Diebesmarkt**« Nakhon Kasen, der längst kein Markt für Diebesgut mehr ist. Stattdessen wird mit Antiquitäten gehandelt.

Auf der linken Seite liegt der unterirdische Markt **Saphan Han** in bedrückender Enge an einem Kanal; die Stimmung erinnert an einen dickenschen Roman. Überquert man die Kanalbrücke, kann man nach links in die Thanon Chakraphet einbiegen.

5–6

Sie befinden sich in »**Little India**«. Folgen Sie dem grünen Hinweisschild durch das Gewimmel an der Thanon Phahurat zum **Sikh-Tempel**, der als der größte seiner Art außerhalb Indiens gilt. Kehren Sie dann zur **Thanon Chakraphet** zurück, wo Sie indische Restaurants und Süßwarenläden finden.

In manchen Straßen der Chinatown fühlt man sich nach Hongkong versetzt

Exotische Schätze

Die Chinatown birgt einzigartige Spezialitäten. Es lohnt sich, auf Geschäfte zu achten, in denen chinesische Schreine oder Grün- und Jasmintee in dekorativen Behältern verkauft werden. Probieren Sie *dim sum*, chinesische Eiscreme oder Lycheesaft, und sehen Sie sich die mit Holz verkleideten Apotheken voller faszinierend altertümlicher Heilmittel an.

2 DÖRFER BEI CHIANG MAI

Tour

LÄNGE: 600 Kilometer
DAUER: 3 Tage
START/ZIEL: Chiang Mai ✚ 196 B4

In einem weiten Bogen durchfahren Sie die reizvolle Berglandschaft, die man das »Dach von Siam« nennt. Die Rundfahrt führt zu Bergdörfern, zur »Stadt der drei Nebel« und dem höchsten Berg Thailands. Der Weg ist das eigentliche Ziel – die Route weicht den bevorzugten Touristenattraktionen aus. Da Individualreisende hier selten anzutreffen sind, haben Sie die Strecke ganz für sich allein.

1–2

Sie verlassen Chiang Mai auf der Straße 107 und folgen den Hinweisschildern nach **Mae Rim**. Von dort führen organisierte Tagestouren auf der Straße 1096 zu kommerziellen Elefantenshows, Schmetterlingsparks und Orchideenfarmen, für die sich ein Umweg kaum lohnt – mit Ausnahme des **Queen Sirikit Botanic Garden** (12 Kilometer von Mae Rim entfernt). Zu dessen Hauptattraktionen gehört das Tropical Rainforest House.

2–3

Folgen Sie der Straße 107 weiter in nördlicher Richtung, und biegen Sie nach links in die Straße 1095 ein. Machen Sie bei den heißen Quellen von **Pong Ron** (etwa 10 Kilometer vor dem Dorf) Halt.

Das Dorf **Pai** hat sich zu einem Stützpunkt für Reisende entwickelt. Hier findet man eine internationale Gastronomie und Jazzbars vor. **Rim Pai Cottage** (17 Moo 3, Viang Tai, Tel. 5369 9133; Preis mittel) bietet Blockhütten und Baumhäuser am Fluss sowie Duschen mit warmem Wasser. Authentische Eindrücke vom ländlichen Leben gewinnt man im weiter nördlich gelegenen Dorf **Soppong** (Jungle Guesthouse an der Hauptstraße, Tel. 5361 7099; Preis mittel).

3–4

Von Pai folgen Sie weiter der Straße 1095 und durchfahren eine der landschaftlich schönsten Strecken der Rundfahrt. Etwa 20 Kilometer nördlich von Pai findet man besonders reizvolle **Aussichtspunkte**. Kurz vor Soppong sollten Sie auf ein Hinweisschild achten, das Sie zur Höhle **Tham Lot** führt, die in einer von Terrassenfeldern geprägten Landschaft liegt. Sie fahren an Dörfern der Lahu vorüber und biegen nach rechts zum Karen-Dorf **Ban Tham** ab, dessen Häuser auf Pfählen stehen. Beim Dorf findet man einen Besu-

Reiseplanung

Die Rundfahrt ist mit etwa vierstündigen Autofahrten pro Tag verbunden. Sie können auch einen Fahrer engagieren, dessen Tagessatz in etwa so hoch ist wie die Leihgebühr für einen Mietwagen (vorzugsweise mit Allradantrieb). Weiterhin besteht die Möglichkeit, von Chiang Mai nach Mae Hong Son zu fliegen und von dort nach Chiang Mai zurückzufliegen. In den Zeitungsläden von Chiang Mai ist ein empfehlenswerter Routenplan des bekannten »Mae Hong Son Loop« erhältlich.

Spaziergänge & Touren

cherparkplatz und eine Informationstafel, auf welcher steht, wie man einen Führer engagiert. Außerdem findet man auf der Tafel einige historische Informationen und einen Lageplan. Ein Führer mit Lampe ist erforderlich, außer Sie besitzen eine gute Taschenlampe. Bei trockenem Wetter setzen Sie Ihre Fahrt in nördlicher Richtung auf der Straße 1095 fort (die bei Regen unpassierbar ist).

4–5

Auf der Straße 1095 wenden Sie sich nach rechts. Etwa 15 Kilometer hinter Soppong folgen Sie der Straße 1226 zur Höhle **Mae Lana**. Die reizvollen Felsformationen der Höhle, die als größte Asiens gilt, sind auf einer Länge von 12 Kilometern von einem Fluss durchzogen. Nahebei liegt Jabo, ein Stammesdorf der Lahu.

Von der Höhle Mae Lana kommend, biegen Sie rechts zum Dorf Mae Lana ab. Wahlweise halten Sie sich ganz rechts und gelangen zu einer zweiten Höhle, **Pa Puek**, die hinter dem Dorf gleichen Namens liegt. Das Dorf Mae Lana besitzt einen sehenswerten Tempel, der mit birmanischen Schutzfiguren geschmückt ist. Die Bewohner sind halb birmanischer und halb thailändischer Herkunft. Die Nähe der Grenze zu Myanmar ist zu spüren.

5–6

Kehren Sie zur Straße 1095 zurück, und halten Sie sich rechts. Zahlreiche Schilder weisen auf die »Fischhöhle« hin, die Sie ruhig außer Acht lassen können. Folgen Sie stattdessen der Straße weiter nach **Mae Hong Son**. Am Ortseingang biegen Sie rechts ab und halten sich weiter rechts; Sie gelangen zum Hügel, auf dem der **Wat Doi Kong Mu** steht. Noch beindruckender als der Tempel selbst ist die weite Aussicht über das Tal. Am schönsten ist jedoch der **Wat Chong Kham**. Es liegt am gleichnamigen See im Zentrum des Ortes. Am Eingang steht ein heiliger Pappelfeigenbaum, dessen gedrehter Stamm altersschwache Geisterhäuschen stützt. Der Bodhi-Baum, wie er auch genannt wird, ist den Buddhisten heilig, da Buddha unter einem solchen Baum Erleuchtung erlangte.

Sehenswürdigkeiten

Queen Sirikit Botanic Garden
🖶 196 B4 ⌂ Mae Rim, Chiang Mai ☎ 5329 8171 ⏰ tägl. 8.30–17 Uhr 💰 teuer

6–7

Nach einer Übernachtung in Mae Hong Son (▶ 105) fahren Sie auf dem Highway 108 in südlicher Richtung über Mae Surin weiter. Beim Dorf **Khun Yuam** erinnert ein verfallenes Museum an die japanischen Kämpfe des Zweiten Weltkrieges; es ist kaum sehenswert. Biegen Sie beim Dorf links ab, und folgen Sie der Straße 1263.

7–8

Sie fahren durch leuchtend grüne Reisfelder und gelangen zum Dorf **Mae Chaem**. Vor einer Brücke zwischen den Dörfern Thung Yao und Mae Chaem sollten Sie auf ein blumengeschmücktes **Geisterhäuschen** achten; es wurde errichtet, als man beim Bau der Straße auf Schwierigkeiten stieß. Einheimische Autofahrer erweisen dem Holzhäuschen ihren Respekt, indem sie beim Vorüberfahren die Hupe betätigen.

2 Dörfer bei Chiang Mai

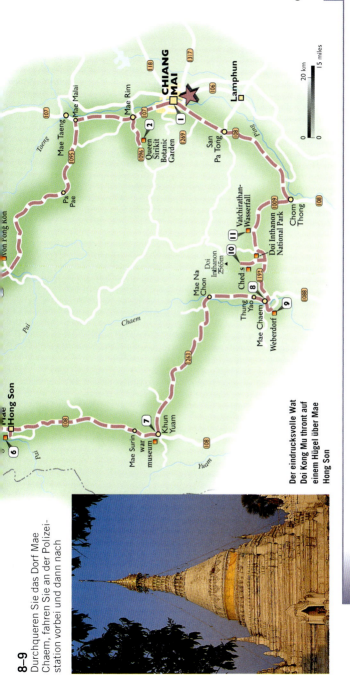

Der eindrucksvolle Wat Doi Kong Mu thront auf einem Hügel über Mae Hong Son

8–9
Durchqueren Sie das Dorf Mae Chaem, fahren Sie an der Polizeistation vorbei und dann nach

Spaziergänge & Touren

rechts über eine große Brücke. An der Vorfahrtsstraße achten Sie auf das Hinweisschild zum **Weberdorf**. Durch ein Tor kommen Sie in das Dorf, vor dessen Häusern Webstühle stehen und Gewebe zum Kauf angeboten werden. Mit Hilfe dieses Projekts, das unter der Schirmherrschaft der Königin Sirikit steht, soll das traditionelle Weberhandwerk der Region vor dem Aussterben bewahrt werden.

Der Vatchirathan-Fall, einer von mehreren eindrucksvollen Wasserfällen, die im Doi Inthanon National Park zu entdecken sind

9–10

Kehren Sie in das Dorf Mae Chaem zurück. Am Straßenschild Chiang Mai wenden Sie sich nach rechts auf die Route 1192. An der Vorfahrtsstraße biegen Sie links ab und folgen dem Hinweisschild zum **Doi Inthanon National Park** (▶ 99). Auf halbem Weg kann man zwei *chedis* sehen, die zu Ehren des derzeitigen Königspaares errichtet wurden (▶ 99). Dort findet man auch ein Informationszentrum und den Ausgangspunkt eines Wanderweges. Am Ende der Straße können Sie zum Gipfel des Doi Inthanon hinaufwandern.

10–11

Kehren Sie zur Route 1192 zurück, und biegen Sie links ab. Nach 20 Kilometern erreichen Sie den **Wasserfall Vatchirathan**, bevor Sie nach **Chiang Mai** zurückkehren.

Kleine Pause

An einem nebligen Tag ist eine Pause bei Kaffee oder Schokolade unverzichtbar. Bei den **königlichen** *chedis* gibt es ein Café. Unzählige »**Speiselokale**«, die gleichzeitig als Läden und Tankstellen dienen, findet man in den Dörfern am Straßenrand.

3 KRABI
Tour

LÄNGE: 80 Kilometer
DAUER: ein halber Tag
START/ZIEL: Krabi (Stadt) 199 D2

Einige Hauptsehenswürdigkeiten der Provinz Krabi sind mit öffentlichen Verkehrsmitteln kaum zugänglich. Die Autofahrt mit Start in der Stadt Krabi fährt durch eine bizarre Kalksteinlandschaft zum abgelegenen »Tigerhöhlentempel« Wat Tham Sua, zu einer am Straßenrand ruhenden Buddhastatue und zu traumhaften Stränden, von denen sich Bootsfahrten als weitere Ausflugsmöglichkeiten anbieten.

1–2
Sie verlassen **Krabi Town** in nördlicher Richtung, wobei Sie dem Highway 411 am Fluss entlang folgen. Nach etwa 4,5 Kilometern biegen Sie nach rechts in Richtung Trang ab. Nach wenigen Kilometern folgen Sie dem Hinweisschild zum Tigerhöhlentempel **Wat Tham Sua** (➤ 161). Die Pfähle der Straßen-

Mönche (in Orange) und Nonnen (in Weiß) im Wat Tham Sua

Spaziergänge & Touren

4200). Nach etwa 20 Kilometern erreichen Sie eine Kreuzung, an der Sie dem Hinweisschild zum Hat Noppharat Thara nach rechts folgen. Der **Ruhende Buddha** am Rand der kurvenreichen Straße ist leicht zu übersehen; er gehört zum Wat Sai Thai,

Hat Noppharat Thara ist Ausgangspunkt für eine Überfahrt zur »Hühnchen-Insel«

laternen sind mit tanzenden Elefantenfiguren verziert. Bei klarer Sicht ist die auf einem Hügel thronende Tempelanlage deutlich zu sehen. Lassen Sie sich genügend Zeit für eine Besichtigung. Erklimmen Sie die zahlreichen Stufen, die zu Buddhas Fußabdruck hinaufführen, und genießen Sie die prächtige Weitsicht. Oder nehmen Sie die Meditationshütten der Mönche und Nonnen in Augenschein, und durchwandern Sie den uralten Wald.

2–3

Kehren Sie zur Hauptstraße zurück, und biegen Sie an der Abzweigung rechts ab. An der nächsten Abzweigung fahren Sie nach links (Straße

3 Krabi

der abseits der Straße hinter einem Felsvorsprung verborgen ist. Der Tempel selbst weist keine bemerkenswerten Sehenswürdigkeiten auf.

3–4

Folgen Sie den Schildern zum Hat Noppharat Thara weiter, wobei Sie beim muslimischen Dorf **Ban Chong Phi** links einbiegen (Straße 4202). Im Vorüberfahren ist eine grüne Moschee zu sehen; manchmal sitzen Kokosnusshändlerinnen am Straßenrand.

Am Ende der Straße liegt **Hat Noppharat Thara** (➤ 159). Der stille, von Kiefern begrenzte Strand erstreckt sich über 2½ Kilometer. Nahebei mündet ein Kanal ins Meer. Nutzen Sie die Gelegenheit zu einem Strandspaziergang, oder setzen Sie sich unter einen Baum – sobald Sie Platz genommen haben, wird sich vermutlich ein Bootsführer nähern, um Ihnen ein Angebot für einen Schnorchelausflug (Preis mittel) zu den Inseln Poda oder »Hühnchen« zu unterbreiten.

4–5

Die Straße verläuft entlang der Küste nach **Ao Nang**. Die Bucht ist touristisch erschlossen, mit Geschäften und Restaurants übersät und wenig reizvoll. Von dort führt die Straße landeinwärts. Zur Landspitze Phra Nang führen keine Straßen; zu den schönen **Stränden** (➤ 161) gelangt man nur zu Fuß oder per Boot.

Der Name der Landspitze **Laem Phra Nang** (»Verehrte Dame«) erinnert an eine hiesige Fürstin. Langboote, die in der Nähe von Krabis Pier ablegen, fahren von Krabi zum Kap, an dessen steilen Felswänden Bergsteiger ihre Fähigkeiten erproben. Leichtere Felsen für Anfänger sind ebenfalls vorhanden, das Zuschauen allein kann aber auch spannend sein. Kajaktouren führen durch Mangroven; Schnorcheln und Tauchen ist vor den nahe gelegenen Inseln möglich.

5–6

Auf den Routen 4203, 4204 und 4034 können Sie nach Krabi zurückkehren.

Kleine Pause

An der Bucht Ao Nang folgen Sie der Straße bis zu einer landeinwärts führenden Abzweigung. Am Ende stoßen Sie auf das **Restaurant Poda** (tägl. 10.30–16, 18–22 Uhr; preiswert/mittel). Thai- und europäische Speisen sowie abendliche Fischgerichte stehen zur Auswahl.

Eine Kalksteinfelswand scheint sich den vorüberfahrenden Autos bedrohlich entgegenzuneigen

4 KHAO SAM ROI YOT NATIONAL PARK

Tour

LÄNGE: 150 Kilometer (Hinfahrt)
DAUER: ein Tag
START/ZIEL: Hua Hin ✚ 198 B3

Auf der geruhsamen Tour sind stille Küstenebenen, einsame, goldgelbe Strände, verborgene Tropfsteinhöhlen und Bergkiefernwälder zu erkunden. Fischerfamilien und Besitzer von Garnelenzuchtfarmen gehen hier im Naturschutzgebiet ihrem Beruf nach. Mehrere Hundert Zugvogelarten finden Brutplätze in den Mangrovenwäldern. Der »Berg mit 300 Gipfeln«, wie der Naturpark genannt wird, bietet Möglichkeiten für herausfordernde Kletterpartien und weite Aussichten.

Besichtigungstipps

Obgleich organisierte Touren durch den Naturpark angeboten werden, ist eine individuelle Fahrt im Mietwagen empfehlenswerter. Der Reiz des Schutzgebietes liegt vor allem in seiner Abgeschiedenheit. Öffentliche Verkehrsmittel fahren nur bis zum Parkeingang. Eindrücke von der artenreichen Vogelwelt gewinnt man am ehesten in der Morgen- und Abenddämmerung. Mit viel Glück beobachtet man sogar Makaken und Schwarzlanguren (eine Schlankaffenart), die sich gewöhnlich nur bei Nacht zeigen.

1–2

Sie verlassen **Hua Hin** in südlicher Richtung auf dem Highway 4 und erreichen nach einer Fahrt von 20 Kilometern Pran Buri, wo Sie die Abzweigung nach links wählen. Nach weiteren 20 Kilometern erreichen Sie den Eingang zum Nationalpark. Dort bezahlen Sie eine Eintrittsgebühr (mittel) und erhalten eine Broschüre mit einer Lageskizze.

2–3

An den Schildern, die zur Höhle **Tham Kaew** weisen, biegen Sie links ab und fahren am Höhleneingang und einer Garnelenfarm vorüber. Zur Besichtigung der Höhle Tham Kaew,

4 Khao Sam Roi Yot National Park

wegen ihrer glitzernden Stalaktiten »Juwelenhöhle« genannt, benötigt man eine Taschenlampe und eventuell einen Führer (Preis mittel). Fahren Sie bis zum Ende der Straße. Durch das Dorf **Bang Pu** ist keine Durchfahrt möglich; lassen Sie das Auto auf dem Parkplatz hinter dem Dorfeingang stehen.

3–4

Vom Dorf Bang Pu erreicht man den Strand **Hat Laem Sala**, indem man entweder eine halbstündige Wanderung entlang der Steilküste unternimmt oder sich in einem der Fischerboote (Preis mittel) in 5 Minuten um die Küste herumfahren lässt. Am Strand gibt es ein kleines Besucherzentrum, einfache Unterkünfte und ein Restaurant. In einer halben Stunde können Sie zu Fuß die Höhle **Phraya Nakhon** (➤ 133; Eintritt frei) erreichen, die in ihrem Innern einen berühmten und viel be-

suchten königlichen Pavillon birgt. Eine Besichtigung der Höhle ist in den meisten Tourenangeboten enthalten.

4–5

Fahren Sie zur Hauptkreuzung zurück und folgen Sie der Straße zum **Hat Sam Phraya**. Am Strand gibt es ein Restaurant und ein Besucherzentrum; man kann ein Fernglas leihen (Preis mittel). Der reizvolle Strand ist auch bei Vö-

Kleine Pause

Der Strand **Hat Sam Phraya** empfiehlt sich für eine mittägliche Pause; es gibt ein Café und Holzpavillons, in denen man im Schatten von Bergkiefern ein Picknick machen kann.

Spaziergänge & Touren

geln beliebt – achten Sie auf Ibisse, Reiher, Seeadler und Enten. Die Höhle **Tham Sai** ist auf einem Wanderweg zu erreichen.

5–6
Fahren Sie in südlicher Richtung weiter, indem Sie den Hinweisschildern zum **Khao Daeng** folgen, in dessen Nähe die Parkzentrale liegt. Ein Besuch lohnt sich nicht; die Informationen über das Schutzgebietes sind eher oberflächlich. Die Wahrscheinlichkeit, Tiere – vor allem Affen – zu sehen, ist auf der Zufahrtstraße viel größer. Nach einem halbstündigen Aufstieg zum Gipfel des nahe gelegenen **Khao Daeng** wird man mit einem schönen Weitblick belohnt.

Fahren Sie in südlicher Richtung weiter bis zur Brücke, auf der Sie den Kanal **Khlong Khao Daeng** überqueren. Wenn Sie hinter der Brücke nach rechts abbiegen und dem Ufer folgen, werden Sie einige Tempel sehen und vermutlich einen Bootsführer antreffen, der Ihnen eine einstündige Kanalfahrt (Preis mittel) anbietet.

6–7
Sie verlassen das Schutzgebiet, indem Sie der Straße nach Ban Somrong folgen. Beim Überqueren der in der Nähe des Ausgangs verlaufenden Bahnschienen sollte man auf Züge achten, die ohne Vorwarnung vorbeirasen können. Kurz vor der Hauptkreuzung gibt es ein **Geschäft**, in dem eine Mischung aus süßem Klebereis mit Früchten, die in Bananenblätter gewickelt wird, verkauft wird.

Fahren Sie hinter Ban Somrong nach rechts in Richtung Pran Buri und auf dem Highway 4 nach Hua Hin zurück.

Garnelenfarmen sind ein gewohnter Anblick im Khao Sam Roi Yot National Park. Sie sind ein wichtiger Wirtschaftsfaktor der Region, schädigen aber die Vögel

Praktisches

INFORMATION VORAB

Websites
- Thailand Tourist Authority:
  www.tat.or.th
  www.tourism thailand.org

Für Deutschland, Österreich und die Schweiz
Tourismusbehörde
Thailand
Bethmannstraße 58
60311 Frankfurt
☎ 0 69/138 13 90

REISEVORBEREITUNG

WICHTIGE PAPIERE

	Deutschland	Österreich	Schweiz
● Erforderlich ○ Empfohlen ▲ Nicht erforderlich			
Reisepass (mindestens 6 Monate gültig)	●	●	●
Visum (nur bei einer Reisedauer von mehr als 30 Tagen)	●	●	●
Weiter- oder Rückflugticket	●	●	●
Impfungen (Diphtherie, Tetanus, Hepatitis A und B, Typhus)	○	○	○
Reiseversicherung	○	○	○
Nationaler und internationaler Führerschein	●	●	●

Der Nachweis ausreichender Geldmittel wird manchmal an der Grenze gefordert.

REISEZEIT

Hauptsaison   Nebensaison

JAN	FEB	MÄRZ	APRIL	MAI	JUNI	JULI	AUG	SEPT	OKT	NOV	DEZ
26°C	28°C	29°C	30°C	30°C	29°C	29°C	28°C	28°C	28°C	27°C	26°C

Regnerisch   Bedeckt   Sonnig

Die angegebenen Temperaturen entsprechen den **durchschnittlichen Tageshöchstwerten** des jeweiligen Monats in Bangkok. Es gibt drei Jahreszeiten: die Regenzeit (Juni–Okt.), die »kühlere« Winterzeit (Nov.–Feb.) und die heiße Trockenzeit (März–Mai). Die **Temperaturen** sind aber während des ganzen Jahres hoch. In den nördlichen Berglagen kann es jedoch im Winter besonders nachts kalt werden. Es gibt **zwei Monsunregenzeiten**: Der Südwestmonsun herrscht zur Regenzeit im ganzen Land, besonders stark jedoch an der Westküste, der Nordostmonsun zur Trockenzeit an der Ostküste der Malaiischen Halbinsel. In der **Hauptsaison** sind die Temperaturen angenehm, die Preise allerdings höher, die Unterkünfte und öffentlichen Verkehrsmittel häufig ausgebucht. Die **Regenzeit** ist ebenfalls als Reisezeit zu empfehlen: Die Temperaturen sind angenehm, die Auswahl an Unterkünften ist größer.

Praktisches

ANREISE

Die meisten großen Fluglinien fliegen **direkt nach Bangkok**, einige auch nach Ko Phuket und Chiang Mai. **Billigflüge** sind häufig mit Überbuchungen oder mehreren Zwischenlandungen verbunden. Die folgenden Fluggesellschaften fliegen alle größeren Städte Thailands an und bieten auch Sonderangebote. Für Buchungen wenden Sie sich aber am besten an ein Reisebüro.

Thai Airways International
www.thaiair.com

Malaysia Airlines
www.mas.com.my

Singapore Airlines
www.singaporeair.com

Lufthansa
www.lufthansa.de

ZEIT

Der Unterschied zur mitteleuropäischen Zeit (MEZ) beträgt plus 5 Stunden in der Sommerzeit und plus 6 Stunden in der Winterzeit.

WÄHRUNG

Die Landeswährung ist der **Baht** (THB), der in 100 **Satang** unterteilt wird.

In Umlauf sind **Banknoten** zu 10 (braun), 20 (grün), 50 (blau), 100 (rot), 500 (purpurrot) und 1000 (beige) THB, **Münzen** zu 25 und 50 Satang sowie 1, 5 und 10 Baht. Beachten Sie, dass 1000-Baht-Noten in manchen Geschäften nicht angenommen werden, da sie leicht gefälscht werden können.

Alle gängigen **Kreditkarten** werden in den meisten Geschäften und Zweigstellen der großen Banken akzeptiert. In einigen Lokalen und Läden auf den Inseln oder an Stränden wird nur Bargeld angenommen.

Wechselkurse unterliegen häufigen Schwankungen.

Reiseschecks werden generell als Zahlungsmittel akzeptiert. Für Reiseschecks in Euro oder Dollar sind die Wechselkurse günstiger als für Bargeld. Im ganzen Land gibt es **Geldautomaten**, an denen man mit der Kreditkarte rund um die Uhr Bargeld abheben kann. Dafür wird jeweils eine Bearbeitungsgebühr berechnet. Geeignete Scheckkarten sind z. B. Euro-/Mastercard und Visa.

Praktisches

ZEITUNTERSCHIED

GMT	Bangkok	Berlin	New York	Los Angeles	Sydney
12 Uhr	19 Uhr	13 Uhr	7 Uhr	4 Uhr	22 Uhr

DAS WICHTIGSTE VOR ORT

KONFEKTIONSGRÖSSEN

Großbritannien	USA	Deutschland	
36	36	46	
38	38	48	
40	40	50	Anzüge
42	42	52	
44	44	54	
46	46	56	
7	8	41	
7,5	8,5	42	
8,5	9,5	43	
9,5	10,5	44	Schuhe
10,5	11,5	45	
11	12	46	
14,5	14,5	37	
15	15	38	
15,5	15,5	39/40	
16	16	41	Hemden
16,5	16,5	42	
17	17	43	
8	6	32	
10	8	34	
12	10	36	
14	12	38	Kleider
16	14	40	
18	16	42	
4,5	7	38	
5	7,5	38	
5,5	8	39	
6	8	39	Schuhe
6,5	9	40	
7	10	41	

FEIERTAGE

1. Jan.	Neujahr
Feb./März	Makha Puja zum Gedenken an eine berühmte Predigt Buddhas
6. April	Chakri-Tag
April	Songkhran (thailändisches Neujahr)
5. Mai	Krönungsjubiläum
Mai	Königliche Pflugzeremonie und Visakha Puja
Juli	Asanha Puja zum Gedenken an die erste Predigt Buddhas und Beginn der Fastenzeit der buddhistischen Mönche
12. Aug.	Geburtstag der Königin
5. Dez.	Geburtstag des Königs
10. Dez.	Verfassungstag

Geschäfte und Touristeneinrichtungen sind an gesetzlichen Feiertagen geöffnet.

ÖFFNUNGSZEITEN

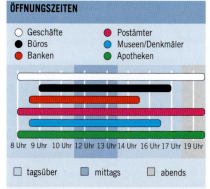

Geschäfte sind in touristischen Zentren häufig bis spät in die Nacht und an Wochenenden geöffnet. Kaufhäuser sind generell von 10 bis 21 Uhr geöffnet.
Banken sind Mo–Fr 8.30–15.30 Uhr geöffnet.
Postämter (Hauptstellen) sind Mo–Fr 8–20, Sa–So 8–13 Uhr offen.
Nationalmuseen sind von 8.30 bis 16.30 Uhr geöffnet (geschlossen Mo, Di, an gesetzlichen Feiertagen und in der Mittagszeit).
Apotheken sind von 8 bis 21 Uhr geöffnet.

POLIZEI 1155

Chiang Mai 5324 8130

Ko Phuket 7621 9878

Ko Samui 7742 1282

SICHERHEIT

Gewalttaten an Touristen sind selten. Beachten Sie aber folgende Hinweise:
- Bewahren Sie Wertsachen nicht im Hotelzimmer auf; halten Sie Fenster und Türen nachts geschlossen.
- Lassen Sie sich auf der Straße keine Lebensmittel oder Getränke anbieten. Es ist vorgekommen, dass Touristen narkotisiert und ausgeraubt wurden.
- Wenden Sie sich im Notfall an das **Tourist Assistance Centre** (Tel. 2281 5051) in Bangkok, wo auch sonstige Beschwerden entgegengenommen werden. Das Personal spricht englisch.

Polizei:
☎ 1155 (Chiang Mai 5324 8130, Phuket 7621 9878, Ko Samui 7742 1282)

TELEFONIEREN

Es gibt drei verschiedene Telefonzellen. **rot** für Ortsgespräche (1 Baht), **blau** für landesweite (5 Baht) und **grün** für beliebige, auch internationale Telefonverbindungen. Telefonkarten sind in Geschäften und Postämtern erhältlich. Die Gebühren für internationale Telefonate sind bei den staatlichen Fernmeldeämtern (neben den Postämtern) und privaten Telefonbüros preiswerter. Auskünfte über Telefonnummern in Bangkok erhält man unter Tel. 13, über Telefonnummern im übrigen Land unter Tel. 183. Die internationale Vorwahl von Thailand lautet 0066.

Internationale Vorwahlen:
Deutschland:	00149
Österreich:	00143
Schweiz:	00141

POST

Briefmarken erhält man in Postämtern, einigen Geschäften und Hotels. In großen Hotels sorgt man für den Versand Ihrer Briefe und Päckchen, dort sind Briefmarken etwas teurer.

ELEKTRIZITÄT

Die Netzspannung beträgt 220 Volt/50 Hz. Für Stecker ist häufig ein Adapter erforderlich, der in Elektrofachgeschäften erhältlich ist.

TRINKGELD

Ein Trinkgeld ist immer willkommen. In den meisten **Restaurants und Bars** wird es zwar nicht erwartet, dennoch sollte man aus Höflichkeit ein Trinkgeld von einigen Baht geben.

Gleiches gilt für **Fremdenführer**, **Gepäckträger**, **Masseure**, **Friseure**, **Taxifahrer** und **Zimmermädchen**.

Praktisches

BOTSCHAFTEN

 Deutschland
(02) 28 79 00-0
Fax (02) 28 71 77-6

 Österreich
(02) 287 39 70
Fax (02) 287 39 25

 Schweiz
(02) 253 01 56/60
Fax (02) 255 44 81

GESUNDHEIT

 Krankenversicherung: Es ist zu empfehlen, eine Auslandsreisekrankenversicherung abzuschließen, die auch die Kosten für einen eventuellen Krankenrücktransport mit einschließen sollte.

 Zahnarzt: Qualifizierte englischsprachige Zahnärzte gibt es in allen größeren Städten, insbesondere in Bangkok. In Ihrem Hotel erhalten Sie Auskunft über Adressen und Qualifikationen.

 Wetter: Setzen Sie sich möglichst nicht der prallen Mittagssonne aus. Ein Sonnenhut und Sonnenschutzmittel mit hohem Lichtschutzfaktor sind zu allen Tageszeiten unerlässlich. Achten Sie auf eine ausreichende Flüssigkeitszufuhr.

 Medikamente: In Apotheken sind alle Medikamente, auch internationale Markenprodukte, ohne Rezept erhältlich. In Thailand besteht keine Verschreibungspflicht. Die Apotheker sind hoch qualifiziert und sprechen englisch.

 Trinkwasser: Trinken Sie keinesfalls Leitungswasser! Es kann Hepatitis- und Typhuserreger enthalten. Stilles Mineralwasser in versiegelten Flaschen ist überall preiswert zu kaufen.

ERMÄSSIGUNGEN

Kinder/Studenten: Ermäßigungen auf Eintrittskarten für touristische Sehenswürdigkeiten sind selten. In einigen Fällen gibt es Ermäßigungen für Kinder. Studenten ist dennoch zu empfehlen, einen internationalen Studentenausweis bei sich zu tragen.

Nützliche Informationen zu Ermäßigungen und Spartipps gibt der **Internet Travel Information Service** unter der Adresse www.itisnet.com. Das **Open Directory Project** unter www.dmoz.org/Recreation/Travel/Budget_Travel/Backpacking enthält nützliche Informationen und Messageboards für Rucksacktouristen. Allgemeine Informationen, Reiseberichte und Angebote für Studenten findet man unter der Adresse www.travel-library.com.

EINRICHTUNGEN FÜR BEHINDERTE

In Thailand gibt es kaum spezielle Einrichtungen für Touristen mit Behinderungen. Thais sind jedoch stets hilfsbereit. Auskünfte und Informationen zur Reisevorbereitung erhält man beim Thailändischen Fremdenverkehrsamt und eventuell bei Organisationen im eigenen Land.

KINDER

Kinder werden überall im Land buchstäblich mit offenen Armen empfangen und dürfen überallhin mitgenommen werden.

TOILETTEN

In den meisten Hotels gibt es Toiletten mit Wasserspülung. In Restaurants und touristischen Einrichtungen findet man mitunter Hocktoiletten ohne Toilettenpapier vor. Papier sollte in den Abfalleimer geworfen werden.

ZOLL

Die Ausfuhr von Souvenirs, für welche seltene oder gefährdete Tierarten verwendet werden, ist entweder verboten oder bedarf einer besonderen Genehmigung.

SPRACHFÜHRER

Thai ist eine komplexe Sprache, die mit über 80 Zeichen geschrieben wird. Bei der Aussprache der Vokale wird die Wortbedeutung durch unterschiedliche Tonhöhen und -längen bestimmt, wodurch ein und dasselbe Wort unterschiedliche Bedeutungen erhalten kann. Es gibt fünf Tonhöhen: tief, mittelhoch, hoch, fallend, steigend. Dies alles macht Thai zu einer schwierigen Sprache, dennoch kann es hilfreich sein, einfache Wörter zu beherrschen; Sprachversuche werden von Thais freundlich aufgenommen. In der höflichen Anrede fügt ein Sprecher das Wort *krab*, eine Sprecherin das Wort *kah* hinzu. In touristischen Zentren wird häufig englisch gesprochen; viele Thai können sich auf Englisch verständigen. Die folgenden Umschreibungen sollen als Aussprachehilfe und Anhaltspunkt dienen.

BEGRÜSSUNGEN UND ALLGEMEINES

Ja **tschai**
Nein **mai tschai**
Danke **kop kuhn (kah/krab)**
Guten Tag/Auf Wiedersehen **sawadih (kah/krab)**
Wie geht es Ihnen? **sabai dih mai**
Danke, gut **sabai dih (kah/krab)**
Entschuldigung! **koh tod (kah/krab)**
Wie ist Ihr Name? **(koh tod) tschü arai**
Mein Name ist … **(Frau:) tschan tschu … (Mann:) pom tschü …**
Sprechen Sie englisch? **kuhn puht pah sah?**
Ich verstehe nicht **(Frau:) tschan mai (Mann:) pom mai**
Ich spreche ein wenig Thai **puht pah sah thai nit noi**
Bis bald! **läo pob gan ig na**

IM NOTFALL

Hilfe! **tschuai duai**
Feuer! **fai mai**
Rufen Sie die Polizei! **tschuai riag dtam ruat**
Rufen Sie einen Krankenwagen! **tschuai riag rod payabahn**
Ich benötige einen Arzt **(tschan/pom) dtong gahn mor**
Ich benötige einen Zahnarzt **(tschan/pom) dtong gahn mor fan**
Krankenhaus **rong pah jah bahn**

NACH DEM WEG FRAGEN

Wohin gehen Sie? **bpai nai**
Ich möchte nach … **(tschan/pom) dscha bpai …**
Wo …? **tienai**
Ist das der Weg nach …? **nih tahng bpai … tschai mai**
Wie weit ist das? **glai mai**
Fahren Sie bitte langsam **prot put tscha tscha**
Rechts **kwah**
Links **sai**
Geradeaus **dtrong bpai**
Halten Sie bitte **jop tinni**

REISE

Bus **rot meh**
Bus mit Klimaanlage **rot tua**
Busbahnhof **satanih rot meh**
Minibus **rot dtu**
Auto **rot kan**
Bahnhof **satanih rot fai**
Zug **rot fai**
Express/schnell **duan**
Sitzplatz **tih nung**
Flughafen **sanahm bin**
Flugzeug **krüang bin**
Boot **rua**
Langboot **rua hahng yao**
Fähre **rua doi sahn**
Fähranlegestelle **tha**
Taxi **teksi**
Fahrrad **rot jakrayan**
Motorrad **rot motorsai**
Bank **tanakahn**
Strand **tschai haht**
Botschaft **sa tantuht**
Insel **ko**
Markt **dtalaht**
Museum **pipitahpan**
Polizeistation **satanih dtam ruat**
Post **bprai sanih**
Straße **thanon**
Stadt **muang**
Dorf **ban**

IM HOTEL

Haben Sie ein Einzel-/Doppelzimmer? **kun mih hong diao/hong kuh**
Zimmer mit Klimaanlage **hong air**
Bad/WC **hong nahm/suahm duai**
Hotel **rong räm**
Dusche **fuk bua**
Swimmingpool **sa wai nahm**

IM RESTAURANT

Die Speisekarte, bitte **kor meh nuh noi**
Ich möchte … **kor**
Das Essen ist sehr gut **ahahn aroi**
Die Rechnung, bitte **kor tschek bin**
Restaurant **lahn ahahn**
Café **lahn gafä**
Frühstück **ahahn tschau**
Scharf **pet**
Nicht scharf **mai pet**
Ich bin Vegetarier **kin je kin tae phak**
Wasser **nahm**
Mineralwasser **nahm soda**
Eine Flasche Wasser **nahm plao**
Tee **tscha**
Kaffee **gafä**
Curry **gaeng**
Rindfleisch **nüa**
Hühnerfleisch **gai**
Entenfleisch **ped**
Fisch **pla**
Krabben **gung**
Schweinefleisch **mu**

EINKAUFEN

Wie viel kostet das? **nih taoh rai**
Haben Sie …? **kun mih … mai**
Billig **tuk**
Sehr gut/nicht gut **dih mak/ mai dih**
Zu teuer **päng bai**
Zu groß **yai bai**
Zu klein **lek bai**
Ein bisschen **nit noi**

ZEITANGABEN

Heute **wann nih**
Morgen **prung nih**
Gestern **müa wann nih**
Diese Woche **ahtit nih**
Nächste Woche **ahtit nah**
Minute **nah tih**
Stunde **tschua mong**

WOCHENTAGE

Montag **wann djan**
Dienstag **wann ang kahn**
Mittwoch **wann put**
Donnerstag **wann pa rü hat**
Freitag **wann suk**
Samstag **wann sau**
Sonntag **wann ahtit**

GLOSSAR

Ao **Bucht**
Ban **Dorf oder Haus**
Bot **Ordinationshalle**
Changwat **Provinz**
Chedi **Tempelturm zur Aufbewahrung von Reliquien**
Doi **Berg**
Farang **Ausländer**
Hat **Strand**
Hin **Stein**
Khao **Hügel**
Khlong **Kanal**
Ko **Insel**
Laem **Landspitze/Kap**
Mahathat **Chedi zur Aufbewahrung von Buddhareliquien**
Mondop **Raum zur Aufbewahrung religiöser Schriften/Kunstgegenstände**
Niello **schwarz eingelegte Silberarbeiten**
Prang **zentraler Turm eines Khmer-Tempels**
Seladon **grünes Porzellan (seit der Sukhothai-Zeit)**
Soi **Gasse**
Songthaeo **Klein-Lkw mit Sitzbänken**
Stupa **Tempelturm im indischen Stil**
Thanon **Straße**
That **nordthailändische Bezeichnung für einen Tempelturm**
Viharn **Versammlungshalle**
Wang **Palast**
Wat **Tempel**

ZAHLEN

0 suhn	8 bpät	16 sip hog	50 hah sip
1 nüng	9 gao	17 sip dschet	60 hog sip
2 sohng	10 sip	18 sip pät	70 dschet sip
3 sahm	11 sip et	19 sip gao	80 bpät sip
4 sih	12 sip sohng	20 je sip	90 gao sip
5 hah	13 sip sahm	21 je sip et	100 nüng roy
6 hog	14 sip sih	30 sahm sip	101 roy et
7 dschet	15 sip hah	40 sie sip	500 hah roy

Reiseatlas

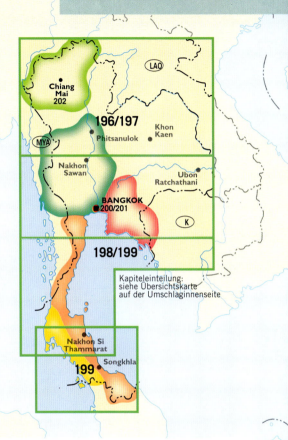

Reiseatlas

- ─ ─ ─ Staatsgrenze
- ━━━━ Hauptstrecke
- ━━━━ Hauptstraße
- ━━━━ Nebenstraße
- Stadtgebiet
- Flughafen
- ✈ Große Stadt
- Wichtige Stadt

- Mittelgroße Stadt
- Stadt, Dorf
- Sehenswürdigkeit (im Text)
- Sehenswürdigkeit

Cityplan

- Wichtiges Gebäude
- Park
- ⓘ Information
- Sehenswürdigkeit (im Text)

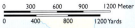

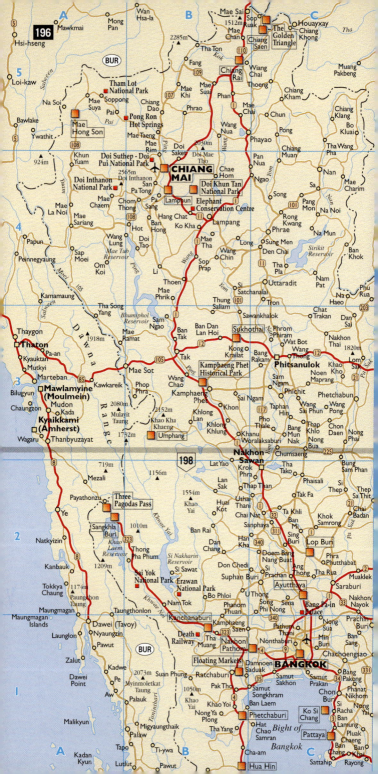

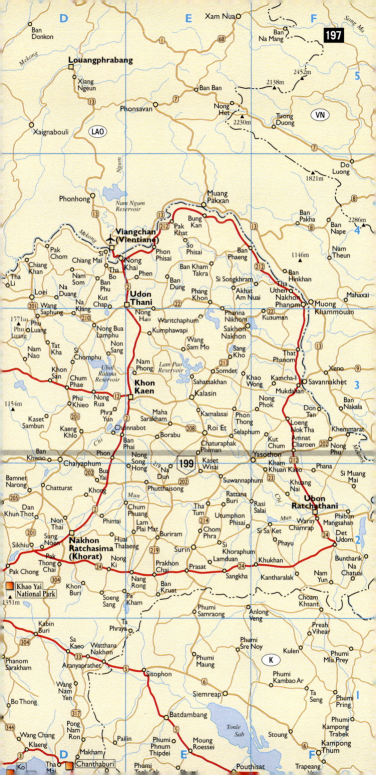

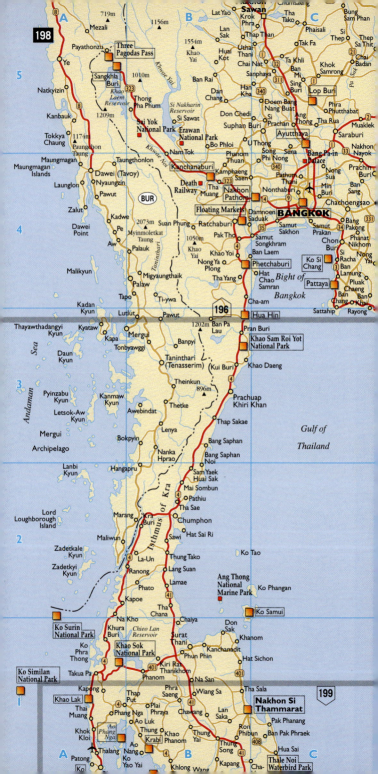

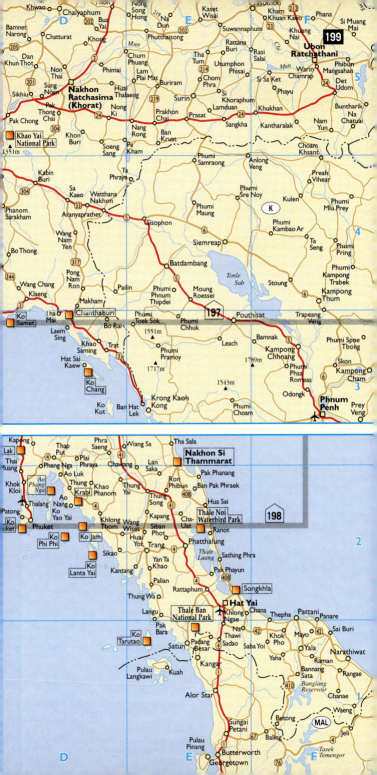

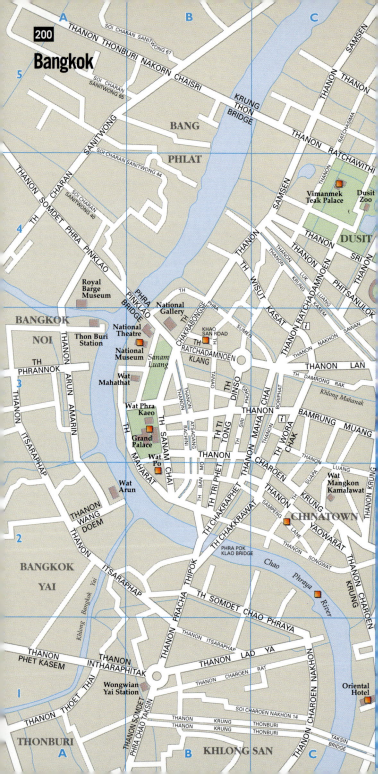

Register

Ang Thong National Marine Park 134
Ao Phang Nga 7, 156ff
Apotheken 190, 192
Ausgehen 38
Auto fahren 33
Ayutthaya 7, 50, 64, 72ff
  Bang-Pa-In-Palast 50, 64, 74
  Chan-Kasem-Palast 74
  Chao Sam Phraya Nationalmuseum 74
  Phra Mongkonbophit 73
  Wat Chaiwatthanaram 74
  Wat Lokayasutharam 74
  Wat Mahathat 73
  Wat Phra Si San Phet 73f
  Wat Ratchaburana 73

Ban Tham 177
Bangkok 39ff
  Ausgehen 62
  Chao Phraya (Fluss) 7, 41, 49f
  Chatuchak Market 6, 36, 51
  Chinatown 55, 174ff
  Dusit Zoo 55
  Einkaufen 61
  Essen und Trinken 58ff
  Für Kinder 55
  Hotel Oriental 54f, 57
  Ice Skating Rink 54
  In drei Tagen 42f
  Jim Thompson's House 53f
  Karten 40f, 175
  Khao San Road 52
  Königspalast 44ff
  Little India 176
  Lumphini-Park 54
  Nationalmuseum 6f, 52
  Patpong 54
  Rama IX Bridge 50
  Skytrain 40
  Smaragdbuddha 45
  Spaziergang 174ff
  Übernachten 56f
  Vimanmek Teak Palace 52f
  Wat Mangkon Kamalawat 175f
  Wat Phra Keo 45
  Wat Po 7, 12, 40, 47f
Bang-Pa-In Palace 50, 64, 74

Banken 190
Behinderungen, Reisen mit 192
Bergstämme 20ff, 94, 95ff
Bergstamm-Museum 94, 101
Bootsfahrten 49f, 100, 102, 140, 156, 157, 186
Botschaften 192
Brücke am Kwai 68f
Buddhastatuen 6, 13, 14, 37, 93
Buddhismus 18f
Busse 31f
Butterfly Garden and Aquarium 164

Camping 119
Chan-Kasem-Palast 74
Chanthaburi 120
Chao Phraya (Fluss) 7, 41, 49f
Chatuchak Market 6, 36, 51
Chiang Mai 88, 92ff
  Bergstamm-Museum 94
  Chiang Mai Zoo 102
  Hill-Tribe Museum 94
  Kursangebot 102
  Nachtmarkt 93, 108
  Tour 177ff
  Viharn Lai Kam 93
  Wat Chedi Luang 93
  Wat Chiang Man 13, 93
  Wat Doi Suthep 89, 92
  Wat Phra Singh 12, 93
Chiang Rai 97, 101
Chiang Saen 101
Chieo-Lan-Stausee 155
Chinatown, Bangkok 55
Chung Kai Allied War Cemetery 69

Damnoen Saduak (schwimmender Markt) 70f
Doi Inthanon National Park 6, 88, 99, 102, 180
Doi Khun Tan National Park 103
Drei-Pagoden-Pass 81
Drogen 22, 100
Dusit Zoo 55

Edelsteinhandel 120
Einkaufen 36f, 190
  siehe auch einzelne Regionen
Eintritt 33
Eislaufen 54
Elektrizität 191

Elephant Conservation Centre 102
Elephant Village 124
Erawan National Park 65, 78
Ermäßigungen 192
Essen und Trinken 35f
  Kochkurse 102
  siehe auch einzelne Regionen
Etikette
  in Gesellschaft 9, 17, 26
  im Tempel 13
  in den Bergdörfern 95

Fälschungen 26
Fantasea 164
Feiertage 190
Feste 10f, 38, 77, 86
Fischfang 172
Fischhöhle 99
Flughäfen 30f, 32, 189

Garnelenfarmen 186
Geister und Aberglaube 8f, 178
Geld 189
Geldautomaten 189
Geldwechsel 189
Gesundheit 188, 192
Gokart 124, 140
Goldenes Dreieck 88, 100
Golf 148

Hellfire Pass 79
Henna-Tattoos 120
Hinduismus 14
Höhlen 99, 157, 177f, 184f
Hua Hin 130f
  Klai Klangwon (Palast) 131

Inseln 6
  siehe auch unter »Ko«

James-Bond-Insel 7, 157, 158
JEATH War Museum 69
Jim Thompson's House 53f

Kajak fahren 172
Kambodscha 121
Kamphaeng Phet
  Historical Park 80f
  Nationalmuseum 80
  Provinzmuseum 80
  San-Phra-Isuan-Schrein 80

Register 203

Wat Phra Keo **80**
Wat Phrathat **80**
Kanchanaburi (Provinz) **78f**
  Erawan National Park **65, 78**
  Hellfire Pass **78f**
  Sai Yok National Park **79**
Kanchanaburi (Stadt) **7, 64, 68f**
  JEATH War Museum **69**
  Soldatenfriedhöfe **69**
  World War II Museum **69**
Kao Khien **157**
Kao Marjoo **157**
Karen (Volksstamm) **81, 94**
Khao Lak **164**
Khao Sam Roi Yot National Park **126, 132f, 184ff**
  Hat Laem Sala **132, 185**
  Hat Sam Phraya **185f**
  Karte **184f**
  Khao Daeng **133, 186**
  Khlong Khao Daeng **186**
  Tham Kaew Cave **184f**
  Tham Phraya Nakhon **133, 185**
  Tour **184ff**
Khao San Road, Bangkok **52**
Khao Sok National Park **6, 150, 154f**
Khao Wang **138**
Khao Yai National Park **110, 121**
Kheuan Khao Laem Reservoir **81**
Kickboxen **38**
Kinder **192**
Kinder, Angebote für siehe einzelne Regionen
Klai Klangwon (Palast) **131**
Klettern **160, 172, 183**
Ko Chang **114ff**
  Hat Kai Bae **116**
  Hat Khlong Phrao **115**
  Hat Sai Kaew **115**
  Khlong-Phu-Wasserfall **115**
Ko Hai **166**
Ko Jam **6, 165f**
Ko Kham **116**
Ko Kradan **166**
Ko Kut **116**
Ko Lanta Yai **151, 166**
Ko Mae Ko **134**
Ko Mak **116**
Ko Muk **166**
Ko Panyi **156f, 158**

Ko Phangan **134ff**
  Ao Chaloaklam **136**
  Ban Tai **136**
  Hat Rin Nai **135**
  Hat Rin Nok **135**
  Pang Waterfall National Park **136**
  Vollmondpartys **135, 137, 148**
Ko Phi Phi **6, 162f**
Ko Phuket **6, 164f**
  Ao Karon **164**
  Ao Kata **164**
  Ao Patong **164**
  Butterfly Garden and Aquarium **164**
  Fantasea **164**
  Schrein des Klaren Lichts **165**
Ko Samet **117ff**
  Ao Hin Kok **118**
  Ao Kiu **118**
  Ao Phrao **118**
  Ao Thian **118**
  Ao Wong Duan **118**
  Hat Sai Kaew **117**
Ko Samui (Archipel) **126, 134ff**
Ko Samui **134**
  Ban Chaweng **134**
  Großer Buddha **134**
  Hat Lamai **134**
Ko Si Chang **121**
Ko Similan **164**
Ko Surin **164**
Ko Tao **7, 136f**
  Ao Chaloke Ban Kao **136**
  Hat Sai Ree **136**
  Mae Hat **136**
Ko Tarutao **167**
Ko Wua Talub **134**
Konfektionsgrößen **190**
Königsfamilie **8, 15ff, 131, 139**
Königspalast **44ff**
Korlae-Boote **141**
Krabi **159ff**
  Ao Nang **160, 183**
  Bergsteigen **160**
  Hat Nopphrat Thara **159f, 182, 183**
  Laem Phra Nang **160, 183**
  Nachtmarkt **159**
  Ruhender Buddha **159, 183**
  Tour **181ff**
  Wat Tham Sua **12f, 161, 181f**
Kreditkarten **37, 189**

Laem Phra Nang **160**
Lamphun **103**
Langboot, Fahrten mit dem **49, 100, 140, 157**
Langhalsfrauen **94, 99**
Laos **100**
Lop Buri **79f**
  Affen **79**
  Narai National Museum **79**
  Wat Phra Phutthabat **80**
  Wat Phra Si Ratana Mahathat **79f**

Mae Hat **136**
Mae Hong Son **7, 97, 98f, 178**
Mae Lana (Höhle) **178**
Mae Sot **103**
Malaria **116, 133**
Malaysia **141, 165, 167**
Märkte **6, 36f, 51, 61, 70f, 93f**
Massage **7, 24, 25, 48**
Medikamente **192**
Meditation **23**
Mietwagen **33**
Mini Siam **120**
Mon (Volksstamm) **80, 81**
Mönche **13, 18, 19**
Museen
  Chan-Kasem-Palast **74**
  Chao Sam Phraya National Museum **74**
  Elephant Museum **55**
  Hellfire Memorial Museum **79**
  Hill-Tribe Museum, Chiang Mai **94**
  Hill-Tribe Museum, Chiang Rai **101**
  JEATH War Museum **69**
  Narai-Nationalmuseum **79f**
  Nationalmuseum, Bangkok **6f, 52**
  Nationalmuseum, Chiang Saen **101**
  Nationalmuseum, Kamphaeng Phet **80**
  Nationalmuseum, Lamphun **103**
  Nationalmuseum, Songkhla **140**
  Opiummuseum **100**
  Phra-Pathom-Museum **79**
  Provinzmuseum (Kamphaeng) **80**
  Ramkhamhaeng Museum **75f**

Ripley's Believe It Or Not! **124**
Viharn-Kien-Museum **139**
Wat-Phra-Keo-Museum **45, 46**
World War II Museum **69**
Myanmar (Birma), Grenzgebiet **64, 81, 103**

Nachtleben **38**
Nachtsafaris **120, 155**
Nahverkehr, öffentlicher **31f**
Nakhon Pathom **79**
  Phra Pathom Chedi **79**
  Phra Pathom Museum **79**
Nakhon Si Thammarat **126, 139f**
  Schattenspiel **139f**
  Viharn-Kien-Museum **139**
  Wat Mahathat **139**
Nationalmuseum, Bangkok **6f, 52**
Nationalparks **6**
Norden **87ff**
  Ausgehen **108**
  Chiang Mai **88, 92ff**
  Chiang Rai **97, 101**
  Chiang Saen **101**
  Doi Khun Tan National Park **103**
  Einkaufen **108**
  Essen und Trinken **106f**
  Goldenes Dreieck **88, 100**
  In sechs Tagen **90f**
  Karte **89**
  Kinder, Angebote für **102**
  Lamphun **103**
  Mae Hong Son **7, 97, 98f, 178**
  Trekking **95f, 108**
  Übernachten **104f**
Notruf **191**

Öffnungszeiten **37, 190**
Opium **100**
Opiummuseum **100**
Oriental (Hotel) **54f, 57**
Ostküste **109ff**
  Ausgehen **124**
  Chanthaburi **120**
  Einkaufen **124**
  Essen und Trinken **123**
  In fünf Tagen **112f**
  Karte **110f**
  Khao Yai National Park **110, 121**
  Kinder, Angebote für **120**

Ko Chang **114ff**
Ko Samet **117ff**
Ko Si Chang **121**
Pattaya **120**
Übernachten **122**

Pai **97, 99, 177**
Pang Waterfall National Park **136**
Pa Puek (Höhle) **178**
Pässe und Visa **188**
Patpong **54**
Pattaya **7, 120**
Payathonzu **81**
Phetchaburi **126, 138**
  Kaho Banda-it **138**
  Khao Luang **139**
  Khao Wang **138**
  Phra Nakhon Khiri **138**
  Wat Borom **138**
  Wat Kamphaeng Leang **138**
  Wat Mahathat **138**
  Wat Trailok **138**
  Wat Yai Suwannaram **138**
Phra Mongkonbophit **73**
Phra Nakhon Khiri **138**
Phra Pathom Chedi **79**
Polizei **191**
Postämter **190, 191**

Queen Sirikit Botanic Garden **177**

Rafflesia **154**
Rama IX Bridge **50**
Reisedokumente **188**
Reiseschecks **189**
Reisezeit **188**
Ruhender Buddha **47, 48, 159**

Sai Yok National Park **79**
Sangkhla Buri **81**
Schattenspiel **139f**
Schlangenfarm **55**
»Seezigeuner« **165**
Sexgewerbe **54, 120**
Sicherheit **191**
Smaragdbuddha **6, 14, 45, 80, 93, 101**
Songkhla **140ff**
  Khao Saen **141**
  Nationalmuseum **140**
  Wat Matchimawat **140f**
Sonnenschutz **192**
Sop Ruak **100**
Soppong **99, 177**
Spa-Hotels **23ff**
Sport **38**

Sri Sawai **76**
Studenten **192**
Süden **125ff**
  Ausgehen **148**
  Einkaufen **147f**
  Essen und Trinken **144ff**
  Hua Hin **130f**
  In sieben Tagen **128f**
  Karte **127**
  Khao Sam Roi Yot National Park **126, 132f**
  Kinder, Angebote für **140**
  Ko Samui **126, 134ff**
  Nakhon Si Thammarat **126, 139ff**
  Phetchaburi **126, 138**
  Songkhla **140f**
  Thale Noi Waterbird Park **140**
  Übernachten **142ff**
Südwestküste **149ff**
  Ao Phang Nga **156ff**
  Ausgehen **172**
  Einkaufen **172**
  Essen und Trinken **170f**
  Für Kinder **164**
  In sieben Tagen **152f**
  Karte **150f**
  Khao Lak **164**
  Khao Sok National Park **150, 154ff**
  Ko Jam **165f**
  Ko Lanta Yai **151, 166**
  Ko Phi Phi **162f**
  Ko Phuket **164f**
  Ko Similan **164**
  Ko Surin **164**
  Ko Tarutao **167**
  Krabi **159ff**
  Thale Ban National Park **167**
  Trang Province **166**
  Übernachten **168ff**
Sukhothai **7, 75ff**
  Ramkhamhaeng Museum **75f**
  Sri Sawai **76**
  Thuriang Kiln **76f**
  Wat Mahathat **76**
  Wat Phra Pai Luang **76**
  Wat Saphan Hin **77**
  Wat Si Thon **77**
  Wat Sra Sri **76**
  Wat Trapang Ngoen **76**
  Wat Trapang Thong **76**
Sukhothai Historical Park **75**

Tarutao National Marine Park **167**

Register 205

Tauchen 7, 38, 119, 136f, 160, 164
Taxis 30, 32
Telefonieren 191
Tempel 12f
siehe auch unter »Wat«
Tempelhöhlen 139
Thale Ban National Park 6, 167
Thale Noi Waterbird Park 140
Tham Kaew (Höhle) 184f
Tham Lot (Höhle) 177
Tham Lot 99, 157
Tham Phraya Nakhon 133, 185
Thuriang Kiln 76f
Tierwelt 79, 132, 134, 140, 154, 167, 186
Tiger Farm 124
Toiletten 34, 192
Touristeninformation 31, 188f
Trang (Provinz) 166
Transvestiten 26, 62
Trekking 7, 95ff, 108
Trinkgeld 34, 36, 191
Trinkwasser 192
tuk-tuk 33

Übernachten 34f
siehe auch einzelne Regionen
Umphang 81

Versicherung 192
Viharn Lai Kam 93
Vimanmek Teak Palace 52f
Vollmondpartys (Ko Phangan) 135, 137, 148

Währung 189
Wal- und Delphinbeobachtung 164

Wat Borom 138
Wat Chaiwatthanaram 74
Wat Chedi Luang 93
Wat Chiang Man 13, 93
Wat Doi Suthep 89, 92
Wat Kamphaeng Leang 138
Wat Kukut 103
Wat Lokayasutharam 74
Wat Mahathat, Ayutthaya 73
Wat Mahathat, Nakhon Si Thammarat 139
Wat Mahathat, Phetchaburi 138
Wat Mahathat, Sukhothai 76
Wat Mangkon Kamalawat 175f
Wat Matchimawat 140f
Wat Phra Keo 45
Wat Phra Keo, Chiang Rai 101
Wat Phra Keo, Kamphaeng Phet 80
Wat Phra Pai Luang 76
Wat Phra Phutthabat 80
Wat Phra Si Ratana Mahathat 79f
Wat Phra Si San Phet 73f
Wat Phra Singh 12, 93
Wat Phra That Doi Tong 13, 101
Wat Phra That Haripunchai 103
Wat Phra That Phu Khao 100
Wat Phrathat 80
Wat Po 7, 12, 40, 47f
Wat Ratchaburana 73
Wat Saphan Hin 77
Wat Si Thon 77
Wat Sra Sri 76

Wat Tham Sua 12f, 161, 181f
Wat Trailok 138
Wat Traimit 6
Wat Trapang Thong 76
Wat Yai Suwannaram 138
Website 188

Zahnarzt 192
Zeitunterschied 189, 190
Zentralthailand 63ff
Ausgehen 86
Ayutthaya 7, 50, 64, 72ff
Brücke am Kwai 68f
Drei-Pagoden-Pass 81
Einkaufen 86
Essen und Trinken 85
Für Kinder 79
In drei Tagen 66f
JEATH War Museum 69
Kamphaeng Phet Historical Park 80f
Kanchanaburi (Provinz) 78f
Kanchanaburi (Stadt) 64, 68f
Kanchanaburi Allied War Cemetery 69
Karte 64f
Lop Buri 79f
Markt von Damnoen Saduak (schwimmender Markt) 70f
Nakhon Pathom 79
Sangkhla Buri 81
Schöne Aussichten 79
Sukhothai 75ff
Übernachten 82ff
Umphang 81
Zollvorschriften 192
Zopfflechten 120
Züge 31, 32

Abbildungsnachweis

Abkürzungen: (o) oben; (u) unten; (r) rechts; (l) links; (m) Mitte

Die Automobile Association dankt den folgenden Fotografen, Agenturen und Museen für Ihre Unterstützung bei der Herstellung dieses Buches:

Vorder- und Rückseite des Umschlags: AA Photo Library/Rick Strange.

CHIVA-SOM INTERNATIONAL HEALTH RESORT, HUA HIN 23o, 23m, 23u, 24/25, 25; BRUCE COLEMAN COLLECTION 7mo, 136/137; CPA MEDIA/OLIVER HARGREAVE 76m; JANE EGGINGTON 8ul, 14mo, 19ol, 24o.

Die übrigen Fotos befinden sich im Besitz der AA Photo Library und stammen von DAVID HENLEY, mit folgenden Ausnahmen: BEN DAVIES 91o, 95l, 96/97, 97u, 187; JIM HOLMES 49 (kleines Bild), 174, 176; RICK STRANGE 2i, 2v, 3v, 5, 15, 19or, 19um, 19ur, 26, 27or, 27m, 27u, 87, 102, 113u.

Leserbefragung

Ihre Ratschläge, Urteile und Empfehlungen sind für uns sehr wichtig. Wir bemühen uns, unsere Reiseführer ständig zu verbessern. Wenn Sie sich ein paar Minuten Zeit nehmen, diesen kleinen Fragebogen auszufüllen, könnten Sie uns sehr dabei helfen.

Wenn Sie diese Seite nicht herausreißen möchten, können Sie uns auch eine Kopie schicken, oder Sie notieren Ihre Hinweise einfach auf einem separaten Blatt.

Bitte senden Sie Ihre Antwort an:
Spirallo Reiseführer, Falk Verlag, Postfach 31 51, D-73751 Ostfildern
E-Mail: spirallo@mairs.de

Über dieses Buch…
spirallo Reiseführer THAILAND

Wo haben Sie das Buch gekauft? _____

Wann? Monat / Jahr

Warum haben Sie sich für einen Titel dieser Reihe entschieden? _____

Wie fanden Sie das Buch?

Hervorragend ☐   Genau richtig ☐   Weitgehend gelungen ☐   Enttäuschend ☐

Können Sie uns Gründe angeben?

Bitte umblättern …

Hat Ihnen etwas an diesem Führer ganz besonders gut gefallen?
_____
_____
_____
_____
_____

Was hätten wir besser machen können?
_____
_____
_____
_____
_____
_____
_____

Persönliche Angaben

Name _____

Adresse _____
_____
_____

Zu welcher Altersgruppe gehören Sie?
Unter 25 ☐   25–34 ☐   35–44 ☐   45–54 ☐   55–64 ☐   Über 65 ☐

Wie oft im Jahr fahren Sie in Urlaub?
Seltener als einmal ☐   Einmal ☐   Zweimal ☐   Dreimal oder öfter ☐

Wie sind Sie verreist?
Allein ☐   Mit Partner ☐   Mit Freunden ☐   Mit Familie ☐

Wie alt sind Ihre Kinder? _____

Über Ihre Reise …

Wann haben Sie die Reise gebucht? Monat __ / Jahr __

Wann sind Sie verreist? Monat __ / Jahr __

Wie lange waren Sie verreist? _____

War es eine Urlaubsreise oder ein beruflicher Aufenthalt? _____

Haben Sie noch weitere Reiseführer gekauft? ☐ Ja   ☐ Nein

Wenn ja, welche? _____
_____

Herzlichen Dank dafür, dass Sie sich die Zeit genommen haben, diesen Fragebogen auszufüllen.